U0607525

柯振岱評傳

刘建萍 著

人民出版社

责任编辑:宫　共
封面设计:徐　晖

图书在版编目(CIP)数据

何振岱评传/刘建萍 著. —北京:人民出版社,2017.10(2021.4 重印)
ISBN 978-7-01-018406-7

Ⅰ.①何…　Ⅱ.①刘…　Ⅲ.①何振岱(1867—1952)-评传　Ⅳ.①K825.6

中国版本图书馆 CIP 数据核字(2017)第 252349 号

何振岱评传
HEZHENDAI PINGZHUAN

刘建萍　著

人民出版社 出版发行
(100706　北京市东城区隆福寺街 99 号)

北京一鑫印务有限责任公司印刷　新华书店经销

2017 年 10 月第 1 版　2021 年 4 月第 3 次印刷
开本:710 毫米×1000 毫米 1/16　印张:18.5　字数:230 千字

ISBN 978-7-01-018406-7　定价:49.00 元

邮购地址 100706　北京市东城区隆福寺街 99 号
人民东方图书销售中心　电话 (010)65250042　65289539

目　录

序

陈庆元

中国近代文学前后几任会长不约而同和我谈过，福建是近代文学最发达的大省之一，你要常来参加年会。郭延礼先生、黄霖先生、王飙先生的本意，是期盼我进一步推动福建近代文学的研究。我的《福建文学发展史》动手于1992年，1996年出版。原书50万字，编辑说书稿太大，建议删削，为了不影响其他章节的论述，于是删去近代文学部分10万字。20年来，不断有同好问起近代部分的写作。我的规划有两种，一是新出多卷本《福建文学发展史》，近代部分单列一编；二是《福建近代文学发展史》独立成书，写成一部三四十万字的著作。20年来，也做了些准备工作，如计划整理出版若干种别集，结果只出版《谢章铤集》一种，完成《陈宝琛集》一种；计划搜集更多的近代闽人闽集，也很不完备。准备的时间越长，越感到福建近代文学的丰富多姿，自己驾驭不了，反而觉得看的书不多，心得不多，犹豫了。20多年前的文稿已经发黄，新稿却迟迟不能动笔。推动福建近代文学研究的另一项工作，是与博士后的合作及博硕士生、访问学者一起作研究，20年来，的确也有一些学生从事近代闽人作家作品研究，这方面倒是取得一些成绩，例如刘荣平教授的近代闽词研究等。最近，和董俊珏博士有较多的交流，终于找到《福建近代文学发展史》撰写的大致方向。福建近代文学研究需要关注的点很多，例如鸦片战争时期的爱国作家群、台湾府道文学的发展、闽人下南洋与华文文学的兴起、聚红榭与闽词中兴、闽人诗话与词话、小说与政论的翻译、海外游记与纪游诗、同光体闽派、笔记与小说等。

其中，同光体闽派这个题目特别重要，这是因为同光体是中国近代宋诗运动所产生的一种诗体。同光体不是一个政治团体，兴起之时也没有特别的宣言或者告示，无非是一些诗人喜欢学宋，各自写些诗，相互交流，时有讨论，后来才由陈衍加以归纳提出。同光体产生于清末，清廷覆灭，部分同光诗人成了遗老遗少，当然也就受革命诗人的批评。日本入侵中国，郑孝胥、梁鸿志等沦落为汉奸，为世人所不齿，严重地影响了同光体和闽派的名声。1949 年之后的很长一段时间，同光体闽派的学术研究几乎成了禁区。同光体最重要的诗人产生于浙闽赣三省，三省同光体诗人都学宋，而同中又有异。同光体闽派诗人众多，其主将有陈衍、陈宝琛等；同光体闽派的活动时间，一直延续到 1949 年之后，何振岱子弟的活动更持续到 20 世纪末。同光体诗人，或学柳（宗元），或学王（安石）、或学欧（阳修）、或学苏（轼），不一而足。风格也不一，郑孝胥清丽，何振岱疏淡，沈瑜庆则有“左癖”，擅长叙事诗。我一向认为，作研究要从个案研究开始，切忌先入为主，先设定一个大论题，然后再找材料。建萍作同光体的研究，是从单个作家，即何振岱开始的。

何振岱出生于同治六年（1867）农历十二月二十三日，公历已入 1868 年元月，卒于 1952 年。辛亥革命那一年，他 44 岁，在同光体诗人中，属于年纪较轻的一代；而到了 1949 年，绝大多数同光诗人已经凋零，何振岱灵光独存三四年，则成了同光体的殿军。早期的何振岱，自号梅生，晚年则号梅叟，从梅生到梅叟，既是人生的变化，又投射了时代变迁的影子。何振岱的集子，生前出版的只有《觉庐诗草》(1938)、《榕南梦影录》(1942)、《寿春社词钞》(1942) 数种，多数集子，都是身后才问世的油本，市面上流传很少，学界知道的也不多，影响了研究的深入。刘建萍的这部评传，历时十余年，广搜资料，巨细无遗。除了何振岱的各种诗文集，还搜集了他所撰的《西湖记》，更难得的是何振岱本人的日记和手札。日记和手札，何振岱的手迹，一下子拉近了作者与何振岱的距离，增强了作者与何振岱之间的亲切感。《何振岱评传》出版之后，也将拉近读者与何振岱的距离。

建萍在做这个课题时，我们商定，尽可能找到何氏后人，请他们大力支持。何振岱逝世不过六七十年，时代不是非常久远，建萍终于找到何氏后人，日记和部分手稿就是何氏后人所提供，对完成这部评传无疑起了相当大的作用。本书附录，还有何氏后人写的回忆文章，何振岱的音容相貌仿佛跃然纸表，为本书增色。数据的提供是一方面，研究对象后人给研究者的印象，有时对研究也有所启示。研究对象的后人，当然不是研究对象的本身，特别是经过时代的变革，生活习惯的改变，个人相貌、性格、气质、风度、好尚等，甚至天差地别；但是，我们又不能不承认遗传因素的存在，有时研究对象的相貌、性格、气质、风度、好尚的某个方面会在其后人身上有所展现。建萍在这个问题上很谨慎，也许，她有体会，只是书中没有表现出来罢了。

这部评传写作的时间很长。中间建萍还从事了几项与本书有关的研究工作。一项是整理何振岱的集子，点校正式出版；一项是作何振岱年表；另一项是研究与何振岱相关的同光体诗人。这部评传出版，何氏作品的引文都是根据她自己点校的本。点校研究对象的诗文集，对研究对象的作品才能做到熟悉，解读时才不至于有太多的误差，对研究对象的作品才最有发言权。年表是完成评传基本的线索和依据。我见过某些评传或单个作家研究的著作，作者对研究对象生平模模糊糊，叙述或论述不免出现差错，留下遗憾。再次，每位历史人物或作家，都是生活在某个特定的社会环境中的，一生中都会交往许许多多的人。评传的写作，单个作家的研究，不是单一的、线性的，而应当是网状的。以传主为主，或以研究对象为主，传主、研究对象是主轴、主干、主线，而在传主、研究对象周边，还有许多的人和事，因此就形成以传主或者研究对象为主轴、主干、主线的网。与何振岱关联十分密切的人物至少有十几位，作者对这些人物如果很生疏，这部评传如何写下去，如何写得好？建萍这部书，对谢章铤、沈瑜庆、陈书、陈衍、陈宝琛、陈宝璐、郑孝胥等人和他们的作品等都比较熟悉，建萍还写过陈书的单篇论文，出版过同光体闽派诗选的书。基础宽泛，无疑也是这部著作的特点。

十多年来，建萍读完了博士学位，也由副教授晋升为教授，知识的积累更加丰富，研究视野更加开阔。本书关于何振岱的易学思想的讨论，增加了评传的学术性，是很难得的。建萍的研究已经趋于成熟，今后研究的道路还很广阔。大学的研究，领导出面主导，当然也是无可厚非的。但是研究者还必须坚持自己的研究路数和研究个性，不随便偏离自己的研究方向，专心致至，才能出优秀或者比较优秀的成果，出传世之作，这或许也是领导们所期待的吧！

2017 年 9 月 9 日

引 言

福州，又称闽都，曾是闽越国、五代王闽政权的国都，为“八闽首邑”。四周群山环抱，绿树葱茏；城内三山鼎峙，一水环流；山川秀美，人才荟萃；文章炳焕，俊彦云集。这座具有2200多年历史的文化名城，素有“海滨邹鲁”的美誉。据史料记载，晋末“永嘉之乱”后，“衣冠士民南渡入闽，福州文风始张”①。开元年间，福州的“丽正书院”“集贤书院”开始从事修书、出版工作。唐中叶，福建晋江人欧阳詹于唐贞元八年（公元792）登进士第三名，与韩愈、李观等杰出之士为同榜进士，誉为“龙虎榜”，开闽中甲第之始。明代著名理学家、易学家、教育家，福建泉州人蔡清在《书欧阳行周先生文集序》中云：

闽人登进士第自欧阳詹始，此昌黎韩公之言也。夫以一第倡一方，此其人物似亦未足多者。何至动韩公之纪录也？盖闽

① 卢美松：《八闽首邑历史与文化述略》，《闽中稽古》，厦门大学出版社2002年版，第442页。

自汉武帝徙其民于江淮间，而虚其地至唐中世民之生聚犹且无几，而况于文物乎！独欧阳先生秀出凡民之中，早知从事乎周公、孔子之道，文行蔚然。观察使常公深奖异之，至京师受荐陆宣公与韩公及李观、李绛、崔群诸公，联第皆天下之选，时称龙虎榜焉。则其视寻常一第者固有间矣，谓非一时之豪杰不可也。自是闽士始知所向慕，儒风日以振起，相师不绝，迤逦至于杨龟山、李延平辈，分河洛之派，授之朱子，而正学大明，道统有归，吾闽遂称海滨邹鲁矣。是正有类夫瓜瓞之势，其蔓不绝，至末而益大者，谓非先生实为之根柢又不可也。

作为著名的文学家、诗人和教育家，欧阳詹诗文兼擅，精于理而切于情，有《欧阳行周集》10 卷存世。欧阳詹受到韩愈的极力推崇，成为福建文学发展史上“第一个走向全国的文学家”①，被誉为“濂、洛、关、闽学派之祖”。由于欧阳詹的出闽及取得的文学成就，“闽人从此不再固守藩篱、以桑梓为羁绊，闽中文士从此开始了全国性的文学活动”②。

据志书记载：“宋朝福州府举进士者 2247 人。”宋朝以来直至近代，福州地区文帜高扬，文人学者辈出，宋代著名的有张元干、黄干、肖德藻、陈旸、郑思肖；明清时期有林瀚、张经、陈第、曹学佺、叶向高、陈梦雷、梁章钜、陈寿祺等；近代的有林则徐、沈葆桢、萨镇冰、陈宝琛、严复、陈衍、林纾、冰心等。著名作家郁达夫旅居福州时不禁感叹“海滨邹鲁，究竟是理学昌明之地”。

---

① 陈长根：《朱子行迹传》，海潮摄影艺术出版社 2007 版年，第 134 页。

② 陈庆元：《福建文学发展史》，福建教育出版社 1996 年版，第 50 页。

“谁知五柳孤松客，却住三坊七巷间”，这是同光体闽派首领、著名诗论家陈衍的诗句。在福州这座古老城市的中心，坐落着一片闻名遐迩的“三坊七巷”历史文化街区。三坊七巷，顾名思义，由三个坊、七条巷和一条中轴街肆组成。“三坊”者，分别指衣锦坊、文儒坊、光禄坊；“七巷”者，分别为杨桥巷、郎官巷、塔巷、黄巷、安民巷、宫巷、吉庇巷；“一街”即南后街。三坊七巷兴起于晋，完备于唐五代，明清时达到鼎盛。从外观看，三坊七巷白墙青瓦、石板铺地，一座又一座深宅大院比肩而立。老宅院窗户在木穿斗、插斗、月梁等部件上常饰以精美、富有象征意义的雕刻，台阶、门框、花座，随处可见各种栩栩如生的木雕石刻，是江南木石建筑艺术的集大成者。

物华天宝，人杰地灵，三坊七巷是一块商贾云集、鸿儒辈出的宝地，乃福州城区历代官绅府第集中地带，被誉为“里坊制度活化石”。三坊七巷一直是福州这个千年古城最有文化气息的地方，至今还保留了大量的名人故居和明清时代建筑，被誉为一座庞大的“明清古建筑博物馆”。明尚书林瀚居此，设尚书里，且在坊西建林氏家祠；明七省经略、抗倭名将张经居此，旧宅尚存；末代帝师陈宝琛之父、咸丰进士陈承裘“六子科甲”第装修精美；台湾总兵甘国宝住宅、祠堂在坊西端南侧；民国时期林白水创办蒙学堂也设在坊内；民国海军将领陈季良也居于此。近代福州富商尤恒盛，在坊内占有大量房产，故有“尤半街”之说。

尤其值得重视的是，近代重要的诗歌流派之一，“同光体闽派”的重要诗人陈宝琛、郑孝胥、严复、陈衍、沈瑜庆、林旭、何振岱、李宣龚等都曾在三坊七巷或居住、或交游、或论学。他们既有师生之谊，又有姻亲之情，流连于坊巷间书香世家那极富园林之美的亭台楼

三坊七巷名居分布图，引自卢美松《坊巷名居》（三坊七巷丛书）

榭，唱酬吟咏，言诗论词，活跃于晚清、民国间的福建诗坛。

文儒坊是“三坊”中的第二坊，因历代文儒辈出而闻名。文儒坊旧名山阴巷，原是一条穿过小山包的林荫道，后来周围深宅大院的风火墙将这些小山包围，因此而得名。据《榕城考古略》记载，宋代的国子监祭酒郑穆曾在此安居，改为今名。闽都硕儒、同光派闽派后劲何振岱的故居就在文儒坊南三官堂大光里。

何振岱（1868—1952），字梅生，又字心与、觉庐悦明，花甲之年改字梅叟，号南华老人、龙珠居士，闽县（今属福州）人。古文家、诗词家、方志家及传统诗学教育家。同治六年丁卯（1867）农历十二月二十三日（1868 年 1 月 17 日）生。光绪二十三年（1897）中举，名列第四。后入福州致用书院，成为山长谢章铤的得意门生。1906 年后，江西布政使沈瑜庆聘何振岱为藩署文案，公务之余沈、何二人常唱和诗词。后其总角好友柯鸿年在上海创办呢织厂，何振岱受聘为柯家司笔墨兼教读其子女。1909 年，何振岱在上海与同光派闽派首领、诗论家陈衍相识，陈衍对何振岱的诗作逢人扬誉，何诗入选陈衍所辑《近代诗钞》数量甚多。1915 年，福建巡抚使许世英疏浚西湖，林则徐曾孙、水利局局长林炳章倡议重修《西湖志》，慕何振岱文名聘其为总纂。全书 40 多万字，后人常将它与明代田汝成的《杭州西湖游览志》并称。1916 年，参与陈衍编纂的《福建通志》中的《艺文》《列传》部分。1923 年，往北京柯鸿年家任教读，其间与末代帝师陈宝琛交往甚密，不仅唱和诗词，还为其代理笔墨文章，深受帝师赞誉。1936 年年底，归福州直至辞世。其间慕名到其私塾学诗习文的弟子甚众，福州有名的“八才女”均出自何氏门下。何振岱是一位有民族气节的诗人，在创作上虽称郑孝胥为“诗老”“我师”，但当郑投靠日本人后，为明心志，他把昔日与郑孝胥等汉奸往来的书札、诗文悉数烧毁，即使是上乘之作也不录入诗文集中。

何振岱工诗擅文、能画善琴。现存诗作一千余首，存有 20 岁至 82 岁间的作品。喜用僻典、语言艰涩，是“同光体”诗人一种较普遍的倾向。何振岱却不同于闽派中的其他诗人。他作诗不喜用典，诗作最无艰涩之态，以深微淡远、疏宕幽逸的诗歌美学在闽派中独树一帜，堪称“同光体”闽派殿军。陈衍曾说：“乡人中能为深微淡远之诗者，有何梅生。非惟淡远，时复浓至，其用力于柳州、郊、岛、圣俞、后山者，皆颇哜其胾也。”何振岱著有《觉庐诗存》7 卷（1938 年刊于福州）、《我春室集》（诗 1 卷、词 1 卷、文 2 卷，1955 年油印本）、《心自在斋诗集》1 卷、《（福州）西湖志》24 卷等，尚有《周易聚明》《论语臆解》《诗经偶记》《明诗话》《词话》《笔记》、日记、手札等未刊稿。另编辑《榕南梦影录》2 卷、《寿春社词抄》8 卷。

第一章　励志勤学　文名鹊起

一、家境贫寒违父命

19 世纪中叶，随着两次鸦片战争的失败，中国半殖民地化的程度进一步加深，中华民族的灾难日益深重。同治年间，局势得到相对的稳定，中国出现了所谓的“同治中兴”时期。1867 年，爱国名臣、福建侯官（今属福州）人沈葆桢作为首任船政大臣创办了福建船政学堂。就在这一年末，诗人、古文家何振岱诞生了。

何振岱降生在福州一个家境寒微的幕僚家庭。何振岱的先世故居在福州市福清县南华乡，门前青青数峰右绕而回者即雄奇峻秀的福庐山。1897 年，何振岱中第四名举人，同年 10 月，自福州归谒宗祠。为了敬仰先辈的功德，清乾隆二十六年（1761），何氏家族在福清江镜镇南华村始建南华何氏宗祠。1942 年因失火被毁，1946 年在原地按原貌重建，1990 年全面重修①。

---

① 何氏宗祠占地面积 960 平方米，祠宽 18 米，长 33 米，主体砖木结构，六扇三进，

何氏宗祠

南华何氏入闽始祖何昌世，原居崇安，南宋高宗宣和进士，任台州司理。宋帝南渡时，他曾率乡勇义师，击退元兵，保其城邑。宋帝感其忠勇，剪御衣书“尽忠为国”旌奖其功，并逐擢升为少帅。后元兵犯江南时，曾画影搜捕。始祖何昌世于是来到福清县南华村，将其子何艮齐留居南华。南华何氏自迁入南华，至今已传二十四世，三千七百户。其后裔达二万多人，分布于福清市三山镇的华塘垅、后郑、虎邱村；沙埔镇的沙浦、官厅村；城关镇的后埔、三塘街；上迳镇的洋中、官元村；江镜镇的苍溪、前张、西边村；龙田镇的北郑村，以及香港、澳门、台湾、印尼、新加坡、美国、日本等地繁衍生息。①

故乡的山水给何振岱留下了深刻的印象，他情不自禁挥笔写下了《游福庐山记》与《福庐山石歌》。

《福庐山石歌》（山为叶文忠公所开）云：

大门上方石匾刻有“何氏宗祠”贴金大字，光耀夺目。东西侧门上方分别书有“入孝”“出悌”。大门上方有“八仙过海”“双龙舍珠”“双凤牡丹”等金砖彩绘。滴水墙上方是五级方亭，形似楼阁，雄伟壮观。一进大门是戏台，戏台两侧为谯楼。二进是主厅，由 14 根大柱组成，全部挂有制作精致的脱胎覆竹联。有“光祖抗元夷精忠报国勋功垂青史，后昆承壮志奋发兴邦伟业创南华”等，楹联内涵深蕴，书法遒劲有力。主厅上方悬挂有“榜眼”“进士”“经魁”“文魁”“武魁”“教授”“夫妻双博士”“何门三高工”“海外赤子”等十多面古今族贤牌匾。字画交映，流金溢彩，古朴典雅。三进是祭祖厅。正中神主龛供奉南华何氏始祖神位。两侧屏门 14 扇，录名人格言，以励后昆。神龛前设置供案桌。两旁有耳房。祖厅前为天井，建有小花圃。祭祖厅挂有以本族行第世序为内容的楹联。祠门前是宽阔的祠埕，东西两侧均有花圃，竖双斗旗杆碣，是福州十邑名祠之一。（转引自福清江镜南华何氏宗祠，何氏乐园，新浪博客：http：//blog.sina.com.cn/s/blog_a98c1ab501014j9i.html.）

① 福清江镜南华何氏宗祠，http：//blog.sina.com.cn/s/blog_a98c1ab501014j9i.html。

福庐山

兹山沉晦几千年，有明一老心悄然。唤取六丁下九天，阐幽发隐为光妍。三天门列山之前，崔嵬楣楔高低连。窬门奇石纷满眼，攒三聚五画理全。大石镂文闷莓土，细石萦泉分黛乳。圆如叠盎扁陈瓻，立者青牛蹲者虎。为巨蛇蟠为螺旋，为危甓堕为齿龋。最奇一石矗空立，抛线半空成折矩。故将奇崛避雷同，能于参差存位序。山中何树与葱茏？惟有千株万株松。夜半海心出红日，影上松顶吟苍龙。晴光一峰阴一峰，白浪花掠青芙蓉。纷腾众态尽物丽，镵凿天巧非人工。光熹之朝炀灶徒，弥天烜赫空须臾。公虽归休道不孤，犹及荒壤开蓬壶。我坐榕台俯虹涧，潨潨鸣泉通几案。欲营一壑力未能，输与山僧占昏旦。

福庐山因曾有郭氏在此结庐，旧名曰“郭庐山”。明朝内阁首辅大臣、福清人叶向高（谥号文忠）以其地属三福（福建省、福州府、福清县）之故改名为福庐。山上有福庐寺，叶向高辞官后，曾在福庐寺侧筑“石隐山房”，自号“福庐山人”。福庐山古有“钜丽甲于八闽”之称。诗人何振岱以大胆的夸张与奇妙的想象，歌咏了福庐山上奇岩怪石那错叠峻峭、巧夺天工的奇崛之美。这首诗与何振岱的《游福庐山记》一起欣赏更是令人惊叹。全文如下：

予先世故居在福清南华乡，门前青青数峰，右绕而回者，即福庐山也。丁酉十月，自福州归谒宗祠，郑无辨（郑容）同行，遂以暇日登山。初至山麓，巨石横亘十余丈，首尾两石承之若楔，如是者三，以次渐高，皆曰“天门”。过此门，一石耸立，若秋菘在畦，敛根而张叶，益进弥奇。植为竿，折为磬，旋为螺，椭为卵；为翼之翔，为鬐之扬，为牛羊之伏，为弧矢之张。土人皆以所象名之，吾亦不能不就象以名之。盖此山之奇以

福庐山石

石胜，凡物一涉于奇，即落乎象。石固不自知也，赏石者徒即象以求奇，而其奇未尽，赏石者亦不自知也。山无杂树，皆松，松无甚古者。岩隙往往有小庙，所祀神殊狰狞。向晚宿僧寺，垣宇整洁，僧为设茗馔安几榻。傍晓无钟鼓声，无鸟声。起步寺侧，象声独鸣，曰“虹涧”者，幽秀绝尘。使归隐有时，则此地可葺茅矣。饭后下山，各有诗，以意未尽，复记之。山为明龙田何氏所开，数千年穷海之滨蕴此奇观，其德类于圣人之遁世无闻。彼有一得之奇，而遽欲见于世者，山灵羞之矣。旧有《山志》一卷，其详具载之，予不复赘。

大自然的鬼斧神工令何振岱惊叹不已，“数千年穷海之滨蕴此奇观，其德类于圣人之遁世无间”。何振岱不仅赞叹福庐山的奇崛，更为它类于圣人的美德所倾倒，这或许正是诗人何振岱终身追求的人生至境吧。

何氏家族自祖父始迁居福州，旧居在乌石山麓，左右两院。左院后一楼面山，傍无垢石塔。“无垢石塔”即无垢净光塔，今称乌塔。唐贞元十五年（799），福建观察使柳冕为祝贺德宗李适寿诞祈福，而兴建无垢净光塔，唐乾符六年（879）被毁。闽永隆三年（941），闽王王审知第七子王延曦准备在旧址上重建九层宝塔，方到七层，王延曦被臣属所杀，工程遂告结束。塔为八角七层，通高35米，每层塔壁均有浮雕佛像，共有46尊。四层、五层、七层，嵌有塔名碑、建塔塔记和祈福题名碑等。

父亲桂斋公是个秀才，为人老实本分。何振岱《先君子手写佛经跋》中云：父亲常年“供观音大士像楼中，晨夕焚香，诵持经咒，木鱼声时时随香风吹满庭宇。常自写经，今存两卷，仿宋刻体。卷首

福庐山风景

绘观音大士像，后画韦驮，又一叶花幢，书姓名其上”①。桂斋公曾在县府任幕职，但由于俸禄低微，生活困顿。何振岱少年时代，又因叔父久病，何家屡次迁居，原来两进老屋也只好卖掉。何振岱上有一姊下有二妹，其《过乌石山麓旧居》诗回忆40年前孩提时代的情景：“倚曲姊能娱老母，学吟我亦领诸童。”家境贫寒，但家庭气氛是温馨和谐的。不幸的是，何振岱的姊妹身世皆凄凉、悲苦。大姊绮云，卒年仅33岁。何振岱《过南台二姊旧居因忆诸先姊妹》诗（其二）云：

① 何振岱：《先君子手写佛经跋》，《何振岱集》，福建人民出版社2009年版，第37页。

顾我无言必泪垂，懵然不识姊何悲。生年长幼情殊异，姊纵凄凉只自知。

其四云：

两妹有家皆苦贫，吴家薄命更酸辛。此生兄弟伤心极，欲诉今无少日人。

何振岱自幼聪颖，极爱读书，但因家境极为贫寒，父亲无力供其上学，竟要他到店馆当学徒。何振岱求学心切，不从父命。母亲何氏是一位通情理、有见识的家庭妇女，宁愿做女红也不愿唯一的爱子失学。于是，在母亲的支持下，何振岱终于争取到读书的资格。此时福州著名塾师吴曾祺（翼亭）、吴颐昌（敦溪）等，所收学费都很昂贵，何父无力担负，何振岱乃附读于侯赞经所设的私塾。何振岱深知读书机会得来不易，因此从小就励志勤学，十二三岁便能诵读《五经》《史记》《汉书》，下笔为文，千言立就，颇得塾师赏识。何振岱16岁就做了童蒙师，到了制举业的年龄，听从姑母林氏之命，师从姑家之侄林少兰、林幼瀛两先生。姑母家在学宫旁，学宫之旁"有庐数楹，中庭翠色清芬，莳蕙百本。晨昔哦诵名文声悠扬与花香相递者"① 即林先生之家。作为何振岱的举业师，林少兰、林幼瀛两表兄冠年能文章，"劬学，工制举文"②，"讲春秋义如倾筐"③。当时"不特士风静美，足深人思，而世宇宁平，闾里安康，家门之相诏相勉

① 何振岱：《林府师母郑太恭人诔词并序》，《何振岱集》，第128页。

② 何振岱：《林府师母郑太恭人诔词并序》，《何振岱集》，第128页。

③ 何振岱：《坦西寄示令祖濂泉公遗像属题》，《何振岱集》，第285页。

无非孝友德义之事”①。何振岱在这种相对安宁的环境中苦读不倦，“璜宫西畔李常祠，讲座论文日影迟……当时姑母能怜我，勖我文章立簿名”②。由于姑母的怜爱与勉励，表兄的指点与教诲，何振岱的学业大有长进。工夫不负有心人，1891年，25岁的何振岱考中了秀才。

二、大师传衣独畀君

“大师本性积为文，晚岁传衣独畀君”，这是戊辰年（1928）末代帝师陈宝琛赠诗何振岱的首两句。“大师”此指谢章铤。

谢章铤（1820—1903），字枚如，号江田生，福建长乐（今属福州）人。同治三年（1864）举人，光绪三年（1877）进士。“廷试时，鉴于外患将作，论交邻恳款千百言，忤阅者意，抑下等，为中书舍人，挂冠南归。”③谢章铤乃近代著名的学者、教育家、文学家，兼工诗、词、古文、骈文，并在词学理论、方言研究以及目录学、考据学等领域有重要建树。一生著述颇丰，有《赌棋山庄文集》《诗集》《赌棋山庄馀集》《酒边词》《课余偶录》《续录》《围炉琐忆》《藤阴客赘》等，刊本《赌棋山庄全集》多达76卷。谢章铤治学严谨，教泽遍秦、晋、赣、粤间，先后主讲陕西的关西、同州书院；漳州的丹霞、芝山书院；江西的白鹿洞书院等；光绪三年（1887）福州致用书院首任讲席林寿图赴京补官，推荐谢章铤为主讲，遂掌教致用书院达16年之

① 何振岱：《林府师母郑太恭人诔词并序》，《何振岱集》，第128页。

② 何振岱：《哭少兰表兄夫子》，《何振岱集·觉庐诗稿补遗》，第281页。

③ 陈庆元：《谢章铤词与词论》，《诗词研究论集》，巴蜀书社1998年版，第284页。

久，直至光绪二十四年（1903）逝世。

致用书院原名西湖书院，位于今福州市鼓楼区湖滨路70号西湖公园内。清康熙年间，将原来的“五通庙”改建而成。据民国《闽侯县志》记载：“西湖书院，在西湖滨，康熙间知府迟维城毁淫祠改建，中祀朱子。”同治十二年（1873），福建巡抚王凯泰以省城缺乏专修经史的书院，故依浙江诂经精舍、广东学海堂之规制，在西湖书院旧址设“致用堂”，取“学以致用”和“通经致用”之义，并建“十三本梅花书屋”，第二年遂改名为“致用书院”。书院因地处西湖，地势偏低，常遭洪涝，于光绪年间迁至位于乌石山南麓的范公祠左面。谢章铤曾为之题联：“青山本是吾家物，老树不忘天下春。”

致用书院专习经史、古文，规定秀才始可入学，当时何振岱未进秀才，没有资格进读书院。但有时好友求何振岱代作课艺，居然列了高等，得了膏伏（4两银），令何振岱兴奋不已。从此，何振岱信心倍增，越发刻苦攻读，不断揣摩谢章铤的文章意向。进秀才后，何振岱胸有成竹，便用自己的姓名从容应考，所作课艺极为谢章铤称赏。于是，谢章铤单独约见了何振岱，细询家世，对他勉励有加。何振岱《庚辰病逡随笔》农历十一月十八日记载：“予年卅二（1898）始及夫子（指谢章铤）之门，始知有诸经史之学，受恩深笃，爱如子弟，此毕生不忘者也。”①

谢章铤有《语学》三则赠视何振岱：

其一云：凡学古当得其真，然古有古之真，我亦有我之真，我能不没其真，则虽不古而古之真在是矣。此即杜皮杜骨之说

① 何振岱：《何振岱日记》，福建人民出版社2016年版，第528页。

也，亦即谈艺家能入能出之说也，此境最宜留意。治经汉儒最重师承，经同而师不同，彼此不相谋。盖专家则易精易尽，若泛滥众说恐课程反无把握，江艮庭之于书，陈硕甫之于诗得此意矣。

其二云：儒者以修己为第一义，凡人志欲强，气欲敛，心欲平，故不可无俯首至地之时，亦不可无昂头天外之概。闻善而自愧不如，俯首至地矣。行善而尚友，千古则昂头天外矣。故曰：士不可以不宏毅，见过不痛改，非宏毅也；不见过而遽改之，亦非宏毅也。居心戒猥琐，读书戒庸俗，不以毁誉为增损，不以得失为荣辱，尤不可崖岸不近人情。

其三云：古文义法鄙箸课余偶录言之颇详，当由六经入，当由三史出。而《戴记》一书尤宜深造，其中无体不备，特未分汇耳。凡文辞多言气，而古文则言息；凡文辞多重才，而古文则尤重养；然不可急迫也。须涵泳以俟其自至亦不可虚口也。须积累以求其实际。读书、穷理、养气六字治古文之指南针也。（《赠言视何梅生》，见《赌棋山庄余集》文三卷）

以上三则恩师谢章铤分别从学古、修己、治古文三方面赠视何振岱，寄寓着恩师对弟子的厚望。何振岱以恩师为楷模，将恩师的寄语奉为座右铭。儒家强调自我修养功夫，对道德修炼过程极为重视。何振岱一生以儒家的“修身为木”作为自己的人生取向，推崇自省教育，以期实现道德的自我超越，最终达到“至善”的理想境界。

由于谢章铤的器重与教诲，何振岱感知遇之恩，越发努力，学业更加精进，考列名次都在3名以内，与当时的陈成侯（仲奋）、陈聚星（晴川）齐名。从此，何振岱越发得到恩师的信任，凡月课试卷，谢章铤先令何振岱等人评阅，“选择好文章呈谢核定等第”[①]，俨然乡会试同考官。此后何振岱“每作一篇文章，阛市争相传诵，文名鹊起”[②]，士子争与之交。1897年，何振岱中第四名举人，其应试之作广为传诵。

何振岱与恩师交谊笃深，常豪饮赋诗，极欢而罢。其《季冬廿三日，致用堂梅花盛开，谢夫子召饮侍坐，即事十二韵》云：

> 隆冬嘘阳和，嘉辰践良会。梅花十三本，诸生八九辈。仪瞻圣哲像，摩挲敦卣器。韩书展孤拓，朱注玩残字。密薰多古香，默识欲神契。少焉命殽核，山厨盛腊味。美绝洪都酒，藉甚中丞菜。盘匜寓文献，饮瞰口训诲。夫子山斗姿，谭谐弥温蔼。一座皆尽欢，小子尤烂醉。堂前风煽春，帘外山横翠。吟继衢樽图，关闽两盛事。

季冬廿三日恰好是何振岱的生日，这天恩师谢章铤在梅花盛开的致用堂召饮诸生。在“梅花十三本”诗句后，何振岱附小字云：“王文勤[③]公家有十三本梅花书屋，读书其中者多掇巍科。公莅闽，设致用

---

① 吴家琼：《故友何振岱生平事略》，《福建文史》第19集。

② 吴家琼：《故友何振岱生平事略》，《福建文史》第19集。

③ 王凯泰（1823—1875），初名敦敏，字幼徇、幼轩、补帆，号补园主人，江苏宝应人。道光三十年（1850）进士，选庶吉士，散馆授编修。咸丰十年（1860）在籍襄办江北团练，反对太平天国起义。后入李鸿章幕。历任浙江督粮道、浙江按察使。兴修山阴、会稽、萧山三县水道。同治六年（1867）迁广东布政使，在任裁汰陋规，核减厘捐，复兴书院。七年擢福建巡抚。十三年（1874）时因沈葆桢奏请移巡驻台以协理外交之故，于光绪元年（1875）渡台处理台湾事务，后因积劳及瘴疠侵袭病故。赠太子少保，谥“文勤”。著有《致用堂志略》《致用堂捐藏书目》《归园唱和集》《海上弦歌集》《岭南鸿雪集》《三山同声集》《新刻续千家诗》《训番俚言》，以及《台湾杂咏》等。（https://baike.so.com/doc/4326508-4531083.html.）

书院，以经学课士。院中亦植梅如数，以示期许之意。”谢章铤用心良苦，仿前福建巡抚王凯泰的做法，特在致用书院植梅花十三本，期望诸生们能掇巍科、登高位，成就功名。面对良辰美景，师生济济一堂，开怀畅饮，其乐融融。“夫子山斗姿，谭谐弥温蔼”句表达了何振岱对恩师道德文章仰之如泰山、北斗的崇敬之情。谢章铤亦有《何梅生、林向其诸君招聚登春台汤房感作》《梅生、国容见惠盆菊，二君皆有诗，同梅生韵和之》等诗与梅生赓和为乐。其中《梅生、国容见惠盆菊，二君皆有诗，同梅生韵和之》有“餐英未冷屈子心，就篱颇得陶公计。寒梅崛强不见经，鞠有黄花见戴记”等句，这是用高尚人格激励学生。

谢章铤于戊戌冬初赠诗何振岱云：“却从丛菊纷披后，喜与幽兰结德邻。独有寸心贯金石，不妨只手障烟尘。神龙戏海关全力，天马行空见古人。索句轮困肝胆地，果能惨澹得生新。”[①] 对何振岱的人品、学识及诗作都给予充分的肯定。

三、师恩难忘敬如父

尊师是中华民族传统的美德。在中国历史上，向来有“天地君亲师”之说，还有“一日为师，终身为父”的共识。何振岱对恩师谢章铤视如己父，终身感念不忘。何振岱《赌棋山庄记》云：“先生名满公卿间，而不求禄利，通籍不仕，以师儒终。……先生负济世之志，

---

① 谢章铤：《梅生贤友以诗文见质，并索鄙言，因书此以赠。愧予弇陋，不足当君意耳》，见何振岱《觉庐诗存·序》，《何振岱集》，福建人民出版社2009年版，第454页。

论天下事激昂奋锐，弥老而壮。经、诂、史例、文性、诗律、词心、杂纂记，萃古人之能而汇其通。幼而笃学，头白不能已。”恩师逝世后，每忆师恩必涕泣不已。“往者先生饮予于此，酒酣叙生平所历，曰：‘小子识之，穷通有命，惟当多识前言往行以蓄其德耳。’慈言在耳，思之涕下……”①

每逢恩师诞辰，何振岱必招弟子共祭，并述恩师教学之要以喻后学。1898 年冬，谢章铤 80 岁诞辰，何振岱与“同学陈聚星、郑容辈先期谋写师容以澥外缩影法。请不许，固请乃许。影成，拓绘为图，属周愈点缀成帧。后五载，师归道山，图亦随失，惟影片犹藏予家。岁首焚香献斝，率诸生礼奠为常”②。即使在北京任教读的十余年间，何振岱也始终不忘祭奠恩师。如在辛未年（1931）农历十一月廿三日的日记中写道：“先师谢夫子生辰，谋供馔。”写于甲戌年（1934）的《先师谢夫子生日，具鱼酒、梅花致祭》诗云：“壮年受深诲，蹉跎忽暮齿。受恩岂一端，欲报海无底。慈言镌我心，慈影妥我几。终身如侍侧，慕思永无已。……”③关于何振岱取字“梅生”的缘由有两种说法，一是缘于“古之君子不能绝人而居，而又不能苟谐于俗。每托物之类己者，流连玩赏，以见其意。灵均之于兰，靖节之于菊，松与贞白，和靖与梅，皆是物也，而未尝明言也”④；另一种说法是：梅与“枚”谐音，何振岱取字梅生意在感知遇之恩，奉谢章铤为再生父母。何振岱 70 岁后，改“梅生”为“梅叟”。据吴家琼《故友何振岱生平事略》载：“改字的缘由是 1931 年福州著痞林梅生伏法，何以己字与

① 《何振岱集》，第 101、102 页。

② 何振岱：《谢赌棋先生〈山中抱膝图〉题识》，《何振岱集》，第 43 页。

③ 《何振岱集》，第 260 页。

④ 何振岱：《竹韵轩记》，《何振岱集》，第 105 页。

何振岱夫妇与母亲、子女合影

林名相同，认为不祥，且年逾60，已足称叟，遂改‘生’为‘叟’。”

何振岱以恩师为楷模，对他的道德文章钦佩不已。《以江田谢夫子遗像与龙生，谨题其右》诗有“请业穷源流，竟日为倾泻。神听何敢云，意领吾亦颇。一时坐春风，四海尊硕果……”[①]等句。谢章铤为人笃厚严直，尝曰：“凡真理学，不在规行矩步，在以气节为归宿。”[②]执掌各地教席数十年，培养了不少人才。但每逢生日，从不受祝。何振岱在《五十生日自寿序》中云：

① 《何振岱集》，第247页。

② 民国《福建通志·谢章铤传》。

昔者吾师长乐谢子生日不受祝，先期避西郭外丁坂楼下侍女家。吾州艺菊，丁坂为盛。……师对菊挥杯，翛然得也。……夫师可受祝而不欲受，予则实不敢受，然吾之学，于师虽无似，而爱花耽寂之性则若有同者。师享大年，使吾幸而得至吾师之年，其或于道略有所窥，诚不可以自废也。①

谢章铤曾筑“赌棋山庄”于九仙山（于山）下，拥书万卷，多孤本或善本，但先师逝未经年，藏书尽散，何振岱痛心不已，其《先师逝未经年，藏书尽散，偶过山庄感赋》诗云：

聚书罕数世，贤者无如何？惟有耽书人，名德长不磨。吾师西游年，珍本穷搜罗。辇载入燕京，秣刍数十骡。南归挟之俱，葺楼为书窠。卷卷书丹墨，仰屋忘饔皤。当时一帙价，书贾求常苛。得来尺寸积，散去烟云过。吾犹及兹楼，檐牙披绿罗。百厨羃翠阴，峙若山嵯峨。徘徊侍坐处，流景嗟逝波。平生无尽怀，追日思横戈。著述岂本意？聊用平憾轲。心传竟谁是，涕下余滂沱。

“书贾求常苛”诗句后注有小字云：“《晋史表》赵在翰手写本及《说文系传》价皆数倍。”② 谢章铤是清末福建著名的藏书家，数十年用重金多方搜罗各类珍本、善本，家藏名家抄校本、稿本达万卷之多。惜去世不到一年，珍贵的藏书尽散各处。据称谢章铤藏书“大都归程祖

① 《何振岱集》，第87、88页。
② 《何振岱集》，第145页。

何振岱手稿

福，程后来又转卖给陈衍，最后大多被陈宝琛买下”[①]。何振岱偶过赌棋山庄，触景生情，不禁感慨万端，泪雨滂沱。

何振岱中举后，除肄业致用、正谊两书院外，还应其丁酉同年高伯谨聘，在高家做西席3年，高伯谨之冢嗣高赞鼎（迪庵）日后成为何的得意门生。谢章铤逝世后，陈宝琛二弟陈宝璐（字叔毅，庚寅科进士）继任致用书院山长。陈宝璐亦出自谢章铤的门下，对何振岱很看重，上任后，遂聘何为该院阅卷，何振岱亦不负众望，成为陈宝璐的左右手。1912年陈宝璐卒，何振岱作《怀螺洲陈丈叔毅》云：

> 扁舟旧水白湖亭，他日江洲耿一星。酒泪湿衣通夜雨，无穷幽绪托深宁。

① 张帆：《末代帝师何振岱评传》，福建教育出版社2002年版，第159页。

何振岱曾于戊戌年（1898）、癸卯年（1903）、甲辰年（1904）三上公车均报罢。不久废止科举，停办书院，何振岱从此绝意仕进，以教书卖文为生。

第二章　诗宗闽派　名流扬誉

一、同光闽派之崛起

“同光派”是近代重要的诗歌流派。“同光派”的名称源于“同光体”。后来成为这一流派代表人物之一的陈衍在光绪二十七年（1901）所作的《沈乙庵诗序》中云：

> 余曰：“吾于癸未（1883）、丙戌（1886）间，闻可庄（王仁堪）、苏堪（郑孝胥）诵君（乙庵，即沈增植）诗，相与叹赏，以为‘同光体’之魁杰也。”“同光体”者，苏堪与余戏称同、光以来诗人不墨守盛唐者。①

① 陈衍：《陈石遗集》上，福建人民出版社2001年版，第507页。
陈衍（1856—1937），字叔伊，号石遗，侯官人。光绪八年（1882）举人。二十四年，入武昌两广总督张之洞幕府，为官报总纂，与人合译了西方经济金融著作。三十三年，官学部主事。辛亥革命后，曾为京师大学堂教习和厦门大学、无锡国学专修学校教授。陈衍一生著述丰富，经学有《周礼疑义辩证》等，方志有《福建通志》《闽侯县志》等，诗学著作有《石遗室诗话》及《续编》《辽、金、元诗纪事》《宋诗精华录》《近代

这就意味着“同光体”的名称最早出现在光绪初的癸未、丙戌间。这一流派的活动可上溯至道咸间的宋诗运动，下逮民国。道光、咸丰年间，在诗歌领域兴起了以祁寯藻、程恩泽为首的偏于宋诗格调的流派，即宋诗派，主要诗人有何绍基、郑珍、莫友芝以及曾国藩等。这个诗派的主要宗尚是开元、天宝、元和、元祐诸大家，即以杜甫、韩愈、苏轼、黄庭坚为宗。对于同光派诗歌的分派，论者或以诗风论，或以地域论。以诗风论，论者多把同光派分为清苍幽峭、生涩奥衍、清新圆润三派；以地域论，论者多按钱仲联先生的观点，把同光派分为闽、赣、浙三派。钱仲联先生在《近代诗钞·前言》中认为：闽派是“以陈衍、郑孝胥、沈瑜庆、陈宝琛、林旭为代表，最后由李宣龚等人为殿”。其实，在论及闽派诗人时，我们不应忽略两位重要诗人：一位是“同光体”闽派诗歌的倡导者陈书，另一位就是“同光体”闽派的殿军何振岱。

陈书（1837—1905），字伯初，号俶玉、木庵、冯庵，侯官人，光绪元年（1875）举人。1879年2月钦差大臣、前福建巡抚丁日昌荐陈书于浙抚梅筱岩（启照）中丞，以内阁中书会办洋务局，居幕

诗钞》等，诗集有《石遗室诗集》，文集有《石遗室文集》等。

王仁堪（1849—1893），字可庄，又字忍庵，号公定。福建闽县人。光绪三年（1877）状元。曾先后任山西、贵州、广东等省学政、考官。徐世昌、梁启超皆出其门下。光绪十年，中法马江海战失利，他为闽籍军官代写奏章，请严惩失职钦差大臣张佩纶。曾上疏力陈罢建颐和园工程，得罪朝中当权派。十九年调任苏州知府，同年冬，因病卒于任上。著有《王苏州遗书》《王仁堪殿试卷》。

郑孝胥（1860—1938），字苏堪（又作苏龛），一字太夷，号海藏，福建闽县人。清末立宪派头面人物之一。辛亥革命后以遗老自居，后投奔废帝溥仪，曾任伪满州国总理。是同光派闽派的代表诗人。诗作、书法均有名于时。有《海藏楼诗》。

沈曾植（1850—1922），字子培，别字乙庵，晚号寐叟，浙江嘉兴人。官至安徽布政使。沈曾植是一位学者型诗人，属“同光体”诗人中典型的“生涩奥衍”派。是清末陈衍、郑孝胥所揭櫫的“同光体”诗人的魁杰。

中。后因侍奉老母，居家不出十余年。62岁始为直隶博野知县。有《木庵居士诗》。

陈书是最早倡导写“同光体”的闽派诗人，原村居陶江，后移居龚氏（龚易图）双骖园、武陵园，前后与徐葆龄、陈琇莹、刘大受、叶大庄、刘玉璋、龚易图、陈宝琛等名流游，具林壑琴尊之乐。陈书乃同光派闽派首领陈衍之伯兄，长陈衍18岁。陈衍在《石遗室诗话》卷一中载：

余九岁时，先伯兄讲授唐诗……十余岁时，已习举业，然有终年学为诗日课一首者。时闽人诗极陈腐，袭杜之皮。而木庵先兄，年二十余，出语高儁浑成，绝无所师承，天才超逸然也。所与游者，惟陈子驹明经（遹祺）……数人，则才华自喜，自命能为玉溪生、杜樊川近体者。伯兄久而厌之。同治季年，乃与叶损轩中书、徐仲眉副将、陈芸敏编修倡为厉樊榭、金冬心、万柘坡、祝芷塘辈清幽刻削之词。

京师净名社降神，移至闽。剑池冶亭，乌石山双骖园，陶江玉屏山庄，时时夜集。《骖鸾倡和集》动厚盈寸，今此册已亡，甚可惜。

陈衍10岁丧父，视伯兄如父。陈书中举前主要靠在各处假馆授徒为生，每假馆于外，常挈陈衍往读。1872年，移居八角楼，陈衍偕六姐夫沈丹孙（名玮庆，沈葆桢长子）、七姐夫李苑之读书庆城寺客堂后院治举业，均以陈书为师。陈衍终年向伯兄学为诗且日课一诗，十余年的言传身教，耳濡目染，对陈衍的诗学观点及诗风的形成无疑有直接的影响。如陈书诗“瓣香白、苏……于白、苏之外，归依浣花，又出入后山、诚斋；自寝馈山谷（木庵曾手批《山谷集》），诗境益拓，旨永词夐”（汪国垣《光宣诗坛点将录》）。陈衍自谓“最崇东坡，间近昌黎，晚年多近香山”①。且“着重在学习王安石（临川）、杨万里（诚斋）的曲折用笔，风格清健”②。兄弟间常论诗唱和，谈艺歌咏达30余年。陈衍曾云“敏夫樊榭是吾师”③，这显然与陈书的教诲分不开。陈书与林旭、李宣龚论诗时曾云：“书不足者，不可与言诗；理不足者，不可与言诗；性情怀抱不足者，亦不可与言诗。”④陈衍提出诗“有别才，而又关学者也”⑤，主张学人之诗与诗人之诗合就与陈书的上述观点相仿。

陈书论诗宗旨，略见《效少陵戏为六绝句元韵》《文人》《戏为绝句效杜老》等诗，以及与损轩诸诗，如《损轩见过去后拟作论诗仅得六首》《论诗示临恭》《夜中无睡，览皮陆相酬之作，辄尽百韵，因拈今韵九屑总一百六十一字原次作论诗一首，示含真邀同作焉》等。其中《效少陵戏为六绝句元韵》云：

祢宋宗唐止要成，先须体净次纵横。前贤心苦分明在，敢信才难阻后生。

万卷有神粗亦好，岂成下笔不能休。规模毕竟缘根柢，九曲君看据上流。

乐天体物精千炼，下况卢仝仆命骚。可怪谰言宗灶妪，肯容

---

① 陈衍：《石遗室诗集·题解》，《陈石遗集》（上）。

② 钱仲联：《近代诗钞》，江苏古籍出版社1993年版，第1036页。

③ 陈衍：《爱苍出赀代刊元诗纪事赋诗为谢时海氛甚恶连夜过宿剧谈》，《陈石遗集》（上），第90页。

④ 李宣龚：《硕果亭诗·自序》，墨巢丛刻。

⑤ 陈衍：《瘿唵诗叙》，《陈石遗集》（上），第521页。

流派溷吾曹。

酒态支离压孟公，仙心飘渺托师雄。青莲自有华严界，谁遣探寻向此中。

圣处功夫独此人，向来都邑不成邻。韩潮苏海依稀似，更许吾宗步后尘。

笺疏百氏益滋疑，学究功臣更是谁。正坐用心初不细，譬如汉宋讼经师。

从以上六绝句可以看出陈书的诗学观：首先面对唐宋丰厚的诗歌遗产，陈书认为要虚心地师承前人，但又要满怀信心地创新求变，因为“作诗未必输古人”（《作诗》），而且“由来耳目争新样”（《损轩见过去后拟作论诗仅得六首》），“遁逃各欲避科臼”（《文人》）；同时他认为作诗要学有根柢，即陈衍后来提出的诗“有别才而又关学者也”，只有这样才能“下笔如有神”；并对李白、韩愈、卢仝、白居易、苏轼等人的诗歌表示推崇。《戏为绝句效杜老》其一云：“健笔盘拿不肯直，费人悬解是吾师。他年嗤点关何事，且复相逢千载期。”表明陈书侧重于用笔曲折，风格清健的诗歌。《论诗示临恭》诗慨叹：“乾坤真气渐沦亡，剩有毛锥一寸长。”陈书认为诗歌要有继承、有变化、有创新，切忌“翻教人世重钞胥”（《损轩见过去后拟作论诗仅得六首》），应该“不与前人填故实，自家抹泪说衷肠”（《论诗示临恭》），并批评“明人伎俩本帖括，选本评点尤拘挛”（《文人》）。陈书论诗“不以空言神韵，专事音节以为能”[①]，曾批评“国朝相沿二三子，此事未解空钻研。或云性情或格调，作俑上累三百篇”（《文人》）。以上

① 陈衍：《故直隶博野县知县木庵先生墓志铭》，《陈石遗集》（上），第453页。

观点是陈书倡导学宋的基础，也是其创作的基础。

陈书的重要贡献还体现在他对同光派闽派其他重要诗人的影响。如前期重要诗人陈宝琛、沈瑜庆、林旭、沈鹊应夫妇以及闽派后劲李宣龚都直接得到他的教诲。

末代帝师陈宝琛于1885年被黜归里的25年间，“戢影林壑，系心君国，蒉抱伟略，郁而不舒……遂假吟咏自遣”[①]。陈宝琛常与陈书等友人诗作唱和，切磋诗艺。《木庵居士诗》中与陈宝琛唱和的诗作有近20首。陈宝琛对诗作精益求精，“必改而后成”[②]。他与陈书交谊深厚且“有作必就商于先伯兄木庵先生”[③]，每与木庵“剪烛论诗，夜深不倦”[④]。陈书《与弢庵夜谈》诗中有“落与闲中商句法，定交京兆马笼头”等句；《弢庵以诗商定复寄一首》诗中有“穷巷谁敲月下门，奇疑正许夜深论。千金吕览难加点，五善皇华有夙根”等句；《呈弢庵》诗中有“温良颜色入座有，时以句法相质疑”等句均可为证。陈宝琛对陈书如此敬重，可见陈书当时在闽派中的地位。

李宣龚在沈瑜庆的《涛园诗集·跋》中云：“光绪乙未（1895），宣龚省亲先君子于金陵筹防局。舅祖涛园（沈瑜庆别号）先生实主局事，时南皮张文襄公总制两江。崇尚风雅，以诗相鸣。公与梁节庵、叶损轩、郑太夷诸君居其幕中。而公以筹笔旁午，初未暇为诗也。丙申（1896）三月，中日事定，南皮还镇武昌，公亦受代去，先后监榷大通正阳，溯回江淮间，遂与陈木庵、林暾谷（林旭字）二君从容赋

① 刘纳：《陈三立》，《沧趣楼诗集序》，中国文史出版社1998年版，第228页。

② 钱仲联：《陈衍诗论合集》（上），福建人民出版社1999年版，第12页。

③ 钱仲联：《陈衍诗论合集》（上），福建人民出版社1999年版，第12页。

④ 钱仲联：《陈衍诗论合集》（上），福建人民出版社1999年版，第890页。

咏，有《淮雨集》，类皆行役之作。公之为诗实自此始。”[①] 陈书曾云：“晚岁做客得暾谷与言诗，得孟雅（沈鹊应字）与言词，所谓差强人意矣。夫二子者之作必传无疑。”[②] 同时与林旭、沈鹊应一起向陈书学诗的还有李宣龚[③]。他曾云：“早岁客淮北，日与木庵先生论诗。”[④] 其父李次玉（沈瑜庆外甥）当时也随沈瑜庆居筹防局。

言诗课词之余，陈书与沈家父女、翁婿之间常相互唱和。如陈书有《晤爱苍归计始决》《重九涛园出门后作》以及《示暾谷》两首等；沈瑜庆有《独夜呈冯庵》《与冯庵纵谈》等近20首；林旭有《八月十五夜呈陈冯庵》《和冯庵三月水仙花》等十余首；沈鹊应词有《南乡子·呈冯庵先生兼别季兰》《摊破浣溪沙·题冯庵竹枝词》等。他们在相互酬唱中切磋诗艺，如陈书在《示暾谷》中要求林旭“句成自取挑灯看，不似诚斋定不然”。另从沈瑜庆《涛园诗集》的总目看，卷一为《正阳篇》；林旭的《晚翠轩集》第五首为《寄梁节庵武昌》，显然是婚后从沈瑜庆游武昌遍识陈宝箴、三立父子、梁鼎芬、蒯光典等名流后所作；沈鹊应《崦楼诗词集》中的第一首诗为《正阳关初见

---

① 李宣龚：《李宣龚诗文集》，华东师范大学出版社2009年版，331—332页。

② 陈书：《崦楼遗稿·题语》，沈瑜庆等《涛园集》（外二种），福建人民出版社2010年版，第305页。

③ 李宣龚：（1876—1952），字拔可，观槿，又号墨巢，闽县（今属福州市）人。清光绪甲午年（1894）举人，曾任江苏桃源知县、江苏候补知府等职，有政绩。民国后曾任商务印书馆经理，并兼发行所所长。民国三十年（1941）任合众图书馆（即上海图书馆前身）董事。所藏经史子集各类图籍千余册及师友简札、书画、卷轴等捐入该馆。其中有翁方纲、林旭、曾慕韩、诸贞壮等人之诗集稿本，合众图书馆编辑为《闽县李氏硕果亭藏书目录》一册。曾从陈书、陈衍、郑孝胥学诗，是“同光体”闽派诗歌后期代表人物。近人汪辟疆《光宣诗坛点将录》评其诗为“深婉处似荆公，孤往处似后山，高秀处似嘉州”。有《硕果亭诗》《墨巢词》《硕果亭重九酬唱集》等。

④ 李宣龚：《硕果亭诗·自序》，《李宣龚诗文集》，华东师范大学出版社2009年版，第7页。

腊梅》；李宣龚《硕果亭诗》第一首为《晓发洪塘》（甲午）。总之均为1894年以后的作品。

由此可知：沈瑜庆、林旭、沈鹊应、李宣龚等同光派重要诗人是直接在陈书的指导下开始诗歌创作的。如果陈书当年没有应沈瑜庆之招居其幕，如果不是受陈书的直接教诲熏陶，沈瑜庆等人日后能否成为同光派闽派的重要作家就很难说了。此外，受陈书影响的还不止以上诗人，如沈甥雁南幼受业于陈书，诗作得力于陈书者居多，其中《鸡叹》《思荔》《雨中与唐生叔点对坐戏作》等篇与陈书诗作极相似，有的诗作置诸《木庵集》中甚至不能辨。

据陈衍《近代诗钞述评》载：陈书生平所作，断自杭州以后，约2000首。现存《木庵居士诗》四卷由陈衍精选，共500余首。

陈书“每日家常必有诗”（《枕上作》），即使“关河行役、兵火豺虎之交，亦未尝旬月不为诗”①。陈书诗虽多流连山水，吟咏性情，酬答唱和之作，但并非丝毫不关心时事。如《万生》一诗云：“洋人毒中国，满地尽滋蔓。”对洋烟毒害国人表示极大的愤慨。陈书晚年蔑视科举，曾云“不值文钱是科第”（《初夜》），还劝林旭“春官势不行，夏课今何有。勿为殿体书，且酌山中酒”（《示暾谷》）。

陈衍云：“兄诗天才超逸，胸中不滞于物，故与摩诘、乐天、东坡为近。中间为后山、放翁、诚斋，为陆鲁望、皮袭美，雅不以空言神韵。”② 从现存诗作看，有多首是用杜诗、苏诗韵而作的，也有用昌黎、香山、玉川、荆公韵，效圣俞、放翁、诚斋体而作的。陈书

① 陈衍《故直隶博野县知县木庵先生墓志铭》，《陈石遗集》（上），福建人民出版社2001年版，第453页。

② 陈衍《故直隶博野县知县木庵先生墓志铭》，《陈石遗集》（上），福建人民出版社2001年版，第453页。

“晚精诗律，圈点老杜、山谷全诗”[①]，而且“善说杜诗，常有人人熟读而莫究其作何语，一经说解，闻者爽然”[②]。陈书《读杜》诗云：“读杜心颜开，气机亦壮哉。书情达细碎，道貌振蒿莱。名岂随声传，辞多误会来。安能起述作，相与话萦回。”陈书善说杜诗，不下百十则。试举二例：其一，尝谓“莫厌伤多酒入唇”之“伤”，即《孟子》“伤廉”“伤惠”之“伤”，“伤”字乃对得上句“欲尽”之“欲”字，向来含混读过，不求甚解。其二，“意匠惨淡经营中”，王阮亭改作“经营成”，陈书以为点金成铁。因为少陵无一字无来历，“经营中”三字，实本古乐府“小立经营中”句。陈书有《一更山吐月》至《五更山吐月》诗五首是仿杜诗而作，还作有《效少陵戏为六绝句元韵》《戏为绝句效杜老》等诗，由此可见，陈书对杜诗之推崇，研究之精深。

陈书《晚岁》诗云：“晚岁觊多诗，自言学乐天。乐天有何好？有意多能言。长言及千字，短言数十言。非博老妪解，但取妙心宣。……”陈书诗作中既有《读乐天诗》，又有《效香山乐府》，可见他对白居易诗之喜爱。陈书晚年诗作借鉴了乐天诗重写实、尚通俗的特点，内容上有反映民意的，但更多的是表现淡泊平和、闲逸悠然的情调，即所谓的闲适诗。陈书平生最恶雨，且不作雨诗，并赋有《畏雨诉》。陈书宰博野时，久旱得雨，乃有《半夜雨》，诗云：“二十几旬无此声，闻声感激涕纵横。风驰电掣惟恐尽，海倒江翻只要倾。不睡拼教两夜永，迟明看取一池平。奢心得陇真堪笑，移向春前万宝成。”作为知县如此关注旱情，如此求雨心切，以至于闻雨声而老泪

① 陈衍《故直隶博野县知县木庵先生墓志铭》，《陈石遗集》（上），福建人民出版社 2001 年版，第 453 页。

② 陈衍《故直隶博野县知县木庵先生墓志铭》，《陈石遗集》（上），福建人民出版社 2001 年版，第 453 页。

纵横，进而因害怕骤雨即停，宁可海倒江翻，两夜不睡也在所不惜。关注灾情即关注民生疾苦，此诗通过眼前景、口头语，以真挚的情感，营构了感人的艺术画面，陈衍也曾感叹此诗“真香山也”[①]。

虽然陈书认为“学识宗群流”[②]，对诗歌风格主张兼收并蓄，也曾惟妙惟肖地模仿过多位诗人的诗风，但他主要还是宗宋。他曾云：“元祐诸公天人姿”（《呈弢庵》），“已开宋人风，小生敢摇唇”（《一日一气候》）。他的诗歌既有陈师道“闭门觅句”式的苦吟，黄庭坚式的推敲锻炼，又有杨万里式的浅近流畅，但陈书最推崇的还是苏轼。他曾慨叹“东坡早岁怀齐物，只博逍遥渡海时”（《长句效诚斋体》），因此也曾有过“不如唱得渔歌子，水绿山青自写真”（《杂兴三首》之一）的归隐之志，但陈书更多的是受苏轼乐观旷达精神的影响。如《口号》一诗写道：“我已无家子罢休，石头游散广陵游。饶他白发三千丈，肯著人间一字愁。”陈书一生遭遇三次丧妻之痛，大儿陈敬年少就旅食四方，一家人聚少离多。面对人生的坎坷，诗人无怨无怒，并反用李白的诗意显示出诗人超然旷达的人生态度。

综上所述，陈书作诗能熔铸古今，继承创新，以自己的理论和实践，对同光派闽派作出了重要贡献。

陈衍在《石遗室诗话》卷一中论及“同光体”的渊源时将之上溯至道咸间的宋诗运动，这是从全国的诗坛来考察的。陈庆元先生认为，同光派闽派的产生，“在福建诗歌发展史的历程中也有其内在的原因”[③]。他认为陈寿祺及其学生林昌彝等人的诗歌理论和创作实践对

---

① 钱仲联：《陈衍诗论合集》（上），福建人民出版社 1999 年版，第 191 页。

② 沈鹊应：《南乡子·呈冯庵先生兼别季兰妹》，《崦楼遗稿》，沈瑜庆等《涛园集》（外二种），福建人民出版社 2010 年版，第 312 页。

③ 陈庆元：《论同光派闽派》，《诗词研究论集》，巴蜀书社 1998 年版，第 300 页。

同光派闽派的兴起产生了比较直接的影响。同治末年陈书与叶大庄（损轩）等在闽结社倡导学厉鹗等人清幽刻削之词，即倡导学宋。因为厉鹗作诗重学问，主空灵，合写景与宗宋为一。陈衍在论及“同光体”的渊源时将之上溯至道咸间的宋诗运动，其本意不论是想说明“同光体”并非凭空冒出，还是旨在借前辈诗人的声望来抬高自己的地位，不可否认的是：在陈书等人的倡导下，清幽刻峭之词于同治末年已在福州推广，并有一批作者，福州成为学宋诗的重要基点。据陈衍年谱载，1877 年，陈书、叶损轩等“为降神之戏，夜夜净几明灯，倡和于沙盘木筏间”①。而此时陈衍已 22 岁，也参与其间，常彻晓不睡。由此可见，陈书是闽派中最早倡导写“同光体”的诗人之一。由于陈衍从小向陈书学诗，更由于陈书同治末年的倡导及推广，就为陈衍于光绪初的癸未（1883）、丙戌（1886）间打出“同光体”的旗号奠定了基础。

二、相笃为诗时长吟

在同辈的乡人中，何振岱与龚葆銮、郑容、龚乾义、陈紫澜数人交谊最笃②。

---

① 陈声暨：《侯官陈石遗先生年谱》，《陈石遗集》（下），福建人民出版社 2001 年版，第 1950 页。

② 龚葆銮（1871—1898），字子鸣，号九鹤，又称碧琴子，名所居曰改庵，闽县附学生员。著有《碧琴遗稿》。

郑容（1869—1921），字国容，号无辨，福建侯官人，布衣。有《无辨斋诗》一卷。

龚乾义，字惕庵，又号华鬘，清岁贡生。龚易图之犹子，为陈书入室弟子，又尝受业于陈衍。有《慎堙庐诗文集》。

青年时代，何振岱常与好友龚葆銮、陈紫澜读书之余相笃为诗，每当得到前人一诗集，必相饷览而断取其得失。“三人者多有诗又必相质论，总共七八年时间各得诗三四百篇，因年少气锐，倡为流传不在多，少作不可不弃之说，散置而弗自惜。”① 正如何振岱《忆旧再寄龚华鬘》云：“忆昔城南二三子，无事追寻日奔忙。十年听雨温大被，一字敲诗磨小句。”② 龚葆銮《题梅生诗卷后》云：“先生古貌颀且酡，冥心觅句时长哦。既于幽雅见沉挚，尤以澹宕含嵯峨。我昔逢君甫总角，定交十载犹顷俄。说诗极意讲格律，我犹汗漫君则苛。陈侯盛倡弃少作，佳语一逸难搜罗。我如郑国待二境，楚雄晋霸将谁何？只今风雅小歇绝，布鼓持乱雷门鼍。与君年少各努力，下笔矢想堪弦歌。文章交游比骨肉，得句往往思就磨。囊琴榼酒犹可给，原植乔木芟繁柯。欲追真源跻大雅，不惜风雨常相过。”③

鼓山达摩洞、乌石山双骖园、洪塘塔江寺等处均留下他们的足迹与诗篇。癸巳年（1893）秋，何振岱曾偕龚葆銮住双骖园中逾月④，二人常常同歌同舞，同吟同醉。

何振岱与龚惕庵交往极深，“里居时旬日弗晤，必呵吾（何振岱）疏”⑤。龚惕庵亦居双骖园（龚葆銮为其族叔），尝为陈书入室弟子，后又受业于陈衍⑥，著有《慎垤庐诗文集》。何振岱诗有《闰五月廿

陈紫澜，字荃庵，福建闽县人，清光绪丁酉科举人。清末署长兴县知县。青年时代，何振岱常与好友龚葆銮、陈紫澜读书之余相笃为诗古文辞。何振岱《觉庐诗存》中有《鼓山灵源洞同荃庵公望坐月至旦》《梦荃庵》等诗。

① 陈荃庵：《碧琴诗序》，何振岱《榕南梦影录·龚葆銮》，1942 年福州刻本。

② 《何振岱集》，第 196 页。

③ 何振岱：《觉庐诗存·序》，《何振岱集》，第 455 页。

④ 何振岱：《榕南梦影录·龚葆銮》。

⑤ 何振岱：《哭龚五惕庵》，《何振岱集》，第 267 页。

⑥ 陈声暨：《侯官陈石遗先生年谱》，《陈石遗集》（下），第 2069 页。

夜，赴华鬘双骖园之约，剧饮纵谈至晓，受露荔归，长句书寄》《双骖园前望华鬘旧居，怆然有作》等，可知，何振岱常游双骖园，而且“诣子谈深常竟日，送予目尽始回头”①。

乌石山双骖园系龚葆銮家方伯、龚惕庵之世父龚易图别业。龚易图（1835—1894），字蔼仁，号含真（晶），福建闽县人。咸丰己未进士，官至广东布政使。易图精通禅理，擅于诗画，著有《乌石山房诗存》。40余岁，罢官归里，广筑园林。城中有四处：一是城北环碧轩，以水胜、以荔枝胜；二是城南双骖园，以山与荔枝胜；三是城东南芙蓉别岛；四是城东南武陵园，两处皆以水石胜。其中，双骖园占乌石山西南一角，有乌石山房、袖海楼、餐霞仙观、啖荔坪、蕉径、注契洞、净名庵、南社诗龛诸胜。陈书与龚易图至契，曾奉母借居双骖园数年，并在园中设馆，后又借居武陵园数年。1893年，陈书居双骖园期间，常与龚易图、陈宝琛赋诗，“年初大雪，二陈叠韵累月。三月，陈衍回榕探亲，亦追和一首”②。于是，双骖园成为同光派闽派诗人集会的一个重要地点。陈书与龚易图常彻夜论诗，唱和之多，“虽元、白、皮、陆不能过，深谈常至夜分”③。如《木庵居士诗》中就有《寒宵早睡，含真诗叩户而至，索灯就蓐上和之》《次韵答含真》《和含真不饮二首原韵》《三月十八日园中大风雨，计一时许毁物无算，既罢驰诗含真索同作，用老杜茅屋为秋风所破韵》等十余首。即使在龚易图去世的前两年还有唱和之作，如壬辰年（1892）有《戏题蔼仁题画韵十二帧》诗，癸巳年（1893）有《次韵答含真》诗。对

① 何振岱：《哭龚五惕庵》，《何振岱集》，第267页。

② 陈槻：《诗人陈衍传略》，台北市林森县文教基金会出版发行，第162页。

③ 陈衍：《石遗室诗话》卷二十一，钱仲联编校《陈衍诗论合集》，福建人民出版社1999年版，第294页。

于龚易图的诗作，陈衍在《近代诗钞述评》中云："含真天资敏捷，文字皆下笔立就。诗才雅近随园，间出入于瓯北。"①

何振岱年19始与龚葆銮游，20岁时，同光派闽派首领陈衍已打出"同光体"的旗号。何振岱不仅熟悉陈书、龚易图，而且诗学观点也受到他们的影响。何振岱《觉庐诗存》中有《龚永叔为予言："少时尝遘疾，经年未愈，或教之习静，一日趺坐中，思路忽断，厥疾若失。"以傅青主集所载某氏存诚日久衰发皆青之事证之，知君言不虚也》《龚永叔哀词》两首诗作，其中《龚永叔哀词》诗有："含晶一老循良裔，余事书画凌等夷"；"人生绝艺足遗后，高隐不仕宜无欹"②等句。1949年，何振岱作《龚永叔画龙》诗，仍对龚易图的画赞叹不已，诗云："龚生画龙逾十丈，鳞鬣金色胥怒张。金刚摄之缠臂上，赫如旭日生朝光。舒则竟天缩盈尺，龙公变化浑无迹。谁倾海水向禅门，一笑无言佛弥勒。"此诗为未刊稿。因此，同光派闽派青苍幽峭的诗风对青年时代的何振岱多少产生了影响。

从何振岱早期诗作来看，不少诗作使用了充满幽僻、清冷、峭厉之感的诗歌意象，诸如"绝壁""幽亭""寒涧""苍雪""残月""瘦竿""寒松"等，在色彩上，常侧重于青、翠、碧等冷色调，营造清苍幽峭的诗境，寄托孤高绝俗的情怀。如《理安寺泉》前四句云："百壑竞成响，一潭私自澄。萦苔下绝壁，小甃为幽亭。"起笔涉题写理安寺泉及周围景色。在喧响的百壑中，诗人发现泛着澄碧的一泓潭水，沿着长满苔藓的绝壁往下攀援，便到了一个用砖砌的幽僻的小亭子。陈衍认为"起是柳州境界"③。诗又接着云："声外尚含秋，意中欲

① 陈衍：《近代诗钞述评》，钱仲联编校《陈衍诗论合集》，第887页。

② 《何振岱集》，福建人民出版社2009年版，第337页。

③ 陈衍：《石遗室诗话》卷六，钱仲联编校《陈衍诗论合集》，第84页。

无僧。久坐闻香气，何必存禅名？江湖流浊世，湍激何时平？真当守此水，心根同孤晶。”诗人远离喧闹，在一片空灵的寂静中独坐，是想远离尘世的纷争、倾轧，澄清的潭水寄托着诗人孤高晶莹的品格。后八句以抒情议论为主，陈衍则以为“宋人语”①。同时之作《鹤涧小坐》云：“地天忽自通，，一碧不可绝。举眸悚阴森，恐入神灵窟。万篁争夺挺，丛枥皆耸拔。桥行俯寒涧，自古流苍雪。愔愔琴思生，冥冥鹤迹没。出山衣薜香，湖光湔不灭。”此诗写理安寺前环境的幽清孤绝，尤其前四句意象险怪、奇辟，颇有韩愈、孟郊诗的痕迹，陈衍云“真写得出，起四语是东野境界”②。此外，如《鼓山灵源洞》有“松去月盈尺，月高松影圆”句，似在郊、岛之间；《鼓山达摩洞》有“古洞受江色，无云常夜光”句，亦是东野语。

当然，何振岱真正成为闽派的一员并扬名诗坛与他先后结识闽派重要诗人沈瑜庆、陈衍、陈宝琛有重要关系。

三、藩署文案礼殊众

1906年，何振岱被同乡沈瑜庆聘为藩署文案。

沈瑜庆（1858—1918），字志雨，号爱苍，别号涛园。沈瑜庆是林则徐的外孙，沈葆桢第四子，戊戌六君子之一林旭的岳父。长期身任要职，曾官至贵州巡抚，功名在沈葆桢诸子中最盛。

沈瑜庆是同光派闽派重要诗人，为官之余，雅好诗文，与同乡陈

① 陈衍：《石遗室诗话》卷六，钱仲联编校《陈衍诗论合集》，第84页。

② 陈衍：《石遗室诗话》卷六，钱仲联编校《陈衍诗论合集》，第84页。

书、陈宝琛、陈衍、郑孝胥等交谊甚深，往来常有诗文唱和。1894年5月，沈瑜庆出赀代刊陈衍的《元诗纪事》，陈衍曾赋诗为谢[①]。沈氏家族成员能诗文者亦不少，大嫂仲容、侄儿沈翊清皆能诗文；外甥李宗言、李宗祎兄弟出生于富商家庭，李家在福州光禄坊有一个园囿，名为“玉尺山坊”，园内有专门作诗聚会的光禄吟台。林纾、陈衍、郑孝胥等人常在这里聚会赋诗，兄弟俩还倡议成立了诗社——福州支社[②]。沈瑜庆曾师从陈书学诗。1894年沈瑜庆入张之洞两江总督府，总办筹防局，其时，陈书被聘入筹防局。1896年，沈瑜庆榷盐大通，陈书仍参其幕；为博野知县前曾“徇沈兵备瑜庆之招，出而游江宁、池州、淮北、颍州、滁州、苏州以至作宰”[③]。据沈瑜庆本传记载：1896年沈瑜庆“榷盐皖岸及正阳关，与同里陈县令书、女夫林京卿旭日课一诗，不数月成正阳集一巨册后并为涛园集”[④]。同时与沈瑜庆一起向陈书学诗的还有沈瑜庆的长女沈鹊应、女婿林旭以及李宗祎之子李宣龚。

何振岱于1894年与郑元昭喜结连理。元昭，字岚屏，号浣兰居士。父郑弼（子远）是林则徐小女林金鸾与郑葆中（月庭）之子。林金鸾唯一的女儿与沈瑜庆同年同月生，两家同里巷，对门居，青梅竹马、两小无猜，1876年（光绪二），两人缔结百年之好。郑元昭与沈瑜庆长女、“戊戌六君子”之一林旭的夫人沈鹊应系表姐妹。沈鹊应能诗擅词，11岁时受业于同光派闽派首领陈衍，1894年至1898年间，林旭、沈鹊应夫妇师从陈书，言诗论词，从事诗词创作。现存《崦楼

① 陈声暨、王真：《侯官陈石遗先生年谱》，《陈石遗集》（下），第1969页。

② 孔庆茂：《林纾传》，团结出版社1998年版，第23页。

③ 陈衍：《故直隶博野县知县木庵先生墓志铭》，《陈石遗集》（上），第453页。

④ 《闽侯县志·沈瑜庆传》。

遗稿》（附《晚翠轩诗集》后），存诗 29 首，词 35 首。

1906 年 5 月，沈瑜庆擢江西布政使，因与何振岱有姻亲关系，又慕何的文名，遂聘其为藩署文案。沈瑜庆对何振岱礼遇殊众，不居属员之列，尝曰“吾当以范石湖之礼陆务观者礼先生”①。范石湖即南宋著名诗人范成大，晚号石湖居士。陆务观即南宋大诗人陆游，字务观。范成大知成都府时，曾邀陆游为参议官，待陆游为上宾，礼遇深厚。两人既是把酒论诗的诗友，亦是志同道合的挚友。何振岱《感旧》（二）云：“公其范石湖，待我犹姜陆。宽袍亲我座，众客不属目。就凉共藤床，天低星如沐。忧时托一诗，恻恻宁忍读。”②何振岱与沈瑜庆皆爱诗，两人常纵论诗歌并赓和为乐。何振岱《送沈涛园中丞赴沪序》云：“元遗山论诗，惜刘越石不生建安中与曹、刘角逐。沈涛园中丞亦云：遗山与放翁并世，使建旗鼓一堂，必有大可观者。予按：遗山生于金章宗明昌元年，当宋光宗绍熙元年。是时放翁年六十六。宋宁宗嘉定元年，当金宣宗贞祐二年。宋金和议成，放翁八十余岁，遗山已二十岁。有《古意》诗云：二十学业成，遗山成学之早如此。苟于是时南北路通，闻名相许，则剑南后劲当属裕之；若诚斋犹非其敌矣。”③并曰：“予客公所，每畅聆谭艺为乐。……还忆衙斋晨夕，相与纵论艺苑，若昨日事，未能无感于中云。”④沈瑜庆《读何梅生病后诗草偶题》写道：

何郎病起爱吟诗，丈室安禅语最奇。庭数经秋枫叶尽，盆兰

① 叶可羲：《何梅叟先生传》（代作），《竹韵轩文集》，第 22 页。

② 《何振岱集》，第 348 页。

③ 何振岱：《送沈涛园中丞赴沪序》，《何振岱集》，第 86 页。

④ 何振岱：《送沈涛园中丞赴沪序》，《何振岱集》，第 86 页。

著雨入瓶宜。

所希缥缈成孤往，阅世艰难总耐思。鲁女周嫠言可念，更生未合怨衰迟。

沈瑜庆诗稿

在近三年的时间里，何振岱受到沈瑜庆的礼遇，在诗歌创作上自然也受到沈瑜庆的影响。沈瑜庆一生浮沉宦海，对清末黑暗、腐败的政治有深刻的认识。他在《崦楼遗稿·题语》中云："人之有诗犹国之有史，国虽板荡，不可无史。人虽流离，不能无诗。"① 沈瑜庆关心时事，喜言新政，诗作也多关时事。他的《哀馀皇》一诗以极为哀痛和愤懑的情感表现出对民族危亡的极大忧虑。在《戊戌十一月二十三日写经竟书后》一诗中，沈瑜庆以悲痛之情对林旭的死表示悼念。何振岱与林旭同出王季师门下，两人同是出身寒微，颖绝秀出，聪敏过人，互为倾慕。林旭尝欲观何振岱同试赋草，惜撄世

① 附林旭：《晚翠轩诗集》后。

难，竟不相见。何振岱任藩署文案期间，沈瑜庆向何振岱详细介绍了林旭从事戊戌活动的言行。

林旭（1875—1898），字暾谷，号晚翠，福建侯官（今属福州）人。“少孤，从塾师学为律赋，出语惊其长者。喜浏览群书，家贫，阅市借人，人见其强记，乐与之。”[①] 1891年，沈瑜庆总办江南水师学堂，同年归乡省墓，在林旭塾师处看到林旭的文章，“异其博赡”[②]，遂以长女沈鹊应适之，并赘于金陵。光绪十九年（1893），19岁的林旭返闽应乡试，得中解元，其应试之作广为传诵。“甲午（1894）、乙未（1895）、戊戌（1898）五年三上公车，皆荐不售，则发愤为歌诗。”[③] 林旭《晚翠轩集》系由其同乡挚友、沈鹊应表兄李宗祎之子、同光派闽派后劲李宣龚在偶然中发现遗稿才得以传世的。李宣龚在《晚翠轩诗集·序》中记道：“自戊戌政变，钩党祸作，昔之密迩暾谷者，多以藏其文字为危，不匿则弃，惟恐不尽。……越数岁，大舅沈公涛园（沈瑜庆别号）以京兆尹出而提刑粤东，予自江宁来，别诸沪滨。忽于广大海舶行李中见一箧，衎熟视之，知为暾谷故物，不钥而启，则晚翠轩之诗与孟雅（沈鹊应字）夫人《崦楼遗稿》在焉。既惘且喜，遂请以校刊自任。”迫于当时慈禧的擅权，林旭前期不少诗作散佚。收入《晚翠轩诗集》的作品，大多写于1894年以后，共存诗作154题计192首（未含科第应制诗）。何振岱《晚翠轩集附录》云：

林李昔齐名，望若鸾凤翔。晚翠失交臂，耳熟情殊详。惜哉撄世难，世亦悲沧桑。得失付千秋，笺墨余百行。李侯重遗

① 陈衍：《林旭传》，《陈石遗集》（上），福建人民出版社2001年版，第433页。
② 陈衍：《林旭传》，《陈石遗集》（上），福建人民出版社2001年版，第433页。
③ 陈衍：《林旭传》，《陈石遗集》（上），福建人民出版社2001年版，第433页。

迹，随处加护藏。旧交骨肉恩，字字皆芬香。已自齐生死，遂更忘短长。嗟君古风谊，乃根真肺肠。我亦有所感，掩卷神徊徨。白头弥笃故，此德今人凉。

首句中“林李”的李即指李宣龚。1898年6月11日，光绪皇帝颁布“明定国是”诏书，宣布变法。7月经少詹事王锡蕃推荐，光绪帝召见了林旭。9月5日授林旭、谭嗣同、杨锐、刘光第四品卿衔，担任军机处章京，参与新政。此后十日，陈奏特多，均由“军机四卿”批阅后再上奏决定；皇帝谕旨多出自林旭之手。9月21日政变起，慈禧皇太后再出“训政”，光绪帝被软禁于瀛台；9月25日“军机四卿”被捕；9月28日“戊戌六君子”不经讯鞫即行问斩。临刑前，林旭泰然处之，厉声责问监斩人：“吾何罪之有?”监斩人避而不答。林旭仰天长啸：“君子死，正义尽!”然后放声大笑，慷慨就义，年仅24岁。林旭喋血菜市口的消息传来，仍在淮水的沈鹊应柔肠寸断，痛不欲生，欲亲入都收尸被家人劝禁。之后一年多的时间里，沈鹊应沉浸在深哀巨痛中，终日以泪洗面，夜不能眠。她一面整理亡夫的遗稿，一面以饱含血泪的诗篇抒发其满腔的怨恨。这是一个遭受深哀巨痛的嫠妇心灵的倾诉。沈鹊应《除夕影前设奠》一诗写道：“空房奠初夕，对影倍凄然。守岁犹今夜，浮身非去年。心随爆竹裂，眼厌灯花妍。况是无家客，银筝悲断弦。”除夕之夜本是团圆之夜，可是对着亡夫的遗像，听着爆竹的声响，沈鹊应的心也被炸裂了；看着美丽的灯花，她却感到格外讨厌。连“银筝”都悲痛得断了弦。拟人化及夸张的手法强化了诗人内心的悲痛。此外，《春夜八首》中的“药炉经卷在，即此了吾生”“遗编和泪叠，字字是华严”“我已无肠断，诗成寄与谁”“蔽罪朝无典，遗章世所闻”“此恨何时已，思量声暗吞”等诗句一方面高度评价林旭的诗篇，悲叹丈夫壮志未酬身先死；另一方面痛斥朝廷昏庸凶残、无法则，并流露出殉夫之意。万千悔恨泪千行，唯有诗留天地间。《浪淘沙》一词同样抒写了女词人内心的怨恨：

> 报国志难酬，碧血难收。箧中遗稿自千秋。肠断招魂魂不到，云暗江头。绣佛旧妆楼，我已君休。万千悔恨更何尤。拼得眼中无尽泪，共水长流。

沈鹊应认为林旭等人是为国而死、为正义而死的。他们的死是冤死，虽“招魂魂不到”，但神明永存。词的末尾以“拼得眼中无尽泪，共水长流”表达了词人深沉的哀痛，悲怆至极，绝望至极，令人不忍卒读。

沈鹊应由于哀毁过度，于1900年4月离开人世，年仅23岁，无子女。林旭与沈鹊应的尸骨被分别运抵福州后，沈瑜庆将他们双双安葬于北门义井，并竖一对石墓联，曰：“千秋晚翠孤忠草，一卷崦楼绝命词。”

李宣龚内行纯懿，笃于风义。“林旭被难，而拔可拳拳于旭，未尝以生死患难易其交，举世莫相收，独毅然为之归骨。又为诗哀之，当时传诵人口。”① 何振岱不仅对林旭报国志难酬深感痛惜，亦对李宣龚与林旭间的文字骨肉之交表示钦佩。林李间亦有唱和之作传世。如林旭《晚翠轩集》中有《拔可言：某寺有鹤又有腊梅，荒城得此足珍也》《戏赠拔可》《拔可将以三月归闽，赠之》《拔可束装，再赠之》《八月十四夜，拔可宅中露台》《与拔可别后却寄》《再寄拔可，并讯仲奋》

---

① 黄曙辉：《李宣龚诗文集·弁点校言》，《李宣龚诗文集》，华东师范大学出版社2009年版。

等诗。李宣龚诗集中亦有《暾谷以咏枇杷绝句见示，自忆宅中有此树，追赋之》《留别暾谷》《闻暾谷将赴日本应黄公度之辟》《哀暾谷》等诗作。

1909年，沈瑜庆赴官黔中，何振岱送至九江别。辛亥革命后，沈瑜庆归海上，何振岱每出游必诣谒沈瑜庆，闲暇则以诗章唱和。

四、诗琴相契何龃龉

1909年，何振岱的总角好友柯鸿年正在上海创办呢织厂，特聘请何司笔墨兼教读其子女。柯鸿年（1867—1929），字贞贤，号珍岑，晚号澹园居士，福建长乐柯百户村人。福州马尾船政前学堂制造班第三届（1885年4月）毕业生，留学法国。清北洋候选道员，任庐汉铁路参赞，京汉铁路总办，曾出任比利时大使。留学期间专攻万国公语、法语专业课程。同班的有高而谦、王寿昌、许寿仁、游学楷、林藩等6人，其中王寿昌曾因口述《茶花女》故事，再由林纾译成汉语而轰动文坛。

就在何振岱抵达上海的这一年，同光派闽派首领、诗论家陈衍由京都归故里，途经上海，经林则徐曾孙林大任（字狷生，甲午举人，工诗，耽佛学）介绍，何振岱结识了陈衍，两人均有相见恨晚之慨。

陈衍对何振岱的诗十分倾倒，谓“吾州后起能诗，无出何之右者”[①]；“吾乡中诗之戛戛独造，不肯一语犹人者，梅生、惕庵，可称

① 吴家琼：《何振岱晚年不满陈衍之由来》，《文史资料选编》第三卷“文化编”，福建省政协文史资料委员会编，福建人民出版社2001年版，第55页。

何振岱故居

二难。”[①]尤其是何振岱的西湖诗，陈衍赞不绝口，逢人扬誉。何振岱1909年前曾两次游杭州西湖，创作了十余首脍炙人口的诗篇，如《孤山独坐雪意甚足》《孤山喜晴》《寻灵隐寺》《寺前》《孤山晓望》《冷泉亭》《别孤山梅花》《孤山旧游处》《重至灵隐寺》《理安寺》《鹤涧小坐》《理安寺泉》等。其中以《孤山独坐雪意甚足》一诗为陈衍书扇，沈曾植、陈曾寿等名流见之，无不激赏“钟定声依无际水，诗成意在欲开梅”一联。何振岱与陈曾寿亦有文字深契，两人原不相识，一日，何偶读陈咏菊诗中有“资生日以薄，托命余秋花”句，为之倾倒。游杭期间，何振岱特拜访了陈曾寿，何、陈间樽酒论文，遂成益友。何振岱对陈衍更是推崇备至。在赠陈衍的诗中写道：“石遗人天眼，众妙参真源。鸿鹄志八表，焉得守乡园……”[②]何曾致陈一函云：“先生之诗，非赞叹所能尽，且精绝处，诸诗老已有能言之者。小子寡识，安敢妄赞一辞？兹谨就仰窥所及，拜注数字，牖户觇日，自恨目光短浅耳！集中神奇万态，直如高山大海，无所不有，读先生诗，

① 陈衍：《石遗室诗话》卷二十九，钱仲联编校《陈衍诗论合集》（上），第406页。

② 吴家琼：《故友何振岱生平事略》，第215页。

始知一丘一壑，扁识自囿者，不可以为诗也。岱自知诗学芜浅，此后决未敢著笔，俟再读书数年，然后为之。旧稿不忍遽弃，乞先生择其稍足留者，其余尽可摧弃。无金之沙，苦望搜拣，感戴大德，何可名言？”① 当时的上海报刊，辟有“文苑”专栏，选登海内名流之作，何振岱的诗文常被选登。至此以后，何振岱真正成为同光派闽派诗人中的重要一员，扬名全国诗坛。

中年时期的何振岱

陈衍于1905年2月买宅于福州文儒坊南三官堂（今称大光里）。文儒坊南三官堂南为瓯香馆，西为香草斋，皆昔贤读书旧址。文儒坊位于南后街西侧，西通金斗门桥河沿。何振岱尝云择邻尚友，得知陈衍买宅于三官堂，于1910年即买下陈衍对门的住宅。因何振岱小陈衍11岁，又与陈书的儿子陈敬为丁酉科同年，遂依

① 吴家琼：《故友何振岱生平事略》，第215页。

其侄的行辈，称陈衍为三叔。陈衍与何振岱志趣相投，出则同游，居则论诗，何振岱还时常抱琴过访，畅谈之余，高山流水，琴声悠扬，尽兴始散。从此，两人诗琴相从，成为莫逆之交。

1923年，陈衍在上海编《近代诗钞》24卷，其中，闽籍诗人入选诗作数量除陈宝琛、郑孝胥外，以何振岱为最多，共计128首。从1909年至1927年间，陈衍诗集中涉及何振岱者共有《庭梅将开，约梅生月夜弹琴，兼以话别》（己酉）、《招梅生看画》（壬子）、《韵芳夫人郊居耿王庄畔，梅生及余将有江南之行，过之夫人填春草碧一词送别，报以长句》（壬子）、《寒食日寄怀梅生，兼讯西湖》（乙卯）、《同梅生国容坐听水斋头半日，怀听水主人前度至此及听水第二斋，老人皆不在也》（丁巳）、《木笔初放海棠将开，招梅生来看》（戊午）、《梅生得唐琴书来乞诗，以一律答之》（戊午）、《送梅生归里，次其留别韵》（戊午）、《同梅生游惠山寺》（戊午）、《梅生画秋山旅行箑见贻，以诗为报》（辛酉）、《心与以惠泉沦龙井茶一杯分饮，三年前曾同到惠山也》（辛酉）、《梅生自都摹宋人雪景图见寄，报以长句》（丁卯）等12首诗作。何振岱诗作被选入陈衍《石遗室诗话》的为数也不少，综观陈衍对何振岱诗歌的评价，可归纳为以下几点：

1. 诗作会心微妙，时见哲理。如《叙瓶中杂花》云："久欲敛芳怀，临赏不可止。"《四更起坐》云："梦回夜气初澄后，吟答秋声欲下时。"《雨夜》云："半睡已将新梦接，极思翻觉百愁平。""细灯善养寒滋味，疏雨真谐懒性情。"《东坡生日集二梅精舍》云："百羡多捐爱见存，违合之悲难割置。"《初一夜同阿岚饮》云："微熏人意天然好，无乐能欢似少时。"又"竹风檐际撞千玉，花气中宵曳一丝。"

2. 妙语如环，以意笔胜。如《寄狷生浔阳》云："觅梦欲长宜尽醉，江流到海更江流。"《和内子对菊》云："细将肥瘦量今影，迸以欢愁理旧心。”又“钗头瓶上相思意，未辨花人孰浅深。”《暝色》云：“暝色不可写，只疑天渐低。”《张园》云：“更无人与分荷气，只觉风来尽露香。”陈衍云“荷花佳处，全在早起时，括古人几许名句”①。

3. 五言时得韩、孟精懑处。《述怀寄狷生浔阳》云：“吾尝对俗子，气索如积病。”又“审性足知命，未用测天意。”又“众忽独感深，群讙若仇避。”又“愿子念我好，犹念其可憎。我亦攻子阙，落落羞畦町。”《再寄狷生约游西湖》云：“贱者无所余，素志倘一肆。”又“论文析奥蕴，得意即取醉。如是者数年，别去亦无怼。”

4. 工绝句，在元章、与可、放翁之间。如《初二日饮姚未僧家醉归》云：“古香一室不缘花，饮客醇醪自啜茶。胜事今年勤记取，开春二月醉姚家。”《不胜》云：“不胜思古忧时意，畏见深心短气人。自涤瓷盆安怪石，灯前百遍赏嶙峋。”《壶尊》云：“倦将求息何能息，强自为宽那得宽。静看飞云闲看鸟，既凭庭树又凭栏。”此首本八句，陈衍为节去前四句。《今亦》云：“今亦何尝是，无须悔昨非。苕川西上路，无数钓鱼矶。”此首本八句，陈衍为节去中四句。

5. 诗歌深微淡远，富有神理，最无艰涩之态。如《孤山独坐雪意甚足》《寻灵隐寺》《冷泉亭》《重至灵隐寺》《理安寺》《鹤涧小坐》《理安寺泉》等诗最能体现这一特色。《重至灵隐寺》云：“兴来倚石立移时，看竹听泉忘入寺。”《游长庆寺》云：“山僧自是吟边物，只好遮林傍水看。”都极有神理。

1912 年，陈衍作《何心与诗叙》云：“吾从林生狷生闻心与之诗，识其人、读其诗、与之言。吾所觉者，心与觉之；吾如是观，心与不如是观者，或寡也；则其于诗，人如是言，心与亦如是言者，殆寡

① 陈衍：《石遗室诗话》卷十七，《陈衍诗论合集》（上），第 240 页。

矣。”陈衍的评价一方面说明陈、何间心有灵犀，另一方面也说明何振岱对诗歌有独到的见解。当然，陈、何两人论诗有时也争得面红耳赤。何振岱常自恨其为乡人，家贫不能常出游以广大其诗；而陈衍则认为“诗固宜广大，然不精微何以积成广大？读书先广大而后精微，由博返约之说也。作文字先精微而后广大，故能一字不苟，字字有来历，非徒为大言以欺人。即算学之微积，禅宗渐之义也。……不广大故所患，不精微尤其大患，则画虎刻鹄之譬矣”①。

令人费解的是，作为陈衍的至交，何振岱于1938年刻其《觉庐诗存》时，只将谢章铤、陈宝琛、沈瑜庆等人的赠诗以及龚葆銮、许承尧的题诗当作诗序，而陈衍于1912年作的《何心与诗叙》却弃之不用。且何振岱所作诗文之作，凡有涉及陈衍者，均不录。如何振岱曾作《寄怀石遗丈》一诗，但未录其诗集中。据何振岱老友吴家琼回忆，何振岱晚年不满陈衍之由是因为修《西湖志》时，“有郑天放者，列举该志遗漏及不合体裁处，载于施景琛所办的《大同日报》，并说这错误乃因何振岱宠信其挚友叶心炯所致，好像他人没有责任似的。何受兹指责很愤怒。经查系林宗泽从中捣鬼，因此对林极为不满。迨此次修纂通志，林宗泽也在分纂之列，叶心炯经何介绍也任分纂。林宗泽藏书很多，又长目录学，馆中材料多由林供给。林宗泽是陈衍所创办的福州说诗社的弟子，所以与陈很亲密。叶心炯与陈衍则比较疏远，相形见绌，以为陈对他与林宗泽有了青白眼之分，怏怏于心，便一五一十函诉于何（何客北京）。何信为真，对陈不满实基于此。”②

① 陈衍：《石遗室诗话》卷六，《陈衍诗论合集》（上），第83页。

② 吴家琼：《何振岱晚年不满陈衍之由来》，第56页。

陈衍于1927年作《梅生自都摹宋人雪景图见寄，报以长句》云：

高人数载去乡关，饱看京畿雪后山。写出蹇驴诗满载，寄余野鹤鬓同斑。折梅远赠情犹浅，命驾相思愿未还。便欲钓鱼台再到，白鱼黄酒共酡颜。（前六年弢庵曾雪中招游钓鱼台）

陈衍于1937年去世，最后十年之诗作未尝结集刊刻。查何振岱日记，丁卯年（1927）正月初八条上方载“寄石遗”；戊辰年（1928）农历八月十二日条上方载“石遗叟寄来书二本”。又查《侯官石遗先生年谱》，1928年以后均无涉及何振岱的内容。从何振岱旅京日记中可以知道叶心炯与何振岱之间有书信往来。又：何振岱于戊辰年（1928）农历八月廿一日的日记中载：“主钦来，言耐轩（王真）讪予甚多，此女极无良心……”等字。廿八日的日记中写道：“同怡女至东十条主钦家……主钦将耐轩所寄赠相片撕碎。”王真是王寿昌之女、陈衍的弟子，曾参与编纂《侯官石遗先生年谱》，亦曾从何振岱学诗与琴。由于当时惟独闽侯县未设局修志，故自1929年起，又由陈衍、王真等人编修《闽侯县志》，于1930年完成全稿。另据何振岱老友吴家琼回忆：有一天他同郭介庵与何振岱闲谈，谈正酣时，吴家琼告以“‘亲者无失其为亲，故者无失其为故’，劝他改善对陈的态度，他正色曰：‘家琼先生！我何振岱是读孔孟书的人，爱憎分明，难道污，可以阿其所好吗？”[①]

《福建通志》虽由于经费原因于1929年以后才陆续印出，但何振岱所分纂的“列传”部分在1923年以前已经完成，如他写于1932年

① 吴家琼：《故友何振岱生平事略》，第215页。

左右的《送戴海珊归里序》中云："今年春，君受乡人聘，将归修邑志，濒行索予赠言。……前此乡居，亦尝分纂省志，凡历七年，縻费岁月，究于人己无益。"[①] 由此推测：何振岱与陈衍之间的隔阂是在1928年以后。至于造成陈、何两人不和的真正原因尚不清楚，但有人从中拨弄当非臆测。

① 《何振岱集》，第87页。

第三章　归里修志　京都教读

一、戢影林壑起秋社

辛亥革命后，何振岱回到福州。时任福建盐运使的刘鸿寿[①]与何振岱交谊深挚，时有诗文往来。刘鸿寿为官之余，喜修学群经，尤喜尚书，“参稽传注，断以己意，多前人所未发”[②]。何振岱与刘鸿寿纵论古文，常服其观点精审。刘鸿寿本欲替何振岱在盐政谋一官职，但何振岱无意为官，遂答应任刘家西席。刘鸿寿为官清廉，居职期间，每以公务抵京，京中人士辄撰诗赞美他，刘鸿寿依韵酬和，但恐未工，常以诗作请教何振岱。

清末至民国间，福州诗人喜结社吟唱。自闲吟社（秋社）、逸社、说诗社、寿香社等较为活跃。里居期间，何振岱常参加各类诗社活

---

① 刘鸿寿（1862—1916），字步溪，又号景屏，侯官人。光绪辛卯举人，广东候补知县。辛亥革命后，官福建盐运使，曾聘何振岱为西席。著有《景屏轩诗》。

② 何振岱：《刘景屏先生暨德配陈夫人墓志铭并序》，《何振岱集》，第 111 页。

动。1912年，何振岱与王允皙[①]等诗人想把他们常作的诗钟唱酬聚会改为诗社，恰遇陈衍久客归里，遂请陈衍任社长。陈衍饶有兴致地向他们介绍了庚戌年（1910）春在北京与赵尧生、胡瘦唐、江叔海等人结为诗社时的做法："遇人日、花朝、寒食、上巳之等世所号良辰者，择一名胜地，挈茶果饼饵集焉。晚则饮于寓斋若酒楼，分纸为即事诗，五七言古近体均听；次集则易一地，汇缴前集诗，互相品评为笑乐，其主人轮直之。……闽中胜地尠，不如都下，宜择数家有亭馆花木者足焉。"[②]于是王允皙、何振岱乃于是年立秋后一日，邀集诗友10人于城南李园里沈叔眉祠堂作诗，称"秋社"。到会除王、何、陈3位发起人外，还有林宗泽、刘崧英、周愈、林则铭、郑容、龚乾义、叶心炯等7人参加。陈衍《立秋后一日碧楼招集城南沈祠》云："里中社事久荒寒，即景分题忆坠欢。词客碧楼能跌宕，享堂绿荫暂盘桓。折枝故技捐铜体，落叶新秋报井阑。纂纂行歌君莫厌，眼前风物写来难。"[③]

秋社次集在陈衍住宅闻雨楼，以新辟小池为题作诗。1906年3月，陈衍在文儒坊南三官堂居所盖一小楼，名曰"闻雨楼"。1913年5月，陈衍在前厅西卧房前面挖一小池，纵横仅8尺，养金鱼数十尾，并作《小池赋》近千言。此集共赋诗十余首。陈衍《石遗室前新凿小池诗以落之》云："双圆水月一方池，三面栏干缭绕之。老去填词风皱后，独居深念夜观时。求田问舍归湖海，凿石疏泉见井眉（池中有

---

① 王允皙（1867—1929），字又点，号碧栖，福建长乐人。夙工长短句，晚刻意为诗。陈衍评其诗为"笔意力戒凡近，惟苦吟锻炼，或旬月而始脱稿，故传作不多"（《陈衍诗论合集》（上））。曾与何振岱同举秋社，著有《碧栖诗集》。

② 陈衍：《秋社吟集叙》，《陈石遗集》（上），第585页。

③ 陈衍：《石遗室诗集》卷第六，《陈石遗集》（上），第208页。

井）。十二竹竿凭照影，千言赋更七言诗。”郑容作《石遗室前新凿小池，诗以落之》云：“石遗先生无不奇，闭门顷刻开方池。平生看瀑记多少，恋此勺水将何为？池上竹竿敲寒玉，斋头书卷明深绿。客来相对淡无言，不知有雅何论俗？微风初动波粼粼，无萍无藻无纤尘。晓起凭栏意自得，能使诗句生清新。频年世事困琐琐，安得时来一静坐。先生之乐似有云，不必观鱼但观我！”（其时池尚无鱼）何振岱云：“旧梦街西忆绿漪，芙蓉烛底露华滋。未忘舍宅名萧寺，犹为悲秋赋小池。量水恰容双照影，戴花无复一开眉。吟魂可似床间月，来与初寒慰掩帷。”陈衍称：“直是补作一首挽诗。”小池赋及诗传出去后，许多人都以为陈家池台妙甲于东南，从外省慕名来参观，不禁惊叹诗人们丰富的想象力。

秋社三集在林宗泽寒碧楼，商议重修福州西湖宛在堂事。陈衍《寒碧楼小集谋修西湖宛在堂》云：“西江诗派东林社，北郭南园竞风雅。明人论诗喜断代，高傅瓣香傍兰若。一龛宛在水中央，林月湖风足潇洒。诗亡雅废无人问，一木不支听倾厦。休文在官尚好事，闻道千金粤装舍。出山松雪去堂堂，谁监垩壁炼泥者。春秋佳日念林亭，寒碧楼前酒共把。四贤重修谈近事，梧门诗龛叹败瓦。何当突兀见此屋，寒食重阳奠杯斝。彦翀疏募可间缘，草创裨谌试谋野。”

集会多次，公认何振岱与龚惕庵诗最工。数月后陈衍游京师，但社集如故。陈衍《说诗社诗录序》云：“不数月余游京师，数子者社集如故。积稿裒然，谋付梓，寓书问叙于余，而梅生持不可，谓为未尽工，未足以行世。余叙以为择其工者梓之可也，然梅生卒坚持不果梓。”① 由此可见何振岱创作态度之谨严。

① 陈衍：《陈石遗集》（上），第 642 页。

除“秋社”活动外，何振岱与刘敬、高向瀛组成的“三生会”在闽中诗坛众多吟社中赢得赞誉。

刘敬（1865—1940），字龙生，闽县（今属福州）人。光绪二十九年癸卯（1903）进士，分刑部主事，出宰四川长寿、绵阳知县。民国后辞官返乡，以诗文自遣。著有《惜园诗稿》，今不存。《惜园剩稿》2004年由连天雄辑、刘学洙先生编。高向瀛（1868—1946），字颖生，号郁离，侯官县（今属福州）人。光绪十四年戊子（1888）举人，官浙江知府，民国时期任商务印书馆福州分馆经理。著有《还粹集》，自编65年年谱《郁离岁纪》。

高向瀛《郁离岁纪》云：“（辛亥）前数年，梅生在里，约刘章甫钦、陈主钦明、襟宇（陈海鳌）、龙生及余六人，为真率之会。月一集。未几，章甫下世，主钦外出，襟宇久不与，独余三人继续不辍。壬戌（1922）冬罢会。岁暮，梅生亦作怀人赋以报。迟数年，更绘三生图纪焉。”由此可知，何振岱里居福州期间，曾约刘钦、陈明、陈海鳌、刘敬和高向瀛6人为真率之会，每月集会一次。后来何振岱、刘敬和高向瀛3人坚持唱和不辍，恰巧3人表字中都有生字，就成立了“三生会”。何、刘2人早年皆为谢章铤得意门生，何在《与龙生》诗中赞龙生“挚实是奇才”；何、高2人则于1906年经福州鳌峰书院山长郑锡光牵线，订交沪上。因此3人皆志趣相投的诗友。“三生会”以诗文会友，轮流做东。何家的觉庐、刘家的惜园、高家的环翠楼里主人轮流备酒馔宴集，谈聚甚欢。何振岱“三生会”唱和诗词有《与龙生》《以江田谢夫子遗像与龙生谨题其右》《貂裘换酒·和龙生》《癸酉元旦》《看梅题惜园》《九月十六日，惜园第六会，予先至，得诗一首》《环翠楼第十二集，时丁香盛开，主客分赋》等流传。

1922年8月，闽粤战争爆发，何振岱避兵沪上，“三生会”吟唱活动停止。虽人各一方，但亦有赠诗、寄诗之作。如高向瀛《寄何梅生北京》诗中有“多情更问惜园梅，石交长愿三生续”句，流露出对诗友的思念之情。直至1936年何振岱举家南归后，“三生会”才重新开始吟唱活动。《龙生招同梅生惜园初集喜作》即是高向瀛1936年的诗作，首句写到“三年冷却三生社”，这里的“三年”指1933年。1932年7月，何振岱携夫人郑岚屏南还，1933年冬，复携夫人北游。这期间，“三生会”曾恢复吟唱。1933年立春后二日，何振岱燕集惜园，高向瀛有“十载初归嘉此客，三生相聚望如仙”诗句。《龙生招同梅生惜园初集喜作》诗的末两句为“余生努力续清欢，共保岁寒得天假”。“三生会”活动在刘敬去世前一年还在继续。

二、殚精竭虑修文献

1915年，福建巡抚使许世英鉴于福州西湖“年久淤塞，春夏雨降，污潦载途，溢而成灾，民以为苦”①，建议予以疏浚，并倡议将其建成西湖公园，经费来源经时任盐运使的刘鸿寿同意，取资盐政的余款。工程告竣，当时的水利局长林炳章（林则徐曾孙）以清乾隆间知县姚循义修纂的《西湖志》“纪载简略，版字漫漶”②，倡议重修《西湖志》。经刘鸿寿、林炳章推荐，何振岱被聘为总纂。何振岱云“尝家城西，久与湖习，一丘一壑犹能数之”③，于是欣然接受任务。参加纂辑的有林师尚（字渭如）、龚乾义（字惕庵）、林宗泽（字雪舟）、陈

① 许世英：《西湖志》序，何振岱《西湖志》，海风出版社2001年版。
② 林炳章：《西湖志》序，何振岱《西湖志》，海风出版社2001年版。
③ 何振岱：《西湖志》序，何振岱《西湖志》，海风出版社2001年版。

鸣则（字泽观）、叶心炯（字伯璁），采访的是陈谦躬（字益卿），图画的是周郁（字如愈）。以上诸人均是民国初年名重一时的文人。

福州西湖，始凿于西晋福州首任太守严高，始成于晋太康三年(282)，至今已有1800多年的历史。由于西湖对蓄水灌田、调节旱涝发挥了重要的作用，所以从宋代的赵汝愚到清代的林则徐，历代许多有识之士都十分重视西湖的浚治与保护，并在西湖建筑了许多亭台楼阁，如闽有水晶宫，宋有澄澜阁、陆庄，明有薛家园池，清黄任重葺宛在堂，林则徐建李刚祠堂，修荷亭，桂斋等。“烟雨偏宜晴更好，约略西施未嫁。”（辛弃疾）西湖秀美的景色，吸引了无数游人驻足流连，乐而忘返。历代的骚人墨客无不在此觞咏题刻，留下鸿爪雪泥。

西湖原无专志，仅散见于宋、明一些人的简单介绍，通志、府志等志书，采摭也简；清乾隆间知侯官县姚循义始作《西湖志》，“录明以来浚湖文案具备，而所志佗类，乃皆简约”①，因此，林炳章认为“西湖之志轶，故不能争美钱塘，请续修之，以诏后人”②。方志界曾把何振岱的《西湖志》与明代田汝成的《杭州西湖游览志》相提并论。通过比较分析，何振岱《西湖志》的文献价值主要体现在以下几方面。

（一）体例完备，资料繁富

姚循义《西湖志》仅10来万字，侧重写水利建设和历次疏浚情况。《西湖游览志》共24卷，其中卷一为西湖总叙，其余各卷分别为

---

① 何振岱：《西湖志》序，何振岱《西湖志》，海风出版社2001年版。

② 许世英：《西湖志》序，何振岱《西湖志》，海风出版社2001年版。

“孤山三堤胜迹”“南山胜迹”“北山胜迹”“南山城内胜迹”“南山分脉城内胜迹”“南山分脉城外胜迹”“北山分脉城内胜迹”“北山分脉城外胜迹”“浙江胜迹”等。具体为：卷一：西湖总叙；卷二：孤山三堤胜迹；卷三—卷七：南山胜迹；卷八—卷十一：北山胜迹；卷十二：南山城内胜迹；卷十三—卷十八：南山分脉城内胜迹；卷十九：南山分脉城内外胜迹；卷二十—卷二十一：北山分脉城内胜迹；卷二十二—卷二十三：北山分脉城外胜迹；卷二十四：浙江胜迹。作者田汝成别开生面地在描叙都城山川形势之外，对于每一建筑物都详细记载它的兴废沿革，这是该书的主要特色。

何振岱的《西湖志》举凡水利、名胜、山水、渠浦、祠庙、寺观、园亭、古迹、人物、冢墓、碑碣、艺文、无不毕具，留下许多关乎社会、经济、历史、文化的资料。其中，卷一至卷四志水利；卷五志名胜；卷六志山水；卷七志渠浦；卷八志祠庙；卷九志寺观；卷十志园亭；卷十一、卷十二志古迹；卷十三、卷十四志人物；卷十五、卷十六志冢墓；卷十七、卷十八志碑碣；卷十九至卷二十二志艺文；卷二十三为志余；卷二十四为外纪；卷二十五为图表。与《杭州西湖游览志》相比，何振岱的《西湖志》不仅体例完备，而且作者旁征博引、史海钩稽，广泛搜集历代诗人的题咏，许多珍贵文献赖以保存。例如，卷七中对湖西路“洪山桥”的介绍，作者不仅引用了《名胜志》《全闽明诗传》《乾隆福州府志》《道光福建通志》中的有关记载，而且还附有景安的《重修洪山桥碑记》、林豫吉的《洪山桥诗》、张际亮的《夜渡洪山桥诗》、萨大文的《洪山桥诗》等共 6 首诗作。不仅如此，何振岱还及时采录最新的各类资料。如 1916 年，西湖宛在堂修竣，入祀者共有明清以来诗人 32 人。卷五（名胜）除对西湖宛在堂的修缮、构造、周围景色作精当描绘外，还附有陈衍的《重建西湖宛在堂记》《寒碧楼小集谋修宛在堂诗》、陈宝琛《和沈爱苍倡修宛在堂诗龛诗》、沈瑜庆《宛在堂落成示林惠亭刘步溪诗》《答林可山宛在堂诗龛诗》以及王允晳的《宛在堂落成诗》等。

（二）条分缕析，图文并茂，文字清丽，富有文学色彩

姚循义的《西湖志》对山水名胜的介绍往往是东西向背，迷瞀不明。何振岱的《西湖志》则对山、水、渠、浦、园亭、祠宇等将之分为湖中路、湖西北路、湖南路、湖东北路等进行有重点、有顺序的介绍，东西向背，一览昭然。田汝成的《西湖游览志》以记录西湖名胜的掌故传说为主要内容，对人物的历史掌故写得较为详细，所以它的内容颇富于文学趣味，但所征故实，悉不列其书名，遂使出典无征。无法考证其真伪，是该书美中不足之处。

何振岱既借鉴姚循义、田汝成的长处，亦避免了他们的不足。何振岱不仅广采历代诗文，而且对有关西湖典故者，虽卷帙无多，特为载其篇目卷数，详明书中要旨。如写《飞来奇峰》：

> 《飞来奇峰》升山下飞来峰。相传勾践时，山从会稽飞来。峰势突兀，插汉凌霄，弥望巉岩怪石，虎踞熊蹲。近郭诸山，推为独奇。有寺，五代时建。斋钟风扬，巢禽午集，龛镫月亮，檐蝠宵翔，泉声漉漉，飞溅树石间，僧引为池。苔藻不生，清见石底，峰影倒蘸，青浮亭轩，尤称胜概云。许天锡《飞来寺诗》："芙蓉面面拥飞峰，地布金沙一万松。鸟语隔窗呼醉梦，山光入座荡吟胸。云生贝叶函函阔，苔蚀碑文字字封。车马东西年年事，几回来此益疏慵"。徐《游飞来峰诗》："云端石磴万峰迴，松竹阴中觉路开。江汇都从闽海去，山飞曾自会稽来。香

灯供佛销初地，丹药昇仙没古台。独有昔贤遗刻在，年年秋雨长青苔。”谢肇浙《登飞来峰诗》：“翠微高控大江迴，寂寂僧寮昼不开。古寺尚传陈建置，孤峰疑自越飞来。龙蛇石上留残篆，鸡犬云中有旧台。紫竹碧桃零落尽，玉田无主鹤声哀。”

书中文字清丽，富有诗意，简直就是一篇篇短小的美文。尤其是对新旧西湖八景的生动描叙再配以图景，图文并茂，形象生动地体现了福州西湖这个“约略西施未嫁”的动人所在。因此，方志而兼有文学色彩，也是何振岱《西湖志》的一大特色。如写《古堞斜阳》与《荷亭晚唱》：

湖上向晚之景，有足引人入胜者。危楼背岭，古城压波，抹一角之斜阳，送千里之暝色。人家负郭，炊烟方生，湖水涵虚，横舟不渡。则望双塔龙拿，三山虎峙，祥飞五凤，雄控八闽。参差百雉、阊阖七门，固为风云奥区，人文渊薮。当日者雄王雌霸，开府称藩，竞其腾攫之奇，各奋龙蛇之运。基局易峻，文壤遗口。映烽橹于寒漪，摇夕光而潋滟。苍茫古意，盖宜画而亦宜诗矣。徐熥《古堞斜阳诗》：“百尺高楼接女墙，犹传东越旧封疆。可怜霸业归何处，惟有寒鸦带夕阳。”沈钟《古堞斜阳诗》：“落日衔山缺，城头生夕阴。暮笳声欲动、归鸟入烟林。”王贞理《古堞斜阳诗》：“斜阳一抹越西城，短发来凭意不惊，十里风光能照眼，一湖烟水自移情。暮云粉堞禽同落，积叶雕阑塔共平。更向谯楼高处望，青榕柴紫蔗最分明。”

《荷亭晚唱》荷亭在今李忠定公祠后。三面临湖，阑栏槛相亚，中有方池，植荷花甚盛。当夫湖光欲沉，山色初暝，渔歌起于别浦，菱唱近在芳洲。沙禽惊飞，遥入烟际；游鳞吹沫，散为圆纹。惟见残阳铺水，岸苇生风，袅袅余音，与之无尽。此时俯仰空明，上下一碧，诚有莞然成笑，思发沧浪者焉。徐熥《荷亭晚唱诗》：“虚亭遥跨水中央，五里荷花十里香。度曲女郎齐拍手，一声惊散两鸳鸯。”沈钟《荷亭晚唱诗》：“孤亭水上浮，四面荷香起。日暮采莲归，歌声隔秋水。”王贞理《荷亭晚唱诗》：“渔庄雨过四山青，晚唱风中更耐听。似带樵歌来竹里，几疑梵响出松扃。水光零乱鸥呼侣，花影依微鹭刷翎。此是江湖真乐地，踏波何必羡沧溟。”张宪南《荷亭晚唱诗》：“五里荷亭路，当风起水讴。暮云千树夕，新月一湖秋。镫火归相送，樵歌答不休。烟波真趣在，何用叹浮沤。”

何振岱从受任总纂到完成书稿，前后仅用9个月时间，其间搜稽旧籍，实地调查，从孟夏到季冬，从酷暑至严寒，置身于卷帙浩繁的典籍中，目不停注，手不停挥，可谓殚精竭虑，其中辛苦不言而喻。全书分14门、共24卷，达40多万字，比姚循义的《西湖志》多达四分之三，这是何振岱对地方文献学的一大贡献。当然，由于成书时间短，分纂之间配合不够默契等原因，志中遗漏讹误亦不少，何振岱颇感遗憾。

1916年，就在何振岱完成《西湖志》不久，福建督军兼省长李厚基（时许世英已离职）接纳沈瑜庆的建议决定修纂《福建通志》。原《福建通志》自清道光修复，一直没有续修，加之国体变更，重新纂修通志，实属必要。于是设《福建通志》修志总局于乌石山涛园沈葆桢祠，由沈瑜庆任名誉总纂（不办事，不驻福州），陈衍为总纂，陈元凯为提调，何振岱与刘瀛（耕云）为协纂，另有沈觐冕、叶大琛、林苍、陈钜前、林翊、陈敬、王庆湘、郑祖庚、林孝颖、吴炎南、陈耻、陈谦、叶心炯、李翰宸、龚乾义、林宗泽等16人为分纂，还有采访、校对、誊录等20余人。何振岱对通志的编纂及厘定体例，曾殚精竭虑，通志中的《列传》部分主要由他执笔（约十之七八）。十二月正式开局，原定三年将志修成，后因各县将所供经费移修本县县志，省志经费发生困难，靠省府补助及社会捐款维持，时修时辍，延至1921年始修成。此志凡640卷，约1000余万言。稿成后，又因印费无著，一再推迟刊印。直到1929年才大体印出，除上缴政府外，装订成90余套，行销省内外。

1918年夏天，闽粤发生战争。省府令福州街巷树立栅栏，准备巷战。各界人士谋请海军保护省垣安全，于是公推陈衍发电北洋政府，请派萨镇冰上将率海军入闽。陈衍于中秋节前赴沪避兵。是年季秋，何振岱从市间购得一架唐代古琴，喜作《季秋从市间购一琴，背有篆文松雪斋三字，池心镂隶文：光化二年。盖吴兴所藏，为唐昭宗时制者，至今逾千年。蛇跗断文古色斑驳，试弹之，音响清越。予于辛亥年曾购得许瓯香家琴，曰"悬崖玉溜"者，乃至正元年钱塘张君翼斲，闲有梅花纹。未几失去，闻在京师某权贵家，思之心痗。邂逅此琴，聊以自慰。然此两琴皆在风声鹤唳中得之也，长歌以志之》一诗，并向陈衍索诗。同年，陈衍作《梅生得唐琴书来乞诗以一律答之》。

1918年10月，何振岱同陈衍游无锡，至惠山，过寄畅园，皆有诗。夫人郑岚屏随从，有诗《苏州车中即景》《游惠山》《无锡浣绿山庄》等。

三、旅居安适勤教读

1922年秋，福建发生第二次闽粤战争，政局动荡不安，何振岱不得已挈家避兵至上海。1923年冬，老朋友柯鸿年至沪，邀请何振岱北游。何振岱念北方多贤达之士，可长见闻，因此，遂应柯鸿年之招，北赴京师，教读其子女。当时柯家买宅于城东，有园一亩。园中亭榭花石赏心悦目，名为澹园。柯鸿年特在园中葺一座楼，供何振岱一家居住。柯家有园亭之胜，虽客居异乡，何振岱的生活还是舒心安适的。除教读外，每天晨起，何振岱都要焚香、诵经，操琴、练字。闲暇则与友人登高览胜，吟咏唱和，并常携干粮游故宫博物馆观赏古人墨迹。旅居虽安适，但此时的何振岱并没有忘怀国事。他在1926年农历三月三十日的日记中写道："阅报载：去年英国输入中国机器一项，得二千万零六千余元，美次之、日次之、德又次之，计三四千万元。……舶来之品、鸦片洋货等等每年皆万万两银。假使中国之土化为黄金亦将流尽。加以武人争战，炮弹各类多购从外国，国贫则弱，况内乱不已，此后不知何所底止？"[①] 同年农历四月二十一日的日记写道："早起阅报：日人又入我国领海捕鱼，船二百余只，用铁网捕鱼，一昼夜可满一船。中官与之交涉无效。"何振岱阅后连叹可恨、可恨。

何振岱与柯鸿年同龄，交谊近50年。后来何振岱搬出柯家，赁南池子灯笼库一宅居之，但两人仍时常见面。闲暇时，柯鸿年喜为

① 何振岱：《何振岱日记》，第12、13页。

何维澄诗稿书影

诗，诗中每有思乡之作。何振岱《心与斋诗话》云：“每一篇成必就予磨之，得意处喜见颜色。夏日每同逭暑于北戴河，所居面大海，时闻风涛声，日斜即乘驴上西山回绕深松，至岩颠，遇雨归，衣履尽湿，相与劚蚝命酒，酒半话少年情事。”① 柯鸿年有《海上和梅生见寄绝句四首》《六月廿日和梅生再游北戴河》《生日梅生赠诗奉和》等诗作。其中，《生日梅生赠诗奉和》诗云：“衰颜对映酒杯中，未让莲花隔水红。我与诗翁同甲子，还将吉语寿诗翁。”“和君诗句偏难就，惜我年来学已荒。自与惠兰亲近后，故应染得一身香。”陈宝琛、郑孝胥对柯鸿年的诗评价较高。郑孝胥评其诗曰：“佳处饶有香山意味。”当时列强侵略加剧，国势日弱，目睹社会动荡、民不聊生的惨状，柯鸿年忧心如焚，常以诗遣怀。如《感事》云：“战害变幻益离奇，忍痛相看烂局棋。祸福因缘自由造，穷通消息孰前知。”诗中以“烂局棋”喻国势，虽用笔委婉，但抨击时政的悲愤之情还是显而易见的。此外，《沪上冬至日作》中的“忧国心无已，思乡梦不成”句，以及《和海藏九日

① 何振岱：《榕南梦影录 · 柯鸿年》，1942 年福州刻本。

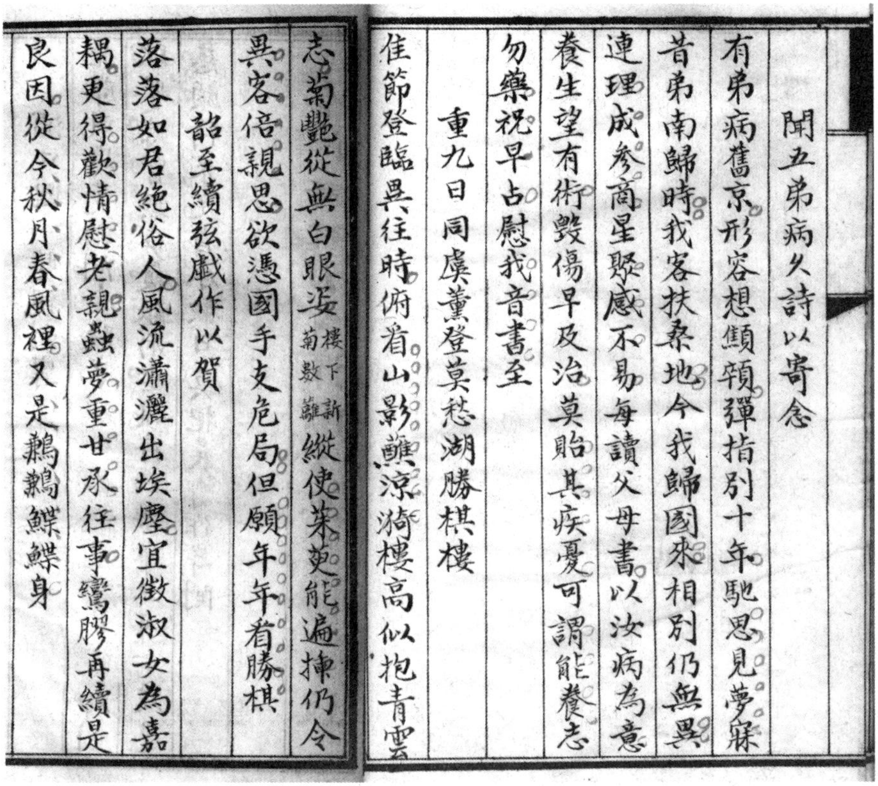
聞五弟病久詩以寄念
有弟病舊京形容想顦顇彈指別十年馳思見夢寐
昔弟南歸時我客扶桑地今我歸國來相別仍無異
連理成参商星聚感不易每讀父母書以汝病為意
養生望有術毀傷早及治莫貽其疾憂可謂能養志
勿藥祝早占慰我音書至
重九日同虞薰登莫愁湖勝棋樓
佳節登臨異往時俯看山影蘸涼漪樓高似抱青雲
志菊艷從無白眼姿樓下新菊數叢縱使茱萸能遍插仍令
異客倍親思欲憑國手支危局但願年年看勝棋
韶至續弦戲作以賀
落落如君絕俗人風流瀟灑出埃塵宜徵淑女為嘉
耦更得歡情慰老親蟲夢重甘承往事鸞膠再續是
良因從今秋月春風裡又是鶼鶼鰈鰈身

何维澄诗稿

李园登高元韵》中的“天下安危同有责”句都表达了作者忧国怀乡的深沉感情。《心与诗话》评其诗曰：“诗中每有思乡之作，如秋事粗成秋色好，不归故自负家乡。亦觉黯然心伤矣！”柯鸿年于1929年病逝，有《澹园遗稿》诗集。柯鸿年病中曾“频属必入其诗梦影录中”①，何振岱亦曾作《澹园居士遗稿序》，陈宝琛作《柯君贞贤哀诔并序》。1930年何振岱作《八月朔日澹园没期年矣感赋》诗，诗中有“无复明灯谈丱角，犹因宿草一沾裳”句，表达了对老友的深挚怀念。

① 郑孝胥：《海藏楼·澹园诗评》，何振岱《榕南梦影录·柯鸿年》。

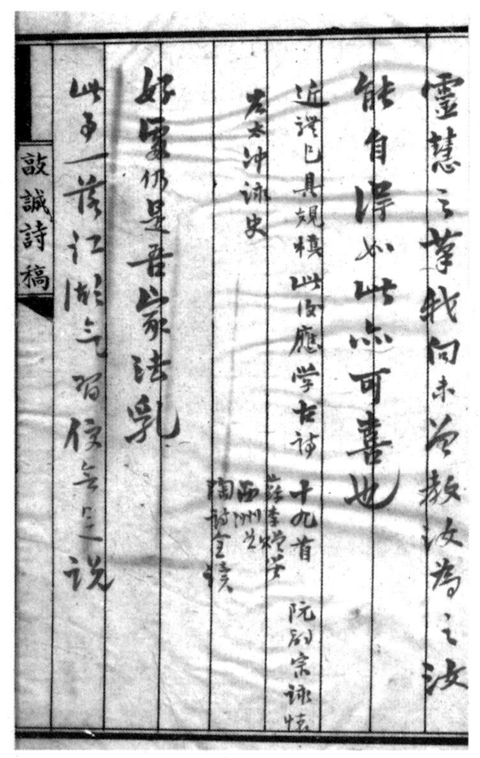

何振岱为何维澄诗稿批语

旅居北京期间，慕名前来拜何振岱为师的学生不少，包括陈宝琛的孙子陈纮（陈宝琛次子陈懋侗之子）。何振岱主要教授诗文词、书法与古琴。二三十年代，已有不少先进的中国人踏上向西方寻找真理的征途，何振岱虽然深受传统思想文化的影响，并曾慨叹“师亡今几年，旧学百废堕。言寻讲经堂，倾圮无寸瓦。……英灵天地间，相期振衰惰”①，但此时的何振岱不仅不鄙夷西学，而且于1924年夏用教读与卖文所得送次子何知平赴法留学，之后其第四子何维澄亦东渡日本留学。1928年，何振岱在农历七月廿日的日记载：“看梁氏论东西文化”；在农历七月廿九日的日记载：“午后看易经，往宜园看近人哲学书。”虽然何振岱还不能称为学贯中西的硕儒，但在不鄙夷西学这一点上，较陈衍更为开明。陈衍曾对钱钟书慨叹说：“文学又何必向外国去学呢？咱们中国文学不就很好么？”② 但钱先生并没有遵从师训，而是对外国文学抱有浓厚的兴趣，成为学贯中西的一代文坛巨擘。

① 郑孝胥：《海藏楼 · 澹园诗评》，何振岱《榕南梦影录 · 柯鸿年》。

② 《钱钟书论学文选》，花城出版社1990年版，第六卷。

何振岱在京十余年培养了不少人才，其中最得意的学生之一，就是后来为了人民解放事业而慷慨就义的著名反蒋爱国人士吴石将军。吴石（1894—1950），字虞薰，号湛然，闽县（今属福州）螺州人。吴石于1916年毕业于保定陆军军官学校第三期炮科，1929年后东渡日本，考入日本陆军大学，学成归国后，历任桂林行营参谋处中将处长、第四战区长官部中将参谋长、国防部史政局中将局长、福州绥靖公署中将副主任等职。1923年至1924年间，吴石因喉疾赴京养病期间，曾慕名从何振岱习诗词。吴石对何振岱执弟子礼甚恭，待恩师始终如一，保持通信联系近30年。何振岱对吴石也十分赏识，平时以朋友相称，常以人生志向相激励。他曾勉励吴石道："君年方盛壮，后此有为之日正长，立身之道、经世之猷，所当旦昔策励者，必己精而益求其精，是君之自期与予之所以期君者，方至远日大也。"[①]1934年夏，吴石从日本陆军大学学成归国，著有诗集《牙牙集》《东游甲乙稿》等。

吴石先生

① 何振岱：《东游甲乙稿序》。吴石《东游甲乙稿》为吴石赴日本留学期间创作的诗集。其中，庚午年（1930）以前所作列为甲稿，辛未年（1931）至癸酉年（1933）所作列为乙稿。

1935 年春，何振岱为吴石作《东游甲乙稿序》，诗集中的作品多经何振岱润色。吴石作有《山游呈心与师》《奉和心与师寄怀》等诗。何振岱《东游甲乙稿序》中评价吴石诗作“诗骨清而语洁，览物写景皆有会心，而跃马横戈，悲歌慷慨，尤不胜其故国河山之感。盖其身之所经、目之所触正有耿然不能自已者。劳者谣而病者呻，读君诗亦可知其志矣。……诗笔之工乃君余事，顾已有可观如此，根柢（原文作‘抵’）深者枝叶必茂洵哉”。

1936 年仲夏，何振岱自北京南归，吴石、高赞鼎等弟子将恩师迎往南京，前后两个多月。何振岱住在吴石的寓所，与吴石畅谈国事，纵论诗词，游览名胜，宾主甚欢。何振岱作《至南京数日，高薆堪及弟子台黄挺生、吴虞薰、黄曾樾、予二子沣、澄集高宅斐君轩缩影为图，诸生皆有诗，予亦题其右》《沣儿送予至南京，主吴虞薰家，留数日复北返，途中寄一诗来，诵之恻然，因书以答》《吴生虞薰及四儿澄，暇日常从游吴中山水，偶书寄示旧都儿女》《游棲霞寺观六朝石壁佛像》《吴宅坐月，书虞薰语》《金山》《焦山同薆堪、虞薰》《扬州杂诗十二首同吴虞薰作》《薆堪、虞薰同游嘉兴烟雨楼》等诗。

吴石自幼接受传统文化的薰陶，博学多才，对中外古今兵学造诣极深，是一位具有儒将之风的军事将领。他曾说：“友朋多以十二能之人自我，盖谓娴中外古今兵学，通文学，能诗、能词、能书、能画，能英语、能日语，能骑、能射、能驾、能泳也。”他一生廉洁奉公，关怀民瘼，志向远大，精诚效国。早在 1937 年 5 月间，周恩来、叶剑英率中共代表团来到南京时，吴石由其挚友、何振岱的另一得意门生、闽籍将领何遂[①]介绍与叶剑英、李克农会面，并在南京普陀路

① 何遂（1888—1968），字叙甫，福清人，生于侯官县（今属福州）。清光绪三十年

四号何遂公寓共宴畅谈。叶剑英得知吴石是一位熟悉日本的军事专家，很看重。从此以后，吴石与叶剑英不断有公私交往。1938年吴石在武汉任职军令部第二厅时，曾主办战地情报参谋训练班，对在职军官进行轮训，特邀周恩来、叶剑英亲临训练班讲学，吴石对他们的才学和为人十分敬重。“有此因缘加上多年交往，值此内战愈演愈烈之际，他

(1904)，入福建武备学堂。光绪三十二年（1906），任南京陆军第九镇排长。次年，考入河北保定陆军随营军官学堂，且加入中国同盟会。宣统元年（1909）毕业后，任广西“督练公所”参谋处筹略科科长兼陆军干部学堂教官。宣统二年（1910），创建同盟会广西支部，任参议，出版《南报》，宣传革命思想。辛亥武昌起义时，何遂为清军北洋第六镇统制吴禄贞参谋。吴禄贞被刺杀，何遂毅然率部起义，被推为燕晋联军大都督。民国四年（1915），到陆军大学任战术教官。“护国运动”中，何遂策动晋北镇守使孔庚通电讨袁，后孔庚被拘捕，何遂被送出境，到法、比、英、美等国考察第一次世界大战情况，写就《欧洲观战记》一书。民国六年，南下广东参加护法战争，任靖国军司令，返福州密谋炸死李厚基。事泄，东渡日本。民国八年回国，任曹锟军官教导团教育长。民国十三年，参与策划“北京政变”，囚禁贿选总统曹锟，建立国民军，历任第三军参谋长、第四师师长、北京政府航空署署长、国民军空军司令等职。北伐战争时期，到河南策动直系军阀和曾属国民军系统的军人倒戈，响应北伐。民国17年春，到广州任李济深的总参议。同年5月，任黄埔军官学校代理校长。翌年底，到西安任十七路军总参议。民国二十年10月起任立法院立法委员。九一八事变发生后，在北平组织“辽、吉、黑抗日义勇军民众后援会”，任副会长兼主任干事。西安事变和平解决后，任立法院军事委员会委员长，拥护中共建立抗日民族统一战线主张。民国二十六年，中共中央代表团到达南京，何遂结识周恩来、叶剑英、博古等中共领导人，并赠枪支给十八集团军办事处。全面抗战开始，何遂任第一战区高级幕僚室主任，曾陪同周恩来由河南前往五台山八路军总部，与朱德总司令、彭德怀副总司令等中共领导人交谈甚洽。何遂疏通关系，给八路军增加军饷。民国二十八年底，国民党顽固派发动第一次反共高潮，叶剑英找何遂要求制止摩擦，何遂从中做了工作。翌年夏，何遂促使国民政府盐务总局局长缪秋杰同意，以花马池盐换取陕甘宁边区所需的棉布等日用品，冲破国民党对陕甘宁边区的经济封锁。民国三十年1月，皖南事变后，何遂得悉重庆八路军办事处经济困难，驱车前往曾家岩周公馆，面见董必武，资助一笔现款。后来，董必武、叶剑英赠送何遂延安生产的毛毯、衣料答谢。民国三十五年，被选为“国大代表”。解放战争中，他尽力完成中共嘱托的任务。中华人民共和国成立后，何遂历任华东军政委员会委员、司法部部长、政法委员会副主任，并当选为第一、二、三届全国人大代表、全国人大法案委员会委员。（以上资料参考福州地方志中的介绍）

在徘徊苦闷中为寻找中国之光明前途，最后决心为人民解放事业献身绝非偶然，是经过深思熟虑的，也是他一生为人的必然选择。”①

1945 年，吴石秘密参加李济深组织的“三民主义同志联合会”，与李济深保持着密切的联系。1946 年，吴石在南京担任国防部史政局局长时，目睹国民党政府腐败无能，独裁专政，极为愤懑，他经常以宴会名义，邀请闽籍挚友何遂、刘通等多人，共聚一堂，商讨国事。1948 年年底，淮海战役取得胜利，南京政府所属各机构分别向广州、台湾两地迁移。国防部参谋总长陈诚打算把史政局所承管的一批国防绝密档案直接运往台湾。但吴石这时已有筹划，遂建议“将该资料先移放福州。理由是：‘进则回京容易，退则转台便捷’，终被陈诚采纳”②。后来这批绝密档案于 1949 年春被运抵福州，由吴石的随从人员负责保管。这期间，吴石与共产党秘密联络，陆续向共产党提供了《国防部全国军备部署图》《沪宁沿线军事部署图》等极有价值的核心情报，尤其是为宁、沪、杭的解放作出了贡献。

抗战胜利后，吴石每次回福州都会去看望恩师何振岱。1948 年 6 月，吴石为刘蘅（何振岱女弟子）作《蕙愔阁诗集序》。序首云：“吾师南华老人何梅叟先生，以朴学大师，针砭世俗，陶铸君伦，巍然负东南重望。吾闽人士，莫不思亲炙门墙，撰奉杖履，以求深造。”③ 1949 年初，吴石调任福州绥靖公署副主任，何振岱作《喜吴虞薰归》云：“吾年未六十，作客依燕都。君来谭群经，灯前衍卦图。爻辞参秦汉，象理探古初。君今逾五十，归里握虎符。干城卫邦土，腰带悬

① 吴韶成：《“凭将一掬丹心在，泉下差堪对我翁”——忆父亲》，《吴石将军英魂略》，第 56 页。

② 柯玉锜：《博学多才　为国效力——追忆吴石将军》，《吴石将军英魂略》，第 33 页。

③ 《吴石将军英魂略》，第 131 页。

属镂。光阴转目间，仿佛游三吴。世事烟云幻，前后只须臾。遗忘苦未能，一粲扪霜须。”①

四、捉刀代笔无增损

何振岱当年在谢章铤座上即结识陈宝琛，旅京期间与末代帝师陈宝琛往来更频繁。陈宝琛祖母是福州胪厦郑氏，何振岱妻子郑元昭亦胪厦郑氏。1895 年，林则徐曾孙林炳章与陈宝琛长女结为连理，陈宝琛与何振岱成了姻亲；何振岱的恩师谢章铤与陈宝琛同举同治乙丑（1865）乡试，光绪十年（1884），陈宝琛为江西提学史（旋转学政），延请谢章铤主持朱熹创办的白鹿洞书院，为诸生讲程朱之学。谢、陈两人交谊极笃，且陈宝琛曾向谢章铤学诗，并常有诗文往来。陈宝琛撰有《谢枚如先生八十寿序》与《谢枚如先生哀诔》。陈宝琛二弟陈宝璐亦是谢章铤的学生，与何振岱又极相得，有此四因，陈宝琛对何振岱极为器重。

末代帝师陈宝琛也是同光派闽派的重要诗人②。他的诗作收入《沧趣楼诗集》，共 10 卷，为陈宝琛晚年“手定”，共收入古今体诗

① 《何振岱集》，第 362 页。

② 陈宝琛（1848—1935），字伯潜，号弢庵，一号橘隐，福建闽县人。同治七年（1868）进士，选翰林院庶吉士，散馆授编修，两充顺天乡试同考官，擢侍讲，累迁内阁学士。陈宝琛以敢于直谏太后著名，与张之洞、宝廷、张佩纶等号为“清流”。光绪十年（1884）被黜，归乡闲居 25 年。宣统元年（1909），补阁学原官。三年，授山西巡抚，未到任，授读毓庆宫，为宣统师傅，兼充弼德院顾问大臣，改补正红旗汉军副都统。辛亥革命后，成为遗老。陈宝琛与亲日派郑孝胥、罗振玉有本质区别，在大是大非面前，还是坚持了民族立场。

791首，另附录《听水斋词》一册40多首。其门人陈三立在《沧趣楼诗集·序》中云：“公早岁官禁近，已慷慨以身许国，勇于言事，章疏凡数十上，动关匡拂朝廷培养元气大计，直声风节倾天下。初未遑狃章句求工于诗也”①。陈宝琛于1885年被黜归里的25年间，“尝出游江南、广州暨南洋群岛，纪程之作亦稍多焉。及垂老召还，辅导冲主，国事已岌岌不可为。俄迫禅让，坐睹沦胥，处维系纲纪、斡旋运会之地。万变袭撼，瘖痳交瘁，偶就余闲写胸臆，即集中后数卷所得诗是也。”②

何振岱旅京期间，与陈宝琛过从甚密。仅以何振岱写于1926年至1928年、1930年至1935年间的日记即可见一斑：

与陈三立合影

---

① 陈宝琛：《沧趣楼诗集》上卷，沈云龙主编《近代中国史料丛刊》第40辑，（台北）文海出版社1969年影印本。

② 陈三立：《沧趣楼诗集·序》。

丙寅年（1926）农历九月十六日，陈宝琛灵境胡同寓所“电话来请遂往，半途遇大年同往，遇客久坐，……呈文稿，食面，又谈顷辞去”。九月二十三日，往陈宝琛家拜寿（九月二十三日为陈宝琛生日）；二十四日，与大年同往德国医院看望陈宝琛。

戊辰年（1928）农历五月十五日，何振岱写道：“弢老信来赠诗一首并为书先谢师赠言，楷法精好，可保存也。”六月初九日，得弢老手书；十一日，陈纮来受业（教弹琴、说书、改诗），陈纮即弢老之孙；七月初七，改所为文至午后缮毕，以快信寄津与弢老；七月廿二，乘电车至灵境晤弢老，视所作踏莎行词三首；九月十二日乘电车往灵境谒弢老，看弢老新填词四阕，借钞不肯，因试记之，记得两首：其一《南楼令》（中秋莹园待月）：

从薄易黄昏，众星檐际繁，好山河，生怕蚕吞。七宝催修成也未？一年事，够销魂。　秋色正平分，天风吹海云，甚仙人，擎出金盆，只要高寒捱得过，怎秋月不如春！

其二《月下笛》（促织和强村韵同愔仲作）：

月满西堂，凄凄切切，是何情语？无人和汝，恁抽愁、万千绪。相思金井阑边夜，忍重说、长安旧雨？剩虚楼警梦，孤灯吊影，絮恨难曙。　谁误留人住，奈啜泣王孙，冷吟交诉，金笼买斗，几绚闲杀寒杼，荆驼侧畔伤心过，又枨触、商音一度。藜床下，等噤声，偷活，且放秋去。

庚午年（1930）农历七月廿七日起，不及坐诵，即改昨文，写信直至午时，寄弢老快信；八月十六日午后三时，弢老来，谈文，晚始去；廿一日，弢老赴京；九月十二日九时车来，坐到弢老处，同弢老一车到香山香云旅馆午饭；十五日夜，饮于弢老家；十七日，作文缴文弢老处，留午饭；十月十七日，到弢老处抄所作画；廿三日，到弢老处午饭，是日虚谷生日；廿九日，改作郑瀋庵墓屏送与弢老[①]；十二月初七，午后4时到弢老处视病。是月，弢老病入德国医院，何振岱数往探视并谈诗。

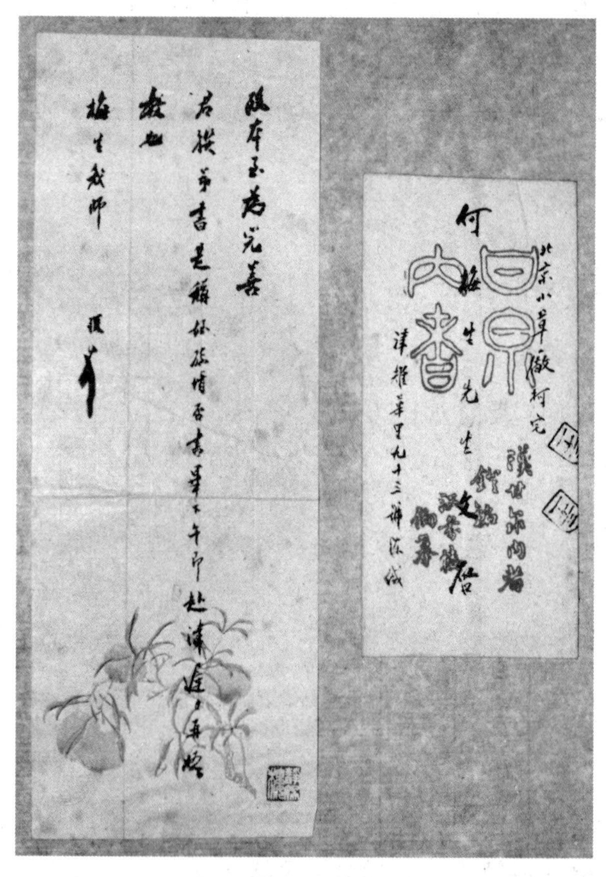

陈宝琛给何振岱的信札

辛未年（1931）二月初六早8时，送陈宝琛赴津。午后石芝来下拜谢为先母撰文，以陈宝琛情面，润笔费仅60元，少入40元，慨叹文字生涯每为人簸弄；二月廿一日，同陈宝琛等老幼18人同出西直门至大觉寺，时辛夷花盛开，同陈宝琛合影；二月廿四日，陈宝琛来嘱代某氏为文；五月初一日9时，“到弢老处，弢

① 郑瀋庵，陈宝琛之大舅。陈衍曾于1912年作《瀋庵郑先生哀辞》（有序）。

老方偃卧，遽起示予顾锡爵文，似不知文者之所为，谈陈伯淘诗有夸张处，又言其老为寿赞……云某某罪在必诛之列”；五月初八午后4时，至东站送弢老；六月十五日8时，至弢老家，“弢老已上车，见予至遂下，云欲往予家，遂入谈”；廿日，弢老来两次，以周家禄诗稿见示；七月十七日午后，至灵境看弢老所作；七月廿九日，弢老寄所为子有文来看；七月廿四午，“就宰平之约，于广和饭庄，予先至，弢老亦至，视予以荀生所作”；七月廿五日，改文自抄毕送弢老处缴；八月十八日8点半，至弢老处缴周家禄墓志；八月十九日，弢老来谈某叟之趋时；九月十八日，使人缴文于弢老处；九月廿日午，至弢老，“送我周家润五十元，竟减一半，殊出意外”。九月二十三日，同畴（何振岱长子）到弢老拜寿。

从以上何振岱的日记中可以看出：何振岱旅京期间，除教读外，与陈宝琛常有诗文往来。闲暇之日，陈太傅常邀何振岱参加文酒之会。如戊辰年（1928）闰二月二十八日，同陈宝琛、匏庵、稚辛、季友、迪庵（高赞鼎）、嘿园、午原游黑龙潭大觉寺。陈宝琛有《闰二月廿八日同匏庵、稚辛、季友、梅生、迪庵、默园、午原游黑龙潭大觉寺》诗。重阳后五日，同陈宝琛、稚辛游狮子窝，观红叶，憩秘魔崖，过觉生寺，观华严钟。陈宝琛作诗《重阳后五日同稚辛梅生狮子窝观红叶，憩秘魔崖，咸侄复儿从》。庚午年（1930）清明后三日，同陈宝琛、季友、栗斋、子有（林宝恒）、宰平、策六、次贡（李景堃）、幼实、述勤、吉庐看杏花于阳台山。陈宝琛作诗《清明后三日，同季友、栗斋、熙民、梅生、子有、宰平、策六、次贡、幼实、述勤、吉庐看杏花阳台，纮孙从》，何振岱作诗《戊辰清明后曾同稚辛雨中游大觉寺，已逾杏花之期，去年复往适当花时而君在里中，今年同人又有看花之约，书此却寄》。同年重九后三日，与曹攘衡（经源)、冒鹤亭招陈宝琛游退谷。此处乃是陈宝琛与壶公、蒉斋、再同披榛莽而得其地。鹤亭本约集戒坛寺观红叶，以雨雪改集于此。陈宝琛作诗《重九后三日梅生、鹤亭、攘蘅招游退谷》。

何振岱作于1948年的《感旧》诗（四）云：“自非神喻道，孰喻性为文。公谓大师意，累传独界君。惠书连百纸，见重逾同群。酬知十五载，白首忘辛勤。”其中，“公谓大师意，累传独界君”句即指陈宝琛于1928年夏初赠何振岱诗云“大师（指谢）本性积为文，晚岁传衣独界君。两纪孑遗增感旧，数行传写见尊闻。梦余鹿洞空香草，烬后鳌峰付乱云。出处何成吾耄矣！平生砻斫愧般斤”[①]，视何振岱为谢章铤的继承人。

1935年元宵节（2月18日），陈宝琛应友人之邀，在市楼共饮后，坐车独游灯市，不意酒后感寒，3月4日，陈宝琛转急性肺炎入德国医院，3月5日凌晨医治无效去世。何振岱南归前曾分别于1935年农历九月廿三日，同子雅至法源寺祭弢老；农历十月初七，至法源寺祭弢老；初八，至法源寺拜弢老灵前。

据吴家琼《故友何振岱生平事略》记载：何振岱旅京期间，当时“北京政府尽管各省军阀割据，政治不出国门，但社会风尚仍宴安麻木，达官要人、豪门大贾每于红白之事，遍请名流（注重前清科甲出身的遗老）纂寿、诔及墓铭之文，陈宝琛当时被认为文章司命。因此陈的笔墨生涯最为兴隆，每篇润笔500以至1000元不等，由陈并书，则加一半，并另加磨墨费一成。故昂其值，以抬高其声望。陈此时年垂80，精力就衰，不耐构思，勉强下笔，辄患失眠。陈的门下士，如举人、进士、翰林以及名士之流，车载斗量，顾陈眼界甚高，对彼

① 陈宝琛：《梅生姻仁兄属录谢枚如先生赠言感题似正》，《何振岱集》，第454页。

曹所作的文字，都不惬意，闻何到京，喜出望外，由是捉刀之劳务，便落到何身上了。”另据何振岱女弟子叶可羲在《何梅叟先生传》中说，《我春室文集》中凡注“代”者，皆何振岱代陈宝琛提刀代笔之作，如《长林尚干族谱序》《闽中曾氏族谱序》《张氏茹荼轩文集序》《清度支部右丞曾君墓志铭并序》《重修南靖县孔子庙碑文》《侯官郭文安公墓志铭并序》《清广东知县吴君墓志铭并序》《丁母黄太淑人墓志铭并序》等十余篇。

从文体上看，何振岱的代作主要有族谱序与墓志铭；从写法上看，不论是状物叙事还是刻画形象，何振岱均能不拘格套，着意于出奇变化，常常借二三件典型的事例将传主的德行、事迹巧妙地予以展现。如《诰授资政大夫度支部右丞曾君墓志铭》开篇云：

> 距直隶宁河百许里，杨漕之区，有介立之君子焉，曰揭阳曾刚甫。垦田二顷，躬耕其中，盖有难忘于心之故，不忍归老，竟阅十数寒暑，郁然以终。所谓古之伤心人者非欤？

这种写法，与传统的墓志铭先叙墓主姓名籍贯谱系的写法迥然有别，而是采用叙议结合的手法，将传主最突出的事迹予以介绍，吸引读者阅读。又如《清故广东知县吴君墓志铭》云：

> 既归里，假予鼓山别业居之。乡有普济堂，赡穷老残废者；又设敬节堂，廪恤贫嫠。向推绅耆主之，乡人以君贤，属君。岁丙辰，君初受事，勤恳慈惠一如在粤时。而事之难任，则又过之。两堂恤饷不足，数力请当道加额；额溢至捐及己俸；又不足，乃四出称贷，或典质衣物，无有弗勉。壬戌秋，粤军入闽，

以周姓者代君。逾月辞去，复畀君为之。兵后物力尤绌，君驰书京沪求援，予亦为鬻书得二千缗以助。综君为善于乡凡十余年，而身已老，乃亟觅替人，得族子某。曰：是人诚悫，足继吾志矣。

文中选取吴郁生归里后“设敬节堂”“四出称贷”“驰书求援”三件事，表现状主乐善好施的性格特征，人物形象鲜明突出。除人物碑志外，何振岱代作中的《重修南靖县孔子庙碑文》叙议结合，语言畅达，显得沉实厚重。全文如下：

南靖县圣庙建于清乾隆时，年久就圮。己卯秋，圣裔宪洛来为邑主，谋重新之，捐俸以倡。绅耆相率输纳，工兴而费犹拙。适予尹南州，嘉孔令斯举，亟助之以底于成。盖为政惟先务之急，今日之政，崇圣学以正人心，其至急者也。圣人之道，虽不以庙宇而尊，然而一邑之士有所瞻拜崇仰，而起其诚敬之心。则是庙也，岂可以迹而废之？南靖山川秀郁，东接漳郡，朱紫阳、陈北溪之流风犹存焉。其田壤沃腴，人勤耕垦。加庶富以教，尤合先圣人之意。庙貌一新，而士民之精神亦因以振。反经戢邪，正学之明有其端绪，岂徒南靖一邑之福也哉！孔令以圣裔事此，尤为知务。用勒始末于碑，以告来者。

陈宝琛屡对代作大加赞赏：“大作清婉，读了口角生香；或说大作平实坚致，而出以冲夷，醇乎醇矣，衰朽心所向往而不能至，循诵再三，无可增损……”① “陈对何所撰之作，间有更易一二字，亦与何

① 吴家琼：《故友何振岱生平事略》，第 212、213 页。

函商，备极谦逊，从无贸然径行涂改。”①

何振岱曾编《谢陈二公墨迹合印》一册，为恩师谢章铤与陈宝琛之诗文尺牍。其中多陈宝琛致何振岱书札，书札“皆作于侍应清逊帝溥仪避居天津之时，涉及文字捉刀、师友唱和、亲朋往来诸事，并兼及晚近名人遗事；而南北交争、神州鼎沸之民国境况，亦可窥见一斑”②。帝师陈宝琛在信札中称何振岱为“梅兄”“仁兄阁下”等，如信札第十二写道：

> 梅兄坐下：纮孙得附门墙，至深欣幸，顷寄寿文见示，绳削处可以端其趋向，不止文法。感激矣！兹又有求为寿文者，亦援前例，笔次称姻晚否？或但于文中叙及，并希酌示，敬请道安。宝琛顿首。初二日。③

由此可知，陈宝琛对何振岱学识与文章极为称赏，奉为座上宾。诗词作品常请何振岱“伏乞教正”，并以“能予削正为幸”。

---

① 吴家琼：《故友何振岱生平事略》，第212、213页。

② 《致何振岱书札》，《陈宝琛史料四种》，《近代中国》第十九辑，第356、361页。

③ 《致何振岱书札》，《陈宝琛史料四种》，《近代中国》第十九辑，第361、362页。

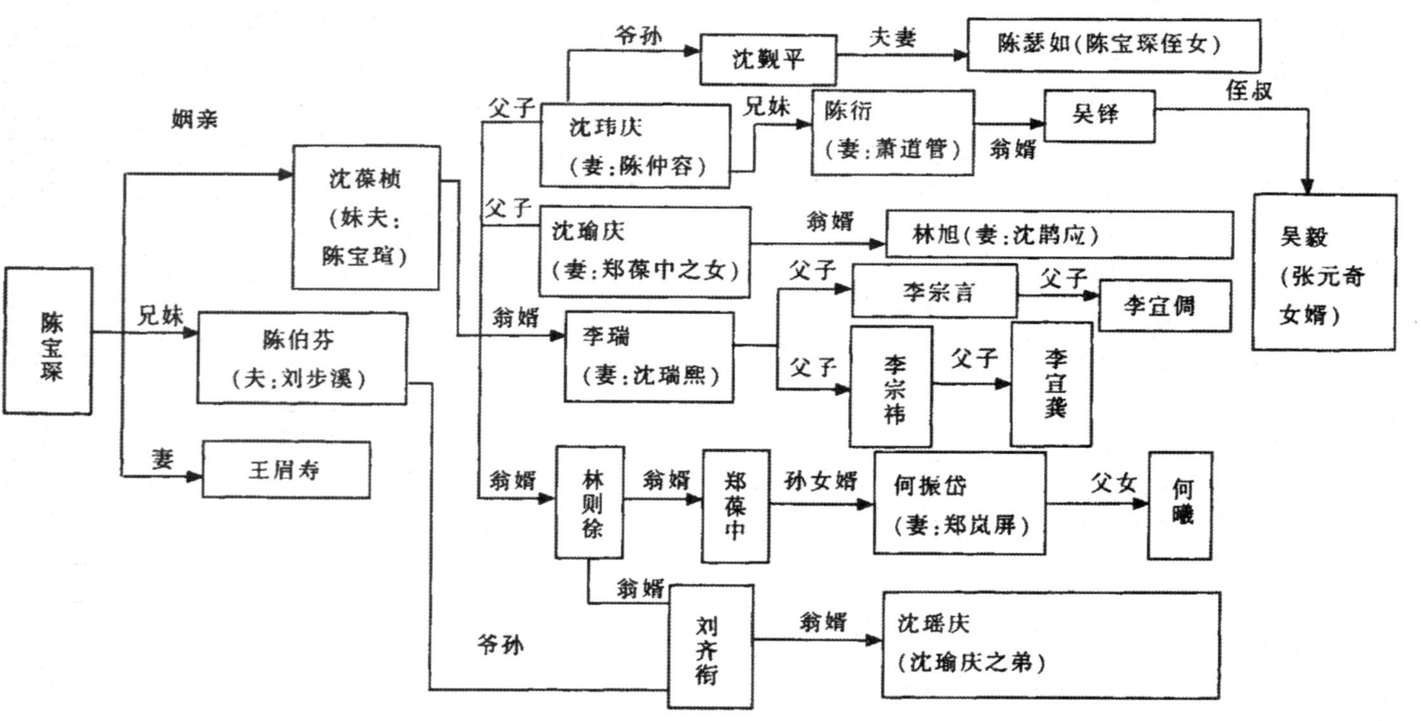

部分闽派诗人亲缘关系图表，转引自朱丹《论福州三坊七巷文化与同光体闽派之渊源》

第四章　倦鸟知还　广为授徒

一、书生穷居未忘世

在近代后期的诗坛上，同光派“影响最大，也最为人们所诟病”①。究其原因，不外是两个方面，一是部分诗人政治倾向的落后和保守，一是诗歌脱离现实的拟古主义倾向。在诗歌创作上，由于过分追求奇崛，主张学问即诗料，因而出现脱离现实和刻意求工的形式主义倾向。同光派作为近代的学古诗派，民初曾遭到以柳弃疾为首的南社部分诗人猛烈的抨击。新中国成立后，中国社会科学院及游国恩主编本《中国文学史》对同光派基本持否定态度，这也是造成同光派研究少人问津的重要原因。“诟病”还来自一些论者的武断：林庚白《丽白楼诗话》称：“同光诗人什九无真感”；近年来还有个别研究者完全以政治态度取人论诗，因人废文，如《论〈海藏楼诗〉及其作者郑孝胥》一文②

① 钱仲联：《近代诗钞·前言》，江苏古籍出版社 1993 年版，第 14 页。

② 《论〈海藏楼诗〉及其作者郑孝胥》，《中国韵文学刊》2000 年第 1 期。

何振岱与儿孙合影

将郑孝胥《海藏楼诗》功力不凡以及郑孝胥在诗坛获得盛名简单地归结为由于诗话的吹嘘、张之洞的青睐、遗老遗少的推崇等三个原因，显然失之客观、公允。

钱仲联先生在《论“同光体”》一文中认为：同光派“在近代文学史上，不是推动诗歌发展前进的流派，而在诗坛上却曾经发生过相当的影响……有必要弄清楚它的来龙去脉以及内部的流派，进一步给予适当的评价”①。陈庆元先生认为“同光派及其闽派无论是在理论上还是创作上都取得了较高的成就”②，“同光派及其闽派在承传延续旧体诗这一形式方面起了它应起的历史作用”③。笔者认为，闽派是同光

① 钱仲联：《论“同光体”》，《文学评论丛刊》第9辑。

② 陈庆元：《论同光派闽派》，《诗词研究论集》，巴蜀书社1998年版，第343、344页。

③ 陈庆元：《论同光派闽派》，《诗词研究论集》，巴蜀书社1998年版，第343、344页。

派中最活跃、在诗学理论与创作实践上均有较高造诣的诗人群体，对同光派闽派的评价不应用几句话骂倒的偏激办法。客观地说，在诗歌思想性上，同光派诗人也并不都保守、反动。同光派闽派诗人关于反对帝国主义列强侵略、御侮图强、关心民瘼的诗作及其诗歌的艺术性也应当给予充分肯定。如林旭作为爱国维新志士，他的诗作真实反映了他那个时代波诡云谲的时代风貌，折射出御侮图强、革故鼎新的时代精神。

何振岱诗歌虽多自抒怀抱，但并不意味着他对时事漠不关心。何振岱曾云："吾尝窃愿天无残世之运，人有护世之心，苦乐不甚相远，此愿不偿，吾郁然之不可已者，将终不可以已也。"[①]《闰月初一大风雨翌日未已》诗亦云："书生穷居未忘世。"何振岱20岁时便创作了感怀时事之作《瑞岩》：

> 高蹑已松颠，有松尚天际。更上尽树松，四望天垂盖。东南见大海，青浮寒日外。征樯云外来，瞥目忽已逝。老僧雪蒙顶，自言近百岁。导余古洞游，人树身相挤。蝠有赤如乌，花何香胜桂。既出窈及平，遂疑阴得霁。客言山中石，方罫列阵势。南塘驻节地，风烈足百世。遗篇世有传，胜图今谁继？岩瀑古难平，晴明飞雨籁。

此诗是诗人1886年（丙戌）游福清县南瑞岩山时所作。瑞岩有前后之分，后岩为明嘉靖抗倭名将戚继光所辟，戚还撰有《瑞岩寺新洞碑》。诗的前四句写仰望山中苍松挺拔，高耸云天，渲染出庄严肃穆

① 何振岱：《蕙愔阁诗集·序》，《何振岱集》，第30页。

何振岱与儿孙们合影

的气氛，对英雄戚继光的敬仰之情油然而生。五至八句写俯瞰海面所见，以急驶的征帆衬托出海的苍茫与辽阔，山的高峻与奇险。前八句写景注重上下、动静相互映衬，凸显瑞岩山的雄奇。接下八句写诗人游历古洞所见所闻，特写古树、乌蝠、花香以进一步衬托山的奇伟。瑞岩山中有一石，并刻有“南塘戚公纪功碑”数字，诗人目睹石刻不禁感慨万端：“南塘驻节地，风烈足百世。遗篇世有传，胜图今谁继?”诗人通过对戚公的高度评价无形中将当年抗倭胜利与两年前马江海战的失利进行了对比，“胜图今谁继”句慨叹朝中没有戚公式的英雄，也表达了诗人对国家命运的无比关切。诗的最后两句以瑞岩山瀑布不停地飞泻作结，诗人内心不尽的慨叹正如那飞湍的瀑流永不停息。全诗写得清苍峭拔、意味深长。

见于《倦余集》卷二的《春感》四首也是力证。此组诗写于50岁之前，大约是1916年前后所作。1914年8月，第一次世界大战爆发。9月，日本借口对德宣战，攻占我国胶州，占据德国租界地青岛。1915年1月，袁世凯为取得日本支持复辟帝制，与日本秘密谈判“二十一条”，遭到全国人民的强烈反对。12月12日，袁世凯称帝，改元洪宪。25日云南宣布独立，揭开了护国战争的序幕。1916年3月22日，袁世凯被迫取消帝制，废止洪宪年号。6月6日，当了83天皇帝的袁世凯在全国人民的唾骂声中死去。袁世凯死后，在列强的扶持下，中国出现了各派军阀拥兵割据和互相火并的局面。在这样的背景下，何振岱挥毫写下这组诗篇：

第一首：

惜春何忍见花飞，张幕悬铃事已微。
千里魂消同况味，经年头白为芳菲。
传书黄耳浑无实，吹浪江豚苦作威。
岂有邻翁知爱护？借人畚耜计应非。

前四句写暮春时节，遍地落花，满目飞絮，惨不忍睹。北洋政府实行卖国独裁统治，对列强不断扩张在华势力一再妥协、让步。诗人以不忍见花飞、头白为芳菲表达了对国是日非的焦虑。颈联出句“传书黄耳”典出南朝梁任昉《述异记》，指传递书信、消息。意即得到的消息不真实；对句写风急浪高的险峻局势。尾联以借邻翁畚耜斥责袁世凯的卖国行径，委婉中暗藏讥讽。

第二首：

花落花开总有时，芳愁只在旧园池。
飞茵坠溷终吾土，浪蝶狂蜂异所思。
早虑风霾妨始蘖，长嗟藤蔓束柔枝。
玉儿漫恋雕栏好，倚损罗衫却未知。

颔联以“浪蝶狂蜂”喻指在列强扶持下的军阀混战。颈联出句写风吹尘飞、天色阴晦、白日无光的惨景，对句以“藤蔓束柔枝”比喻当时列强以强凌弱的局势。尾联奉劝美人不要被表面的繁荣景象所迷惑，否则将“倚损罗衫”，即导致国土沦丧。

第三首：

自古沉愁未是愁，如今春色忍登楼。
只闻索响鸣墟鼓，焉用扬鞭策土牛。
彩树张花仍锦宴，华林奏乐漫移舟。
散寒黍谷须吹律，安得邹生与远谋。

前四句写诗人耳闻目睹暮春时节四野荒芜、阴气逼人的衰败景象，忧心如焚。其中“策土牛”指除阴气，劝农耕。颈联嘲讽那些达官贵人沉溺于灯红酒绿、歌舞升平中，把国家的兴亡抛诸脑后。末联用汉刘向《别录》中的“邹衍吹律”典，原指邹衍吹奏音乐使燕国寒而不生五谷的地方，变得温暖能生长庄稼。这里指希望有邹衍式的人物出现，能挽救衰微的局势，重新给国家带来生机。

第四首：

疾雨横风近画檐，春人小极只淹淹。
讨方重读桐君录，请命时烦太史占。
颒面从来非悦怿，齐心还许有针砭。
禽言格桀难舒郁，愿奋雷霆启户潜。

首句写风雨如晦的险恶形势，“春人”指游春的人，也可指怀春之人。“小极”指困倦或小病。三、四句用典，其中“桐君”指黄帝时的医师，意指为保全国家领土，解除百姓困苦，盼望有英雄豪杰为之赴汤蹈火。第五句“颒面”指洗脸，古代有春日取花和雪水涤面，可使面生华容的说法。从字面上解释，意思是仅仅靠“颒面”是不能让面容光润悦目起来，还须用针灸的方法才有切实的疗效。尾联中“禽言格桀”指鸟鸣声；“户潜”指隐藏的门户，此指内心深处的隐痛。诗人写鸟鸣声难以排遣内心的忧愤，希望以雷霆万钧之力打开隐藏的心扉，尽情地抒发深埋在心中的怨恨。

以上四首用典精工贴切，名咏落花，实咏时事；寓悲慨于婉曲之中，诗风沉郁苍凉。钱仲联《近代诗钞》认为《春感》（原文作《感春》）四首“可与其乡陈宝琛（原文作箴）《沧趣楼诗》的《感春四首》比美”①。陈宝琛《感春》四首原诗如下：

① 钱仲联：《近代诗钞》，江苏古籍出版社1993年版，第1489页。

其一：

一春谁道是芳时，未及飞红已暗悲。
雨甚犹思吹笛验，风来始悔树幡迟。
蜂衙撩乱声无准，鸟使逡巡事可知。
输却玉尘三万斛，天公不语对枯棋。

其二：

阿母欢娱众女狂，十年养就满庭芳。
那知绿怨红啼景，便在莺歌燕舞场。
处处风楼劳剪彩，声声羯鼓促传觞。
可怜买尽西园醉，赢得佳辰一断肠。

其三：

倚天照海倏成空，脆薄原知不耐风。
忍见化萍随柳絮，倘因集蓼毖桃虫。
到头蝶梦谁真觉，刺耳鹃声恐未终。
苦学挈皋事浇灌，绿阴涕尺种花翁。

其四：

北胜南强较去留，泪波直注海东头。
槐柯梦短殊多事，花槛春移不自由。

从此路迷渔父棹，可无人坠石家楼。

故林好在烦珍护，莫再飘摇断送休。

陈宝琛《感春》四首作于1895年。甲午战败以后，李鸿章代表清政府与日本代表签订了丧权辱国的《马关条约》，接受日方提出的包括割让辽东半岛、台湾全岛、澎湖列岛及所有的附属各岛；赔偿军费二万万两白银；增开沙市、重庆、苏州、杭州四个通商口岸；允许日本臣民在口岸设厂等极端苛刻的条件。消息传来，赋闲在家的陈宝琛焦虑、愤懑、惆怅一齐涌上心头，挥笔写下这组传诵一时的诗作。高阳认为《感春》四首“句句咏落花，句句咏时事；句句存史实，亦句句寓感慨”[①]。陈祥耀先生认为“《感春》四首，用典精工贴切，以哀感玩艳的笔墨，写家国之痛，多用比兴，不作赋体，风华情韵，又大似李商隐的七律”[②]。

此外，何振岱也关心民生疾苦，对连年的征战及旱涝灾情时有感慨，如《天津道中见大水》云：“溃堤河患急，心结陆沉忧”；《闻笳》诗云：“楼空戍妇泣，林黑巢鸟惊”；“自闻此鸣笳，无岁无用兵”；《月》诗云：“兰蕙隔江水，豺狼满世尘”；《海上小除夕示岚君并怀子畴京师》云：“还佐新鳟市鱼菜，已搜旅箧到钗钿”；《寒夜闻雁》云：“穷塞鼓鼙急，荒江粱稻稀”；《林敦民书来索诗　因叙金陵旧游得十四韵奉寄》云：“只缘好江山，割据生霸图……所残惟无辜”；天灾人祸导致满目苍痍、百姓流离，诗人不禁为之扼腕。

① （台）高阳：《清朝的皇帝·德宗》（下），第1049页。

② 钱仲联编：《元明清诗鉴赏辞典·清·近代》，上海辞书出版社1994年版，第1599页。

二、扬誉八闽八才女

1936年，何振岱从北京返回福州。之前，学生吴石等迎往南京两月余，游览栖霞及金焦、维扬等名胜。归里后，何振岱修葺老屋，种植花树，花时吹香满庭。南归后的何振岱更是声名大噪，为人父母皆以子女得附门墙为幸，到何振岱私塾求书问教者几乎每日皆有。

当时何振岱在厅堂挂一幅铜塑孔子半身像，学生入私塾第一天要先拜孔子像。何振岱虽然接受的是传统教育，不但不重男轻女，还对女儿何曦极为疼爱，把她比作“一颗掌中珠，明于天上月”（《感示怡儿》）。何振岱不让唯一的女儿缠脚的事在当时被认为是惊世骇俗之举，一时广为流传，但何振岱却认为缠脚是对身心的残害，对某些“好心人”的劝告予以反驳。正因为如此，拜学何振岱门下的

八才女合影

女子不少。当时叶可羲、王德愔、刘蘅三位女子已拜学何振岱门下，学诗、作画、弹古琴。后来，三位门徒又相继介绍同好拜何振岱为师，她们是王真、王闲、薛念娟、张苏铮、施秉庄、洪璞等，与她们一起学习的还有何振岱爱女何曦。在何振岱的精心指导下，10位女弟子个个兰心蕙质，聪颖好学，她们的诗词作品都结集成册，流传甚广。如洪璞的《秦香社词抄》、王闲的《味闲楼诗集》、刘蘅的《蕙愔诗词集》、叶可羲的《竹韵轩词》、王真的《道真室词》、施秉庄的《延晖楼词》、张苏铮的《浣桐书室词》、何曦的《晴赏楼词》、薛念娟的《小嫩真室词》、王德愔的《琴寄室词》等。1942年，王德愔、刘蘅、何曦、薛念娟、张苏铮、施秉庄、叶可羲、王真等8人合出了词集《寿香社词抄》，由何振岱作《寿香社词抄》小引。女弟子们的创作内容集中在社课、赠答、游览三个方面，词作立意不同，风格各异。有的道心侠骨，有的清丽委婉。词集选录王德愔词35首、刘蘅词93首、何曦词37首、薛念娟词12首、张苏铮词36首、施秉庄词20首、叶可羲词89首、王真词40首。《寿香社词钞》共收词362阕。社题名称分别是：灯魂、新寒、新（初）阳、烟江、汉双鱼洗、酒醒见月、艺兰、罗衫、菜畦、冰花、荷兰池上等11目。当时这8位女弟子享有“福州八才女”的美誉，她们与王闲、洪璞又有“十姐

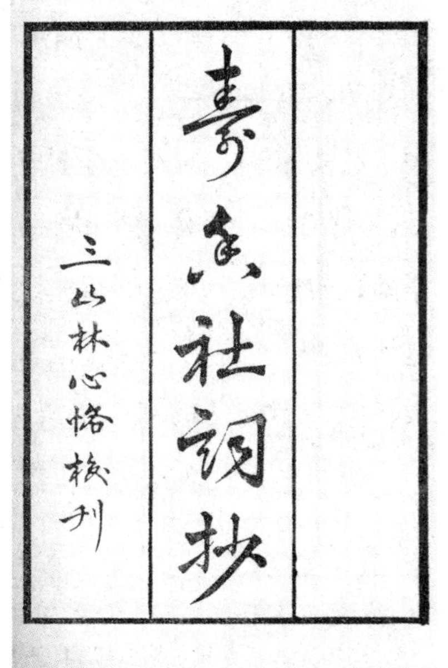

《寿香社词抄》

妹”之称。

何振岱的《寿香社词抄·小引》写道：

> 闽词盛于宋，衰于元、明。清季梅崖、聚红两榭其杰然也。迩者，然脂词垒，盟且敦槃。肈丝好音，协如笙磬。微觉九曲延安，余风未远；是亦三山左海，粹气攸钟者矣。慰予发白，见此汗青。虽小道有足观，斯大雅所不废。用彰嘉会，为属弁言。

寿香社是晚清民国众多词社中较为活跃的社团，在近代词坛有较大的影响。据徐燕婷的《民国女性词文化生态中的“传统范式”及其新变》一文考证，“寿香社是1935年至1937年存在于福州地区的一个诗词兼做的旧体诗社”。“1935年魁岐协和文学院中文系学生郭毓麟、王劭，课余在福州组织成立的。”① 福建协和大学创办于1915年，因1922年学校择校址于福州魁岐乡故称。“1936年何振岱从北京返回福州，参与寿香社，因其文名之盛，故成为寿香社的主心骨。以后由于其女弟子的加入，逐渐成为一个影响力较为广泛的社会性旧体诗社。”② 寿香社具体成员的组成，据郭毓麟回忆：“……当时王劭、梁孝瀚，游叔有、郭毓麟都在协大肄业，还有一个在银行界工作的苏禾龛，这些人都温文尔雅，学有根柢，能作诗词，同气相聚，同类相求，因而不期然以利亚药房方声沛夫妇住宅为集中所。除上述社友外，涛园老人常携其女弟子薛念娟同来，王劭之妹王淑勤、秉庄之妹

① 徐燕婷：《民国女性词文化生态中的“传统范式”及其新变》，《福建论坛》（人文社会科学版）2016年第3期，第141页。

② 徐燕婷：《民国女性词文化生态中的“传统范式”及其新变》，《福建论坛》（人文社会科学版）2016年第3期，第141页。

施秉雅等，亦常列席观‘战’。”[①] 由此可知，“成员中的男性应包括王劭、梁孝瀚，游叔有、郭毓麟、苏禾龛等人，而女性除了王淑勤、施秉雅外，便是何振岱的女弟子”[②]。从郭毓麟的回忆中，可以证实寿香社并不是晚清民国时期的一个仅有何振岱女弟子加盟的诗社，但不可否认的是何振岱及其女弟子是诗社的骨干力量。至于得名的由来，“寿香二字的取义，是因为有数位老年人参加，故以‘寿’字为标志，又有好几个妇女参加，故以‘香’字为标志，其余则多是二十多岁至三十岁的男青年”[③]。

徐燕婷对寿香社存续时间和人员组成的考证消除了学界对这一问题存在的一些误解。其实，何振岱的男弟子一样出类拔萃，如文中提及的苏禾龛是何振岱的高足之一，何振岱对苏生极为称许。《我春室文集》中的《与苏生禾龛三则》第一则写道：“君以清介之姿，高雅之才，屈志入世，而能冲和蕴藉，与物无忤，在己无失，此即有道之君，智圆行方，不可多得者也。”第二则写道：“君诗才思甚佳，意趣、格律均不寻常，而性情敦厚，尤合于诗教。异日为吾闽诗人放一异采，是里人之光辉也。”其他得意门生如郑生倜予、田生古序、邵生季慈、张生子仲、周生敏时、高生迪庵、陈生泽镗等皆性情纯笃、诗才绝好、学养过人的何师门下男弟子。

寿香诗社按例每月社集一次，轮流作东。现场拈题，限时限韵，现场品评。社集时间多为周日，场所多在当会的东道主居所。如刘蘅

① 徐燕婷：《民国女性词文化生态中的“传统范式”及其新变》，《福建论坛》（人文社会科学版）2016年第3期，第141页。

② 徐燕婷：《民国女性词文化生态中的“传统范式”及其新变》，《福建论坛》（人文社会科学版）2016年第3期，第141页。

③ 徐燕婷：《民国女性词文化生态中的“传统范式”及其新变》，《福建论坛》（人文社会科学版）2016年第3期，第141页。

的淇园，王德愔的琴寄室，叶超农的竹韵轩，施秉庄的篔筜轩，还有梁孝翰的陶庐，郭毓麟的听雨轩，苏禾龛在衣锦坊之祠堂住宅等处，或者便借别处宴集。“该社仅维持两年，在对日抗战之中结束。”① 但是“八才女”的创作活动并没有因此中断，直至1942年“八才女”的词集刊刻出版。

刘荣平的《何振岱寿香社词作评论》一文认为：“何振岱主盟寿香社距其师谢章铤主盟聚红榭，时间相隔80余年。聚红榭振兴了清代闽词的创作，在晚清词坛声誉极隆。寿香社的创作实绩虽赶不上聚红榭，但可说为清代闽词画上了句号，也可堪称民国词坛的一朵奇葩。寿香社同人大多数毕生坚持古典诗词创作，有的成为建国后福建古典诗词创作的主力军，如刘蘅有《蕙愔阁集》《续集》，存词137首，所收词作最晚纪年是1981年；叶可羲有《竹韵轩词乙稿》，存词106首，多建国之后的作品。这一点与寿香社的培育是分不开的。”②

寿香社社员之间酬唱赠答十分频繁，尤其是弟子赠师之作甚多，“其内容涉及多方面：有和老师词作的、有题老师诗集的、有题老师画页的，有旅次感念赋呈老师的”③。何振岱有时也命诸弟子和老师词作，以便现场品评和作，这种同题奉和之作就如命题作文最容易分出词作的水平，也便于老师指导。如何振岱曾作《意难忘》（盆兰为虫所伤，未几复茁。喜赋）一词，命诸生奉和，王德愔、刘蘅、张苏

① 徐燕婷：《民国女性词文化生态中的“传统范式”及其新变》，《福建论坛》（人文社会科学版）2016年第3期，第141页。

② 刘荣平：《何振岱寿香社词作评论》，《闽江学院学报》（人文社会科学版）2007年第6期，第35、37页。

③ 刘荣平：《何振岱寿香社词作评论》，《闽江学院学报》（人文社会科学版）2007年第6期，第35、37页。

铮、王真均有和作。现录如下：

《意难忘》（王德愔）

梅叟师有虫伤盆兰，既而复花之作，诸友多奉和，余亦赋此

如幻惊真。是花中倩女，翦爱留根。芳情牵楚雨，冷梦压湘云。闲自领、暗相存。风外旧香温。对月明、苔凉径曲，小屧频巡。新妆映绿盈盆。念护暄分暖，忍负深恩。幽心调玉色，碧叶润珠痕。帘影细、短檠昏。阑夜慰吟魂，任满阶、桐飚怨接，金井蛩闻。

《意难忘》（刘蘅）

梅叟师种兰久而未花，今秋忽茁一箭，又伤于虫，旬日复花，赋词识喜，命和原韵。

出谷完真。算细茎微蚀，未损灵根。光凝瑶苑月，碧染楚江云。谐冷性、解清言。纫佩意常存。问别来、噙芳惜翠，谁与逡巡？吹香暗认莓盆。念欲归旧畹，忍负前恩。添诗联秀句，剪梦缀烟痕。花气晓、鸟声昏。空谷视长春，漫误他、灵均素抱，苦觅音闻。

《意难忘》（张苏铮）

梅叟师盆兰新茁，遽伤于虫，未几复发而仍其故枝，师喜，选韵志奇，予亦奉和。

疑梦还真。道劫馀无恙，重缬孤根。啼妆凝楚水，归佩带湘云。情自永、喜忘言。此意两心存。好慰人、竹廊苔砌，一日千巡。滋花更看盈盆。记莳香分碧，怎说分恩。回灯扶素影，调玉

补芳痕。风院晓、雨窗昏。长此伴吟魂。一任他、蛩凄叶苦，荒角频闻。

《意难忘》（王真）

梅师有盘兰蚀于虫，复茁一枝，喜赋此解，因步原韵。

重返灵真。爱纤尘不染，紫叶垂根。佩寒湘水月，梦续楚天云。闲自赏、引清樽。故意重犹存。向近阶、调珠缀玉，百匝吟巡。檐阴绿护瑶盆。凭霑风滋露，应念前恩。轻烟添靓影，冷韵写秋痕。消永昼、伴黄昏。依旧继梅魂。喜夜来、微香暗逗，帘底微闻。

何振岱原作意在表达兰花遭虫伤后复茁的喜悦之情，而女弟子们的和作则一致歌咏老师的精心呵护，兰花复发绿叶，获得重生的。

何振岱常勉励学生先器识而后文艺，不仅要潜心学问，更重要的是先学做人，尤其是女子不要有自卑感，应树立高远的志向。这从《我春室文集》保存的何振岱与8位女弟子之间的通信中可见一斑。如在《答王生德愔三则》中云："收到诗函甚慰。弟诗心微妙，读之生悦。……我手写古帖十五种奉赠，可装成一册置于案头，以便浏览。写时放胆自运，不靠古帖，背诵百余字足矣。只求有恒，绘事甚费时间，还是多读书为主课。……凡看生书以快为妙，看好书收益无穷。……志士与天争日，与人争时。天地灵气与之相接，学业相成，乐莫大焉！弟子之志即予之志也，愿与弟共勉之。"何振岱不仅重视学生的学业，还关心学生的身体锻炼，可谓无微不至。他在《与耐轩、坚庐书九则》中的第四则云："知用心而不知养心，是我平日之咎。……若尔少年人更不宜痴坐，最好习为舞动之事，如舞剑、打毬皆是。”

具有鲜明的个性与卓越的胆识，是“八才女”的共同特点。何振岱爱女何曦曾云：“身则天之所与我者，奚用其内？嗟吾之内美惟吾足以自知也。吾总未愿屈己以沽，夫子待价之旨，不容不慎。矧人生有涯，幽兰贞菊不以迟暮而甘于泥泞，苟果贞且幽，则又何迟暮之可伤？不幸生为女子，有志难达，有意难宣，万感丛生，终难成寐。前人所谓‘心如膏火，烛夜自煎’其亦我之谓欤？嗟其‘知我者为我心忧，不知我者谓我何求。’”何曦作为何振岱的掌上明珠，自幼随父游历南北，亲承父教，诗词琴画深得梅叟之家法，秀外慧中，高怀远志。相夫教子，侍奉双亲之余，雅集清游，抒幽兰高洁之情怀，著有《晴赏楼诗》《晴赏楼词》。何曦认为君子要待价而沽，不因迟暮而苟且。她感叹“生为女子，有志难达，有意难宣”，并借用《诗经·王风·黍离》中“知我者为我心忧，不知我者谓我何求”诗句，倾吐志向难达的惆怅。王真、王闲均是王寿昌的女儿①，两人皆娟秀嗜书。其中，王真排行第七，号耐轩；王闲排行第八，号坚庐，她们自幼从何振岱学诗、文、词及古琴。王寿昌曾任福建外交司长，所居崇楼临台江，家中置书万卷，满园高树幽花，皆诗料。但真、闲两人每自恨作诗不脱女子口吻，所游仅福州鼓山、杭州西子湖、都门诸名胜，无名山大川荡其胸次。王寿昌《书真、闲二女》云：“吾家真与闲，赋性颇奇特。从不理针线，而乃耽文墨。偶论乃婚嫁，愤怒形于色。谓父既爱女，驱遣何太亟？嫁女未成才，无异手自贼。……倘嫁好色

---

① 王寿昌（1864—1926），字子仁，号晓斋，福建闽县（今属福州）人。肄业于马江船政前学堂。以优异成绩选拔留学法兰西，专攻法律学。回国后，先后任船政学堂法文教习、汉阳兵工厂厂长、福建交涉司司长等职。能诗文，工行、楷。与林纾友善，合译法国名著《茶花女遗事》，风行全国。女王闲适何振岱次子何资平。有《晓斋残稿》。

徒，色衰便弃掷。倘嫁富豪人，姬妾绕盈侧。倘嫁贫穷子，手不离纺织。世间为妇者，若个不凄恻？儿今欲反古，谋自食其力。女红殊戋戋，不堪供朝夕。要能擅高艺，凌霄长劲翮。不至闭樊笼，戢戢受抑迫。真言有余慨，矢日志不易。闲也与同心，遥指南山石。自是数载来，下帷无闲隙。夜阑悄悄起，默诵无声息。读倦尝假寐，和衣不脱舄。”① 知女莫如父，真、闲两姐妹志向高远，她们超凡脱俗，离经叛道的个性在当时的社会中并不多见。

叶可羲既是何振岱的高足，又是他的义女。叶可羲天性爱竹，认为竹之美在韵，并以竹韵命名她的居所，何振岱对此极为称赏，特为她作《竹韵轩记》与《竹韵轩后记》两篇，并在《竹韵轩记》中写道：“以韵命竹，则斯语也，实前贤所未及。超农（可羲字超农）其诚深于竹趣也哉！且夫人生有群，语笑相亲，接者何限？而真知独契，则千百不一二。……一轩竹际，静憩寂处，世尘丝毫不令扰我，真天所谓入其庭，不见其人；披其帷，其人斯在。超农是已。勉之勉之！韵将在君，不仅在所托之物矣！”何振岱既对叶可羲高雅脱俗的禀赋予以赞赏，字里行间又寄托着对女弟子的期许。

刘蘅亦是何振岱最得意的女弟子之一。刘蘅，字蕙愔，号修明，祖籍福建长乐，生于1895年。刘蘅幼失怙恃，靠三位兄长拉扯成人。她酷爱读书，且心灵手巧，从小她一边做女红谋生，一边跟兄长读书识字，并学诗画。其兄刘元栋早年投身国民革命，加入了同盟会，是黄花岗死难烈士、“福建十杰”之一。在胞兄的影响下，刘蘅对国民革命有了朦胧的向往，有时还协助革命党人做通讯联络工作，如帮助散发反清传单等。在《我春室文集》中，何振岱与刘蘅的通

① 何振岱：《榕南梦影录·王寿昌》。

信最多，寄予的希望也最大。如《与刘生蕙愔》云：“画笔全是天地灵气，洁净精微。……欢喜快慰，不可言喻。要知老人不妄赞，妄赞害人。进境是好，不说亦是误人。假如弟之工夫未至，老人妄言已至，是大罪也。今能到此境，惟望精益求精。一艺之长无止境也。自满则止。有美不自知，亦无以守。吾弟一艺之美，于为师者有极大之光荣，弟其勉之。”《与刘生蕙愔》云：“岱衰老窃有志焉，若悠悠过日不知何以为人。客窗思之，心如火热，只望有志学子辅吾砥砺，斯则有以对天地、父母所生我者也。”又《答刘生蕙愔》云：“所云人事苦恼可想而知……以吾弟之聪明退一步想，未有心地不清凉者矣。……所靠得住而不转变者惟自己寸心……”闲暇之日，何振岱常邀弟子同往山游，有时半夜睡醒得一好题目就请刘蘅亦作一篇见示。

诗词作品颇得名家称赏是“八才女”扬誉八闽的重要原因，尤其是刘蘅、王真等人的诗词作品还得到陈宝琛、严复、陈衍、许承尧等名家的高度评价。真、闲两人所作诗词经何振岱陶铸，杂置何振岱集中，几乎难以辨认。姐妹二人的诗作曾得陈衍称许。陈衍云：“耐轩根柢陶、韦、王、孟，下逮阆仙、四灵，而绝句有极似荆公后山处，意笔能力避直致也。”① 其《蝉》云：“抱枝饮露自甘心，不为风多减却吟。犹恐晨朝搀俗韵，满林唱彻五更深。”全首从义山诗翻出。《梨花》云：“漫言桃李闹纷纷，不是梅花未许邻。犹似惜梅香故在，和香除却任清真。”此首用意用笔，极似诚斋。其《寒食》云：“紫陌依然御柳斜，春城无复五侯家。汉宫寂寂闻啼鸟，日暮东风犹落花。”何振岱批云：“渔洋学唐之作。”陈衍认为“此首乃耐轩压卷之

① 陈衍：《石遗室诗话》卷三十一，钱仲联编校《陈衍诗论合集》，第444、445页。

作，以二十八字写尽亡国景物，义山之‘半作障泥半作帆’，牧之之‘隔江犹唱后庭花’，不能过也。耐轩间关入都，不虚此行矣”①。坚庐诗闲适自喜，专学陶韦。其《十五夜》云：“炉冷花寒梦乍醒，冷然露气满中庭。”此与陈书“花浓月皎四更时”句同意。何振岱在《竹韵轩词序》中云：“叶生可羲生长名门，赋秉颖异，能为文赋及古近体诗，尤喜为词。学北宋而去其嚣，近南宋而濯其腻，益以深刻之思，幽窅之趣，远追济南，近驾长洲，无多让也。”对叶可羲的才情很是欣赏。

20世纪二三十年代，刘蘅随丈夫旅居京华十余载，先后师从陈衍、何振岱。她的诗画天才深得同光派诸名家的赏识。陈宝琛称其诗“开卷一片青光，写景言情，皆能出于酝藉……诗有山水之音，无脂粉之味也”。回到故里后，又继续到寿香社学习。当时寿香社同学每月例行一次雅集，尽文酒之欢。1933年花朝（即农历二月十二，相传为百花生日）这天，同学10余人聚在刘蘅的蕙愔阁内雅集，以“春宵闻雁”命题，各赋七绝一首。刘蘅当场赋得《江村闻雁》：“花香月影浸柴门，夜色迷离画水村，惟有雁声无著处，著人心上断人魂。”并以此作画了一幅《春宵闻雁图》而广其义。这幅作品立时在众名家中争相传阅，陈宝琛、陈衍、何振岱等13位名儒纷纷为画题辞作序，在当时的文坛传为佳话。何振岱《题蕙因水轩宴坐图》云：

宿霭结夕阴，晴岚养山翠。塔远露微尖，松高翻细吹。渔翁蚱蜢舟，翛然来水次。野禽点雪翎，岸蓼垂脂穗。自非画中人，孰识秋江意？万象草堂前，宴坐与无际。

① 陈衍：《石遗室诗话》卷三十一，钱仲联编校《陈衍诗论合集》，第444、445页。

何振岱《与刘生蕙愔八则》中的第五则写道："看弟之诗，亦极进步，上海南京诸名人览弟诗皆极称许，以为无上妙品也。"诚然，刘蘅诗作功力不凡，与其自身的勤奋分不开，但恩师的指点常常能点铁成金，为诗作增色不少。何曦曾于1939年腊月初五日的日记中写道："见蕙愔所作小调，词极平庸且无说。父为之改削数字，竟成佳篇，真所谓点铁成金者也。"①

三、言传身教惟勤学

"定无后悔唯勤学，各有前因莫羡人"。何振岱一生笃学、勤学，直到临终前夕，犹手不释卷，后人传为美谈。

何振岱从小因家境贫寒而励志勤学，但是，即使是在诗坛享有盛誉之后，何振岱也没有沾沾自喜，而是一如既往，精研学问，成为近代闽省学富五车的诗人、古文家。何振岱的勤学有如下特点：

首先，何振岱的勤学表现在惜时如金。对无事上门闲谈的人，何振岱犹为反感。他尝云："里中朋友，多善人而少激励之意。昔贤虽居困境，必有三五良友相聚讲学，未有无事到人家闲坐者。闲坐、闲谈废己日，亦以废他人之日，实有罪过。如此多识一人，多得一累，不若无友。然无闲谈之友可也；无辅仁之友，则必不可。"②《书毛稚黄先生语贻泽鍠》云："夫人虽日至忙，必有其间隙，即乘此一隙之间，回心反照，攫精钩微，则是处皆我为学之处，是时皆我为学之

① 何曦：《晴赏楼日记稿》，浙江文艺出版社2006年版，第158页。

② 何振岱：《与林生秋旸书　七则》，《何振岱集》，第52页。

何振岱夫妇自都南归至金陵与诸生合影

时。……人向学则心恒定，心定则气定而神亦常定。”在《答刘生蕙愔》中云：“吾侪离圣人之道几万里，思之汗下，惟兢兢业业学做好人耳。与古书为侣，所得甚多……光阴一失永不可追。吾每一展卷，即怕闲人来访，此意难说。”在何振岱看来，多读书多见理，以厚其根。一个人事情再多，如能强抽出两三小时温习旧书，也不至于虚度光阴。对于亲朋故旧之间的应酬邀请，何振岱亦坚辞不赴。如《谢友人招饮书》云：

> 古者亲朋相聚，必为酒食以合欢。读《伐木》之诗，知燕饮之事君子所不废。自古意浸微，费侈情泛，未见有欢之可合。仆自来京师，初亦稍从人饮，既思吾力不足酬答，来邀必坚辞，今已年余矣。人以其屡邀不至，久亦相忘，差足喜也。人生幸

得一日之闲，正可整理身心，研寻道妙。即不然，读书、弹琴、勘碑、习画，闲中正有忙事。仆素性迂疏，不善承人意，酒筵痴坐，有如木石。偶一启口，即恐迕人。况出乏车驴，有寒暑风尘之苦。每赴席回，身心俱病。彼有所不得已者为之，吾则何为仆仆也哉！足下诚念旧，逢佳时俱杯酒约商旧学，是所乐就耳。若兹盛筵多客，实非所宜。幸不见召，即所以爱我也。惟君谅之。

何振岱认为人生幸得一日之闲，可以整理身心，研寻道妙，于读书、弹琴、勘碑、习画中陶冶身心，不愿在觥筹交错的酒筵中染得身心俱病。“莫放春秋佳日去，最难风雨故人来”是清代大学者孙星衍撰写的一幅楹联，何振岱奉之为座右铭。

其次，何振岱的勤学在于不图名利。他曾云：“好学须看为何等学，托于文词著述，以市名利，虽白首不倦，其害世尤甚于不学。”① 《答陈生泽锽》云：“承示：为诗之道，不当专求之诗，而归重于为学、为人，此务本之言也。知此者盖鲜矣。”《无梦轩遗书序》云：“人生于世，及身建功立名，信乐事也。然必先存无欲功名之心……”文品即人品，何振岱一生淡泊名利，他常告诫学生，要学作诗，首先要学会做人。要建功立业，首先应存无欲功名之心。

再次，何振岱的勤学体现在活到老，学到老。他曾云：“老来于书不可离，然亦不必多。择其精要，取足研道理、养身心便好。……君欲看吾诗，已使人抄录，稍暇即寄。能见和一二篇，是所甚望也。”②

① 何振岱：《与林生秋旸书　七则》，《何振岱集》，第53页。

② 何振岱：《与林生秋旸书　七则》，《何振岱集》，第53页。

何振岱与弟子们

在《与刘生蕙愔》中云："岱衰老窃有志焉，若悠悠过日，不知何以为人。客窗思之，心如火热，只望有志学子辅吾砥砺，斯则有以对天地父母所生我者也。"《暗修篇寄赠林敦民》云："予衰年独处多病寡欢。惟闻故旧有苦学之人，不禁神魂飞越，恨未能径至其前一叩所得也。"《答高生子云》云："年逾八十，精神自是衰弱，极少出门，日间惟料理旧书或偃息耳。"《与高生子云》云："每日须另拨出两小时自修，此法试勉行之何如？愚年老体衰，天热更懒，幸少人来，则掩扉看书为乐。……"在《与耐轩、坚庐书》第二则中写道："琴与字必不可一日辍，两事最易荒，余每验而知之。方勤理他课，则早起了此两课，期无忘而已，亦不至夺他课也。画事先求熟，枯树勾山两种，若练到极熟，便有本领。予于此事颇有所悟，患在不熟。若夫气韵之美，胸次之妙，窃谓未减于古人。耐轩、坚庐其可证于斯言。近日弹《石上流泉》，有风湍松籁之趣，今年画事全不讲矣。每欲作画，辄遇一种可看之书，书一上手，便抛不下，不顾及画也。吾年老矣，只要胸中画趣氤氲，何必求之于纸上？”

最后，何振岱的勤学还表现在善学。何振岱在《与高生子云》中写道：“君温习何书，不必求多，以熟为主，积少成多，日增月盈，自然有益。”在何振岱看来，为学贵在循序渐进，厚积薄发，不可贪多求全，囫囵吞枣。善于学习的人常常不会自满，只要对自己有益的，即使是普通人，亦要不耻下问，虚心求教。如《赠吴家琼序》云：“夫学无穷也，善学者故常自不足，常自不足，故虽寻常人之言，苟其有裨于学，且节取焉。”《与高生子云》云：“此后更能多读多作，自然工夫日进，久之自名一家，乃意中事也。”《答王生德愔》云：“所云何日文字足以自立，此即有志之语。但此志培之使长，自然竿头日进，况有渊源、有根柢如君者乎？……约定三数人共治一经，或一子史，以有扎记批评为着实工夫，不特成己，兼可成人，亦功德也。《与刘生蕙愔》云：“独学无友孤陋寡闻，则非善为学者矣。”《与深儿》云：“望常读《语》《孟》，须句句烂熟，道理自出。”《答人论学书》云：“来书谓文野争端，欲有以通之。窃谓此可不必。文犹嘉谷，野乃槁壤，嘉谷养人，槁壤饲蚓，各有所宜。……吾辈虽甚清寒，决不令谋道之心因谋食而澮。道心常存，触处皆学，莹鉴在我，万景毕照，是非既明，趋向自定，其能退而加功，幸也。即不能，亦安然无所叹恨。”《语学视郜生季慈》云：“予少时求学无师，泛览先哲语学之言，则彼此不同，出而征诸当代之硕儒又各执所见。于是第就吾性所近者为之，犹觉未安也。数迁数改如途在歧，既而恍然，曰闽学肇始朱子，吾闽人奈何不学朱子，学朱子即学孔子……”《集益篇》简存自序云：“古今作者一篇之言悉符道旨，殆不数见；一篇中有数言、十数言，足深人思，已为难得。予与六经之言无敢摘要，以所垂训无非要也。子史则示要者多，集部较少矣。窃谓天下之书，其中理之言皆足取。以注经人有未专一经，先务泛览，非善学也；即专一经，凡书皆不观，亦不可谓之善学。予流览群书，每好摘要，虽一二言不忍舍弃。有时稽古，遇不可通；俄而若有悟，即在此一二言之。众人心思，浚我心思。盖读书之道有提要，有钩玄；提要者识全书之体段，钩玄者掇一书之精华。予览四部，不敢轻为品衡，惧吾识之未至。遇中理之言，无论古近必从摄取，所积不下百数十种，如阅繁市百货，取称心者，其肆主腴瘠、贤愚不问，此私意也。积私而善推之，即大公矣！奚以避为?”桃李不言，下自成蹊。何振岱言传身教，诲人不倦，以上所举均是何振岱治学经验之谈，对晚生后辈不无裨益。

何振岱勤学、善学的品格还可以从其晚年的作品、日记中窥见一斑。

《琴寄室记》是何振岱80岁高龄时的作品，文中写道：“予性耽书，老逢世乱，所至未尝废书，琴则不易随声，无从常理。今幸而稍稍宁息，吾年则已逾八十。”[①]1940年，何振岱已是74岁的古稀老人，这一年夏天，身患重疾的他在《庚辰病后随笔》里多处记录坚持临篆、阅书的过程。如十月十九日的日记中写道：“自今天始，常常习作篆，虽数十字亦胜。”[②]十一月初六的日记写道：“予每作书，皆有微悟，此后须常习无间。晚年学书，非求字好，写时心自然静，一益；有微悟，觉有新意，为之忘怀，又一益。”[③]同日他在日记里写道：“静中不作杂想，惟将古书咀嚼寻味有四通八达之妙，此境独喻不能以语

---

① 《何振岱集》，福建人民出版社2009年版，第105页。

② 《何振岱日记》，福建人民出版社2016年版，第483页。

③ 《何振岱日记》，第499页。

人。”[①] 从日记中可以看出，何振岱晚年坚持临魏碑、习篆，书法遒劲婉润，造诣臻于至境，列为闽省近代书法家之列当之无愧。同时何振岱身体力行，笔耕不辍，其晚年作于1937年至1949年的诗作近400首之多。

四、最难风雨故人来

何振岱是学生们的严师益友，学生亦视恩师如父。每逢生日，诸弟子恒具杯盘于花前，唱白石道人之《暗香》《疏影》词，为先生祝寿。1940年夏，74岁高龄的何振岱患重疾，女儿及诸女弟子不分昼夜，更番侍疾，何振岱得以从死神手中逃脱。大病初愈，何振岱作《六月沾暑大病，举家汹惧，既愈，书此记之》诗，其二云：

> 环我床前后，杂沓皆人语。不知何所云，相将久觇缕。是时正秋初，天气犹溽暑。诸生劳往还，衣巾透汗雨。深宵留视药，枯坐忍辛苦。隔窗见髻鬟，灯青夜已午。先师有至教，闻道乃可死。钝根无锐修，衰晚成深悔。有如徒死去，无闻将何以。不死戒蹉跎，誓心惜年纪。

大病初愈之后，何振岱感念的不仅仅是诸生的辛劳陪护，更重要的是先师“闻道乃可死”的教诲，于是发誓珍惜余下的光阴，不让岁月在蹉跎中度过。再一次表明了已届古稀之年的诗人惜时如金，勤学到老

① 《何振岱日记》，第500页。

何振岱夫妇、儿子及女弟子

的品格。

1948 年夏，福州发生空前大水灾。当年 6 月 20 日的福建《中央日报》以“洪祸袭榕，百年仅见”为题报道：“福州顷遭一百年来第二次最大洪水浩劫，倒塌房屋数以万计，惨遭压死及溺死之市民亦以千计，受灾者逾二十万人，财产物资之损失可能达四五十万以上，洪流系于十七晚开始登陆，十八日黎明疯狂冲入市里，以每小时高涨一尺二寸之速度，有如可怖之闪电，迅即浸入全市任何一个角落，使人猝不及防，市内南台商业区域内各区及广大之郊区尽成泽园，水深自二丈至数尺不等，仅于山、乌石山、仓前山高地及不及十分之一之较高地区得免于祸。洪流之巨，来势之猛，据将近百龄之老者言，仅清同治六年曾有同样情事，惟当日灾情则不若今日之惨烈。”何振岱家所住的南三官堂因地势低洼，水高将及屋檐。他逃命无路，不得已将两个木盆叠起，蹲在盆内，在水中飘荡了一夜。翌早水势更猛，幸亏其女弟子王真雇了一艘小船，径驶入何家，将老人抢救出来，送往仙塔路自己家中。

遭遇如此特大水灾，何振岱作《洪水行》以纪之。诗前小序写道："家居理旧书约十数万卷，聊以娱老。大水骤至，涨至丈余。合家聚一廊隙，予则盘坐柴盆中，饿两日不粒食，被救乃出，至王耐轩家。足弱连跌，遂病多日，始归吾庐。数十年不被水，此次殊出意外，病粗愈，书此纪之。"全诗如下：

> 吾州迩海水恒通，西北洪流胥向东。一桥横亘如长虹，水来无阻奔大江。何人拆桥务宽阔，以便驰驱装广辙？蛟飞鼍怒势莫当，不信桥门受郁遏。水流入市成洪涛，遍淹民庐丈许高。吾衰弯身木盆里，两日得船从遁逃。才近高原躬始直，耄年久饿孱无力。支床欲起忽踣地，病困呻吟难转侧。主人热灶炊黄粱，十步之外闻饭香。充饥无禁恣饮啜，少饫已转孱为康。旬朝试步笑至衽，乘筏归来幸宁寝。墙倾壁圮且徐计，买鱼饫餐还欹枕。

据何振岱弟子郑倪《福州三大水灾记》记载："省城福州，在闽江北岸，即闽溪下游。闽溪两岸皆山，道狭流急，沿溪虽多滩石以杀其势，然每年五六月间，山洪暴发，夺滩而来下游疏泄不畅，则泛滥于西南二千余乡，波及城市。轻者信宿即退，重则成灾。"此次水灾"城中向无被水之高地，皆成泽国。市上泛舟，手可扪檐。圮墙倒屋，无处无之。死者数百人，田园损失，自不待言"。耄耋之年，何振岱遭遇如此大的自然灾害，幸得女弟子相救。万幸之余，诗人仍充满乐观的人生态度，值得钦佩。对于福州遭受的这场600年一遇的特大洪灾，远在南京的吴石闻讯后即伸出援手，他"邀在南京供职的闽籍官员商讨救灾方案，在争取中央政府拨粮救济的同时，发动所有在京供职闽籍官员，捐一月所得，集资赈灾”①。

1949年8月，对于福州老百姓来说是不同寻常的，因为这是福州将要解放的前夕。1949年8月14日，台湾总统府侍从室主任林蔚，奉命电召吴石赴台。当时吴石的好友吴仲禧考虑到吴石的安全，劝他就此留下，转赴解放区。但吴石坚决表示：“自己的决心已经下得太晚了，为人民做的事太少了，现在既然还有机会，个人风险算不了什么。”② 为了避免嫌疑，吴石的夫人王碧奎和两个小儿女也一同去了台湾，留下大儿子韶成、大女儿兰成在大陆。

此次赴台，吴石预感到与恩师一别，不知何时才能相见。于是临行前他专程到南三官堂看望恩师何振岱，并与之告别。他安慰老人不要害怕，日子会越过越好的。由于吴石与李济深的关系已引起蒋政权的怀疑，福州不能久留，8月15日，吴石在官邸密诏随从将298箱军事档案材料待福州解放后献给军管会。8月16日晨（福州解放的前一天），吴石乘军用专机由福州飞抵台湾。与此同时，吴石的副官、何振岱的第四子何维澄③ 也携夫人乘船赴台。

早在吴石在日本学习军事期间，何维澄亦东渡日本留学，毕业于日本早稻田大学经济系。他们在日期间亦有诗作唱和，如吴石的《和敦诚梅花原韵》《步敦诚原韵》等诗。吴石在《喜敦诚至》中记录了他们在日本相聚的情景：“相聚艰危里，还同异域游。看君襆被至，

---

① 郑立编：《吴石诗文集》，福建省文史研究馆2011年版，第362页。

② 吴仲禧：《勤奋好学　精诚效国——回忆吴石烈士》，《吴石将军英魂略》，第31、36页。

③ 何维澄（1905—1986），字敦诚，原任国民政府国防部参谋次长吴石的副官，新中国成立前夕赴台。赴台后的二三年间仍为军人身份，后在台湾“中央信托局”服务了约20年。

解我满腔愁。客意新梁韭，波光旧海虬。嘉言今共识，莫享但思修。”何维澄能诗、擅书，颇得何振岱的嘉许，有《敦诚诗稿》存世。何维澄曾是晚清民国时期艺术大师吴昌硕先生的入室弟子，从吴先生习书法、国画。何振岱曾在《敦诚诗稿》后的批语中说：“我向未曾教汝为之，汝能自得如此，亦可喜也。”原来何振岱学生众多，平日无暇顾及子女的学业，多是由何振岱夫人郑岚屏代教，因此夫人郑岚屏在教育子女方面是功不可没的。儿行千里母担忧，何维澄从日本留学回国后一直在国民党政府任职，与父母聚少离多。游子思亲隔海天，为寄新诗慰别愁。《敦诚诗稿》中思念家乡、想念父母的篇什写得情真意切。如《元宵得母寄诗敬步原韵》写道：“南回频说回仍未，却就诗中见母回。捧檄勤官怜乍试，挑灯懒读费曾催。春随爆竹声声到，心寄梅花蕊蕊开。只愿承欢无限日，黄封酒畅万年杯。”其《庚辰除夕感作》云：“屈指离家已十年，晨昏久旷叹依然。频频对妇谈亲貌，耿耿思乡待月圆。债在无心言守岁，春来有术望回天。炉薪不热官钱薄，菽水无由仕乃愆。”每次回故里与父母短暂的欢聚之后，何维澄又启程赴南京，毕竟公务在身，更何况是国难当头。他与吴石于重九日登临莫愁湖胜旗楼所作的《重九日同虞薰登莫愁湖胜棋楼》诗写道：“佳节登临异往时，俯看山影蘸凉漪。楼高似抱青云志，菊艳从无白眼姿。纵使茱萸能遍插，仍令异客倍亲思。欲凭国手支危局，但愿年年看胜棋。”何维澄与吴石一样，都期盼着共赴国难，一显身手。

去台后，吴石调任国防部参谋次长。9月，在吴石帮助下，在台执行任务的何遂取道香港回到祖国大陆。在随后的半年多时间里，吴石多次派人向共产党情报机构提供国民党军事机关及部队主官名册、国民党东南区驻军番号和人数，以及飞机、大炮、坦克的数量等重要情报。1950年1月29日，由于中共台湾工委书记蔡孝乾被捕后变节，中共台湾地下组织遭受严重破坏。[①]3月1日夜，吴石被捕。1950年6月10日下午，吴石在台北马场町慷慨就义。吴石将军临刑前仍没有忘记恩师，他在写于狱中的遗书里写道："壮岁旅居北燕，受业于何梅生先生之门，经义、诗词亦见精进，极蒙梅生夫子之赞许……"[②]并从容吟诗道："天意茫茫未可窥，遥遥世事更难知。平生殚力唯忠善，如此收场亦太悲。""五十七年一梦中，声名志业总成空。凭将一掬丹心在，泉下差堪对我翁。"[③]

吴石就义时何振岱已84岁高龄，家人生怕老人伤心过度，都秘不以告。1973年，河南省追认吴石为革命烈士。

① 郑立：《冷月无情——吴石传》，中共党史出版社2012年版，第382页。
② 《吴石将军狱中遗书》，《吴石将军英魂略》，第7页。
③ 《吴石将军狱中遗书》，《吴石将军英魂略》，第9页。

第五章　秉性刚爽　晚节无忝

一、修身律己重文气

何振岱素以道德文章见重于世，他注重修身养性，严于律己，同时又能济危扶困，坚持操守，以高尚的人格，深受人们的景仰。

何振岱非常重视人的道德修养，这一方面是受到恩师谢章铤的教诲，另一方面是与他对中国传统文化的造诣密不可分。谢章铤赠言何振岱三则中的第二则讲的正是人的道德修养，尤其是“居心戒猥琐，读书戒庸俗，不以毁誉为增损，不以得失为荣辱，尤不可崖岸不近人情”。这一番话可谓语重心长，对何振岱既是鼓励也是鞭策。因而，每年 11 月 23 日恩师生日，何振岱必设供三跪九叩，招学生共祭，即使是在垂暮之年，贫病交加的何振岱仍时时不忘祭奠恩师，这在何振岱之女何曦的《晴赏楼日记稿》中多处提及。如 1938 年农历 11 月 23 日日记载：“今日为谢枚如太夫子生日，家君备酒肴以供并请林芑洲、会伯、叶秋农便酌。”1939 年农历 11 月 23 日的日记中写道：“今日为父亲之先师谢枚如山长生辰，年年此日均有备酒肴供祭。本日亦深兒知悉小春廿八日書所述郭昭華女士聰慧知婉好舊學能作詩又喜畫與隸書品學俱佳在今日尤為希有相攸之意果出於其親庭便從諏吉定婚可也惟我家儒生風味諸凡清約須是事前說明免有後言且爾既得如此嘉耦並宜勉勵學業力圖上進用副女家待遇之盛心是吾之所厚望於爾者耳爾母亦與我同意書此並祝

吾兒平安

父振岱 母嵐屏 壬申建子之月自福州寄

何振岱给儿子何维深的信札

备十簋并腊梅、菊花两大瓶。请竹韵、道之、秋扬来同小酌。”同时向学生讲述恩师教学之要，以喻后学曰：“高明、沈潜，性情所近，学术各有偏至，惟持躬处世，求合于道而已。夫道者何？正心诚意，由经达史之义也。”[①] 这正是对《礼记·大学》中所说的“格物致知，诚意正心，修身、齐家、治国、平天下”一段话的引申。《礼记·大学》云：“古之欲明明德于天下者，先治其国，欲治其国者，先齐其家。欲齐其家者，先修其身。欲修其身者，先正其心。欲正其心者，先诚其意。欲诚其意者，先致其知。致知在格物。物格而后知至，知至而后意诚，意诚而后心正。心正而后身修，身修而后家齐，家齐而后国治，国治而后天下平。自天子以至于庶人，壹是皆以修身为本。”

何振岱认为人的道德修养是写好文章的关键。有了良好的道德修养，文章才能充实，才能光大。因此，他经常要求学生要详读韩愈的论文书，其中一个原因就是韩愈非常重视作家的道德修养。如韩愈云：“夫所谓文者，必有诸其中，是故君子慎其实。”[②]“养其根而俟其实，加其膏而希其光；根之茂者其实遂，膏之沃者其光晔。仁义之人，其言蔼如也。……道德之归也有日矣，况其外之文乎？”[③]“有诸其中”“养其根”，都是指个人的道德修养。

何振岱一生性耿介，薄仕宦，不慕名利，淡泊明志是他的人生修养观。他在《无梦轩遗书序》中云：“盖平世无奇功，治世无殊名，惟乱世为功名之会。是故豪杰之士急起承之，当其一往径前，成败利钝不暇深计，固不失为有志之士。自君子视之，虽堂堂正举，苟出于

① 叶可羲：《何梅叟先生传》（代作），第 23、24 页。

② 韩愈：《答尉迟生书》。

③ 韩愈：《答李翊书》。

为己之私利，则功名直为嗜欲之尤，纵使得志，亦不过猎取禄位自利而已。何者？世事不平，我心亦未平，以不平求平人心，何时得正天下？何日安乎？……”他在《日知录书后》中云：“总而言之，不穷经不足以立身，不明道不足以济世，经明行修，弗显于其身，必昌于后来，知斯意者，始可以读先生之书而窥先生之为人。”

做官非何振岱所愿，但他在文章中极力褒扬廉洁勤政的官吏，而对只图一己私利一味媚上的贪官予以严厉斥责与嘲讽。如在《佐制药言》《学治臆说》《病榻梦痕录》书后中云：“天下无不能育子之母，而有不能育民之官，不能子视其民，故不悉民之情，不悉其情，惟其意所欲为，斯颠倒错乱岂有终极。州县亲民之官，治之施于民也，近民之受治于官也，亦近今之州县。若用其揣摩上官之心，以揣摩民情，亦何治之不古。若惟其聪明才力尽用于媚上，而用其余于民，有并其余不肯用者，所以民日穷蹙而国以日敝，治之不可轻言如此乎？……”在《知己说》中云：“磊磊落落特立于天地而无得失之患，于其心何其伟也夫！”在《刘景屏先生暨德配陈夫人墓志铭并序》中，对刘景屏的官德给以充分的肯定。

何振岱与北京的大收藏家、曾任袁世凯管家的郭葆昌是亲家，郭的三女儿郭昭华是何振岱最小的儿媳妇。何振岱第五子何维深（字敦仁）自小随父母赴京，1931 年考入华北大学中画系，次年与同系花卉专业的郭昭华相识，两人情投意合。郭家当年为京城富豪，郭昭华是父亲五个女儿中最受宠的爱女，父亲对郭昭华的婚姻十分重视，早已为她定了天津督军之子。但郭昭华不顾父亲的强烈反对执意要与何敦仁相恋，郭昭华瞒着父亲每周必与自己相爱的人相见，二人约会于北京北海公园。北海公园环墙四周每几米便有一条长椅备以游客休息和观景，二人私下约定从沿环墙四周的第一张椅子开始，每次见面坐一张依次顺延直至最后一张，然后再换公园。郭昭华还时常带着恋人无视管家、佣人的惊奇眼光进入北京秦老胡同的郭宅，甚至拉着恋人的手猫着腰悄悄穿过在窗台前看书的父亲进入后花园。令何敦仁惊叹的是这个郭宅的一草一木竟然是自己多少次梦境中的场景，由此何敦仁明白了这就是缘，这个女孩就是自己的终身伴侣！面对女儿的执着父亲终于让步同意了这门亲事！正当两颗相爱的心兴奋不已等着大学毕业结婚时，1925 年刚刚毕业的何敦仁查出肺结核病三期。20 世纪 20 年代患此病等同判了死刑，父亲郭葆昌得知此事严厉地对女儿说：你的五妹、四妹未婚夫都死于肺结核病，你这门婚约必须退掉。父亲用手杖打在客厅中的红木条案上，条案被打出深深的一道痕迹！郭葆昌对女儿说：不分开你就跟这条案桌一个下场！郭昭华回答道：他若死了我出家，没死我都等！郭葆昌面对深爱的女儿泪流满面！何敦仁住进北京协和医院开始了漫长的治疗，郭昭华这一等就是整整三年一千多天。当时肺结核没有特效药，只能靠静养和增加营养以提高自身的免疫力抵抗细菌的侵蚀。郭昭华每隔一天必定为何敦仁送去不同的营养品，燕窝、沙鱼肚、鱼翅等，风雨无阻！①当时郭葆昌家私连城，富甲一方，家藏无数奇珍异宝。现珍藏于故宫博物院稀世珍宝《伯远帖》曾被郭葆昌的儿子郭昭俊抵押到海外银行。

故事发生在北平沦陷时期，有一天日本宪兵突然包围了京华十几个大富豪的家，公开勒索巨款，郭家也在其中。被围的那天上午，郭葆昌恰巧出门访友不在秦老胡同家中，大约半小时后日寇绑架了正在

① 何维深与郭昭华恋爱经历由何振岱孙女何靖供稿。何靖（1955—　），原福州市体育局公务员，现已退休。

学校读书的郭的独生子郭昭俊。此时被困在家里的只有郭的四女儿郭竽，她当时是燕京大学中文系的学生。郭竽见事态不妙当即电话找到郭葆昌并催其暂躲英国租界，郭在电话中明确表示，国既不保何论个人生命财产，唯独藏在家中的国宝《伯远帖》要女儿设法转移出来。在日军入侵北平之前，郭葆昌已将大部分收藏珍品存入北平的外国银行保险柜，而出于某种顾虑，《伯远帖》则始终置放在自己的床头，事到如今已是后悔莫及。正当他们为如何转移拿不定主意之际，电话被宪兵队切断了。

第二天一早，日寇又增加了围守士兵并送来索取十万银元的绑票通知。在这种情况下，日寇随时都可能进行抄家，而一旦抄家，《伯远帖》自然难逃厄运。在这紧急关头，郭竽毅然拟定了一个冒险的计划，她写了张纸条叫一个男佣人装作上街买菜送到了何维深家中（何维深当时住在北兵马司，距秦老胡同很近），于是按纸条上的计划演出了以下让人提心吊胆的一幕：

当天傍晚，郭竽装作清倒垃圾，将法帖用破烂报纸包了，在上面撒上煤灰及鱼肚菜叶之类的脏东西，果然顺利瞒过了围守日兵的检查，将它倒入位于胡同东头的垃圾筒中。过了约一刻钟，守候在胡同口已久的何维深一身拾破烂的打扮，提着破麻袋慢慢走近了垃圾筒……①

抗战胜利后，郭葆昌将大部分收藏文物捐给了当时的国民政府，而《伯远帖》则伴随到他生命的结束，最后立下遗嘱，该法帖为儿女多人共有，不得变卖。1949年昭俊舅举家迁居香港，并未经姊妹的同意，私下以80万港币抵押给英国一家银行。待到1951年押期将至，

① 何靖：《〈伯远帖〉历险记》，转引自《书法报》1991年8月14日第33期。

无钱赎回自觉有愧，于是通过熟人将口信传给了北京。①

1951年10月初，正在香港的徐伯郊得知此事，立即向郑振铎报告。徐伯郊又写信给故宫博物院院长马衡，马衡向周恩来总理报告此事的原委。1951年周恩来指示将《伯远帖》《中秋帖》购回，是年12月3日，《中秋帖》和《伯远帖》回到了北京。23日，“二希”在北海团城进行第一次展出，马叙伦、陈叔通、章伯钧等均在受邀之列。1951年12月27日，王冶秋将《中秋帖》和《伯远帖》交故宫博物院收藏。此帖与西晋陆机《平复帖》为现今两件晋人仅存书法，王羲之的书作只以临本、摹本和刻本的形式流传，没有一件真迹传世，王羲之家族只有王珣有短笺存世。

何振岱虽然家境贫困，但从不贪图非分之财，更没有从郭葆昌处得到任何好处。

古道热肠，乐善好施，对朋友极重义气也是何振岱的美德。他注

---

① 《伯远帖》为晋朝书法家王珣的墨宝，因首行有“伯远”二字，遂以帖名。全文5行47字，纸本，行书。清乾隆十一年（1746）《伯远帖》进入内府，清高宗将此帖与王献之的《中秋帖》以及王羲之的《快雪时晴帖》合称“三希”，一起放在养心殿的“三希堂”中。1911年以后至1924年溥仪出宫以前，《伯远帖》与《中秋帖》曾藏在敬懿皇贵妃所居的寿康宫，1924年11月5日，冯玉祥逼溥仪出宫，敬懿皇贵妃将此帖带出宫，私下将两帖送至北平后门桥外古董铺“品古斋”出售。北平四大收藏家之一的郭葆昌在“品古斋”购得《中秋帖》和《伯远帖》。郭葆昌向故宫博物院文物馆副馆长马衡、徐森玉和科长庄严允诺，百年之后将此二帖无条件归还故宫。郭葆昌死后此二帖归其子郭昭俊所有。1951年10月初，正在香港的徐伯郊得知此事，立即向郑振铎报告。徐伯郊又写信给故宫博物院院长马衡，马衡向周恩来总理报告此事的原委。1951年周恩来指示将《伯远帖》《中秋帖》购回，是年12月3日，《中秋帖》和《伯远帖》回到了北京。23日，“二希”在北海团城进行第一次展出，马叙伦、陈叔通、章伯钧等均在受邀之列。1951年12月27日，王冶秋将《中秋帖》和《伯远帖》交故宫博物院收藏。此帖与西晋陆机《平复帖》为现今两件晋人仅存书法，王羲之的书作只以临本、摹本和刻本的形式流传，没有一件真迹传世，王羲之家族只有王珣有短笺存世。https：//baike.so.com/doc/6409558-6623225.html。

重言传身教，经常以亲身经历教育子孙与弟子要恪守传统美德。何振岱性纯孝，值父母忌日，必涕泣致祭，终日不出户门，见者莫不感动。其《与儿孙述先祖晚年施人旧事》诗云："济贫宁为利，积券原虚文。懿哉我祖心，视才如浮云。初念本济人，人济我已欣。举券付之炬，毋累子若孙。宁云一念仁，留以庇后昆。行慈原所性，初无歧意存。世事有迁转，微施安足论。尔曹谨承之，愿勿忘吾言。"有一天，何振岱同他的女弟子叶可羲、刘蘅在福州庆城寺的一个大石臼里发现一个女弃婴。他看了十分同情，就吩咐佣人把弃婴抱回家喂养。后来这事不胫而走，接连有人直接把弃婴放在何振岱家门口。在不长的时间里，何振岱一共收养了六七个弃婴，她们都被送到闽侯县的"上门奶妈"那儿喂养，何振岱则按月发给这些"上门奶妈"喂养费。何振岱总是对他的弟子们说："人一落地，便是精灵，男女一样。弃婴之举，惨无人道。"①

患难见真情，何振岱对丱角之交施增乾的援助令人感动。施增乾，字子元，又号芝园，浙江嘉兴人。弱冠后援例得清流县典史。《心与诗话》云："子元十岁即能为小诗，予与君同庚。时方习试帖，见君所为好而学之。每囊饼饵同游，近郭山水必得诗以归。及君去为小官，踪迹遂断，垂老复遇则意境索然，一官损人，诗心如此，有《芝园残稿》一卷。"② 老友施增乾晚年穷愁潦倒，而何振岱却是鼎鼎有名的大文豪，但何振岱没有冷落老友，其《避兵野寺病中闻施子元自鹭江归书寄》云："归装略足御冬无，我亦僧庐病未苏。无酒肯来闲对否，药烟袅竹雨飘梧。"施子元则有《何心与以诗相勖奉答》《和

① 鲍国忠：《何振岱及其后人》，《福州晚报·家庭大观》，2000 年 10 月 28 日。

② 何振岱：《榕南梦影录·施增乾》。

心与》《心与贻诗相勖赋答》等诗与何振岱相酬唱。施增乾 1929 年去世时，家里一贫如洗，已无力安葬。何振岱冒着寒冬作画数帧，用卖画所得安葬故人及其老母。其《卖所画山水数帧得值寄葬故人施子元及其母氏》诗云："事有艰难始叹贫，偶然遂意亦缘因。残冬呵笔冰窗畔，卖得青山葬故人。"画虽有价，但情义无价，由此可见何振岱对友人患难与共的深情厚意。

言传身教，何振岱众多弟子铭记恩师的教诲与关怀，每逢恩师诞辰同门弟子常设位而祭。何振岱得意弟子郑侻《容楼诗集》中有《哭何南华夫子四首》《南华先师诞日设祭西湖宛在堂蕙因作画所居也》《忆何南华先师四首》《南华先师诞辰同门十三人设位而祭感赋二首》等作，王德愔《琴寄室诗词》亦有《梅师诞辰诸弟子宛在堂陈樽设供》诗。弟子们缅怀先师高风亮节，感念"语默皆春风"[①]、"至训可终身"[②]的师生之谊。其中《南华先师诞日，设祭西湖宛在堂，蕙因作画所居也》诗云：

> 十顷严高水，千秋宛在堂。玲珑若琼宇，在水之中央。中有工画者，所造靡等常。气韵殆天授，独立何苍茫？夙从南华游，亲炙岁月长。先师已云往，高风永难忘。兹辰逢诞降，设位荐馨香。十二同门友，瞻拜欲沾裳。春水涨新绿，寒梅流古芳。抚景各有感，歌唱相低昂。我昔陪杖履，来游烟水乡。堂中祀诗人，姓字犹能详。诗龛不可见，听事殊辉煌。何时复祭飨？英灵其来尝。

① 郑侻：《哭何南华夫子四首》，《容楼诗集》，福建省文史研究馆 2013 年版，第 54 页。
② 郑侻：《哭何南华夫子四首》，《容楼诗集》，福建省文史研究馆 2013 年版，第 54 页。

福州西湖宛在堂创建于明正德年间（1506—1521），取《诗经·蒹葭》中“宛在水中央”句而得名。清乾隆十三年（1748）黄任倡议复建并在堂中设立诗龛，奉祀福州诗人。清乾隆间（1736—1795），堂内设龛纪念福建诗人林鸿、郑善夫、傅汝舟等人。自隋唐至近代以来，对八闽历史有一定影响的福建诗人共270位入祀于宛在堂。1913年，陈衍与何振岱等人商议修复宛在堂，至1915年修竣。宛在堂修复后，陈衍曾题写“稍增东越湖山色，颇似西江宗派图”“杜诗韩笔愁来读，林月湖风相与清”楹联两副，并作《小西湖重建宛在堂记》一文以纪之。其间，陈衍力排众议，推举林则徐入祀获得交口称赞。当时有人认为林则徐已入祀李文定公（李纲）祠，不应再列入宛在堂诗龛。陈衍当即反驳说：“林文忠公诗文均高一格，如‘苟利国家生死以，岂因祸福避趋之。’坚持抗英销烟斗争，毫不动摇，是何等民族气节！又如《塞外杂咏》《镇远道中》等诗文，皆神工鬼斧，极其真切。古来诗人如欧阳修、苏东坡，何尝以事业掩其文章，对林文忠公亦应同样看待，还其诗人面目。”抗日战争前，为纪念先贤，每逢重三、重九、春分、秋分之时，社会显达、诗人雅士聚集于堂，把酒论诗，瞻拜敬仰。梅师弟子们在恩师诞辰之际，齐聚西湖宛在堂为恩师陈樽设供，是为了感念恩师的教诲，告慰恩师的英灵。

二、肝胆相照诗友情

在何振岱一生所交往的朋友中，有的是丱角之交，如柯鸿年、林坦西、施增乾；有的是莫逆之交，如郑容、龚葆銮、龚惕庵；有的则是远在千里的神交，如许承尧。

何振岱一生交友谨慎，不轻易与人打交道，他对交友之道颇有见地。在《原友》一文中写道："君子之于友也，考之于平日，验之于存心，观之于行事。既审之矣，然后进之以礼，接之以义，固之以诚。既深之矣，然后共业而有辅，同道而不孤，常则相依，变亦有待，又知其势之不能多也，故终身之交或惟一二人，至数人而极。而此一二人者，固非什百千万之可以等视也。以吾所见天下之士莫不有友，然有不移时而忘之者，倏誉、倏讪、倏亲、倏疏，其始合也苟，其终离也必仇。然则友也者，固难合者贵欤?"[①]

在何振岱看来，真正的朋友应该是光明磊落，言行一致，以诚相待，志同道合的君子。"君子"是孔子人学的理想人格，是"士子们"道德修养所努力的方向。孔子所提倡的以道义相交、忠信相处的朋友之道，孟子在此基础上提出"朋友有信"的人伦范畴，都是中国传统伦理道德思想体系中的重要原则，为历代儒家和知识分子所继承，成为中国古代优秀的道德文化遗产之一。何振岱的交友之道与孔孟朋友之道相吻合。因此，何振岱虽朋友不多，但所交均是志同道合，肝胆相照，情同弟兄的挚友。

孔子认为，"道不同，不相为谋"[②]。何振岱所交之友不是传统的血缘关系，也不是世俗的利益关系，而是对"道"有共同追求的志同道合者。何振岱七八岁便能诗，寝馈不辍 70 余年，视诗歌为生命，所结交的挚友均笃于诗。邻居郑容是何振岱垂髫结游，情同手足的诗友，少时便有诗名，偶出所为诗皆清新可喜。诗集中与郑容唱

---

① 《何振岱集》，第 13 页。

② 《论语 · 卫灵公》。

和的诗作最多，如《和无辨城东水榭见忆》《和无辨》《和无辨代棋》《答无辨秋池之约》《夜热和无辨》《和无辨夜坐》《无辨以野翁两字见称》《秋池示无辨》《同无辨秋池看月欲宿却返》《白湖归舟书示无辨》《和无辨看海棠》《小重阳日浴温泉忆郑无辨》《雨中忆无辨即题其稿》《景屏轩池上月夜赠无辨》等。丱角之友施增乾与何振岱同庚，10岁即能为小诗。两人相友，“方习试贴，见其所为，好而学之”①。幼年时，每偕游小西湖论诗。每囊饼饵同游近郭山水，必得诗以归。何振岱《和施芝园登邵武严羽诗话楼》中有“春雨虹桥对说诗，与君丱角照春漪……别才妙旨依严叟，洁志芳言托楚词”等句，即是两人论诗经历的写照。挚友龚葆銮尝云：“人生五经不熟无更可耻者。时时背诵诗经，不遗一字”②；尝与何振岱“约日课诗两首，阙则罚诗笺盆菊”③；“平生自言愿闭户读书十年，出游名山十年，归而著书以老。”④何振岱《九鹤惠诗有“等是苦贫还苦病，胜君一著病中闲”之句，书此奉答》云：“与君共志业，乃亦同贫病”；丙申年（1896）何振岱与龚葆銮“典衣置酒为诗，尽一日各得二十余首，命之曰《消夏集》”⑤。

为学之余，何振岱与诗友们常切磋诗艺，互相激励。如《催子元为诗》云：“少小吟诗琢句工，荒祠盆石赋芳丛。试搜箧衍云烟在，若理琴丝曲调同。嘉果有心期再实，青灯说旧味无穷。囊钱买酒须相就，五月榴花照面红。”施增乾《心与贻诗相勖赋答》云：“蹉跎复蹉

① 何振岱：《榕南梦影录·施增乾》。

② 何振岱：《何心与文集·龚碧琴行略》，《榕南梦影录》。

③ 何振岱：《何心与文集·龚碧琴行略》，《榕南梦影录》。

④ 何振岱：《何心与文集·龚碧琴行略》，《榕南梦影录》。

⑤ 何振岱：《何心与文集·龚碧琴行略》，《榕南梦影录》。

跎，恻恻谁与知。饥躯海中萍，飘然欲何之。惟有初心在，跬步防路歧。故人能勖我，白首有深期。我孱且振奋，君笃常扶持。驽骀志千里，羸步空自嗤。寸进胜于止，未敢嗟衰迟。酌酒用自庆，良友逾严师。”何振岱《箧中检得补祝百花生日文稿，为谢夫子手评者，恍惚五十年前意境也》云：“昔与龚碧琴，冠年偕励己。一书有精义，研索忘移晷。”何振岱评郑容诗“物外得佳想，为诗能清真。不肯落俗趣，已足窥古人。……纠诗固少严，君亦非无因”①。《题无辨斋诗》云：“独自一家安可废，清真淡雅几如君。”又如《劝无辨为诗》：

> 玄心妙境相蹑追，抟控不暇矧敢嬉。君看虫嗓吐秋丝，斗长矜巧皆等夷。我天自鸣万自吹，百生相违宁相诋？与子颜朱今鸡皮，念子好我如旧时。我不子笃还须谁？愿子从今掩双扉。谢绝百嗜专为诗，哀乐自取性情治。万一吾道当起衰，我语金石坚勿欺。

何振岱平生所交是道义相砥，过失相规的畏友；更是缓急可共，死生可托的密友。他喜欢兰花，尤其是素心兰花，交友则爱交素心人。他将朋友之间的情谊看得像山泉花溪，清澈透底；像和风细雨，润物无声。何振岱重情义，为人慷慨。所结交的诗友多是出身寒微，不慕富贵，蔑视科举的布衣。郑容曾因家贫，只好弃学习商。何振岱对他极为同情，虽自己并不富裕，仍慷慨解囊，使返为学。己亥年（1899），郑容“及谢赌棋先生门，先生见君（郑君）诗喜，曰才如郑生，盍出应试？君以不乐科举辞。一日天寒，先生手银数饼语予曰：

---

① 何振岱：《哭无辨》，《何振岱集》，第190页。

郑生衣薄授之使加棉也。君捧银泣曰师恩暖人，忍不受哉？自是益感激奋励。”[①] 其诗作甚为陈宝琛、郑孝胥所赏。

何振岱对朋友肝胆相照，赤诚相见。挚友去世，何振岱更是悲痛欲绝，以最真挚的情感来悼念他们。他曾说：“既引为友，则宜穷达聚散生死之不易其心。”[②] 即使是离开人世多年，何振岱也常常用诗歌来表达对他们的怀念。如《凤凰池边一石可坐，旧偕碧琴游塔江寺途中每憩此，重过黯然有作》云：

旧日洪塘路，离肠江水回。眼枯松底石，曾坐碧琴来。
失侣友世人，遭伤比饮镞。四海一碧琴，爱我如骨肉。
汝亦有谁与？秋坟自苦吟。孤魂违我梦，在日日相寻。
此石故依然，碧琴汝何处？深交不到头，人间罕全趣。

挚友郑容 1921 年卒，何振岱悲痛欲绝，在《哭无辨》（其一）中写道：“垂髫结游侣，相笃如弟兄。匆匆到中岁，风雨多离情。眼中我与汝，两鸟相哀鸣。寒枝有饮啄，信天无旁营。徘徊乡闾间，区区完幽贞。汝行忽不顾，一神还太清。邈然无所见，旷野余秋声。独怜昨宵梦，欢好如平生。”“园头秋已深，黄叶落如雨。栏杆不可凭，举目若遇汝。今年诚左计，层楼两居处。岂知千年别，换此一时聚。送我池之滨，欲去还延伫。故为此恋恋，凝目无深语。回首但凄清，俯仰成今古。老泪落汪汪，白云坠晴宇。”龚乾义是何振岱的又一挚友，诗集中怀念乾义的诗仅次于郑容，如《和华鬘在梅叟斋头啜茗长句》

① 何振岱：《何心与无辨斋诗后序》，《榕南梦影录》。
② 何振岱：《原友》，《何振岱集》，第 13 页。

《闰五月廿夜赴华鬘双骖园之约……》《忆旧再寄龚华鬘》《寄怀华鬘》《江楼待月寄怀华鬘》《追忆龚惕庵三事》等，龚乾义 1935 年卒，何振岱作《哭龚五惕庵》诗、《祭华鬘文》，均缠绵悱恻，凄切无限。

何振岱在《知己说》一文中写道："士不得于时，每怼无知己。其漫然相引者，则庆为知己。内不审己而外逐于物，往往然也。夫己必有以自信，而后人称之为当。苟无一可信，而信诸人之称己者非大惑乎？且己诚君子，人从而君子之，克称其实，是知己矣。己诚小人，人从而小人之，亦称其实，岂不为知己乎？今诚君子而受小人之名，则恶其人之不知己；诚小人而受君子之名，则喜其人为知己，则是知己也者。为偏于誉人而无实者也，为不足轻重者也。庸妄人漫相推引，非有道君子所宜有也。若夫君子之于己，浅深广狭早自审而得之，无希人知，亦非常人所得而知之，惟其自知明，故其知人亦明。不以人之见知为可庆，则亦无怼于人之不我知。磊磊落落，特立于天地而无得失之患，于其心何其伟也！夫挟一得之长，汲汲焉求知于人，不得意若无所容其身。呜呼，自非苟贱鲜耻之徒，奚忍出此哉！"何振岱对知己的论述切中肯綮，发人深省。

许承尧可谓是何振岱不常谋面的千里神交。承尧字疑庵，安徽歙县人。光绪三十年（1904）进士。官翰林院编修。早年诗学李贺、韩愈、卢仝诸家，能自创新意。晚年黄山游诗，极工。有《疑庵诗》14 卷。两人相知逾廿载，但相见只几回。廿余年间无经月无书信往来，"繁言大曲琴，简言无韵诗。达言庄蒙叟，逸言陆天随"[①]。1936年底，何振岱从北京返回福州，之前，金陵之学生故旧迎往南京，游览栖霞及金焦、维扬等名胜。许承尧闻何振岱南下，特到沪相会，前后一个

① 《哭许疑庵》，《何振岱集》，第 333、334 页。

多月。当时闽派诗人李宣龚筑硕果亭于上海，时有文宴，何振岱、许承尧与诸名流也多聚于李宣龚家，以文字相赏，过从莫逆。何振岱作《喜晤疑庵》云："临老朋欢如骨肉，真须一日面千回"；临别前作《留别疑庵》云："老色淡相照，孤馨如寒梅。自凭古肝胆，觃我好言词。甚恐偶遗忘，神听手笔之。持以书我绅，奉之为师资。黄山与闽海，耿耿心相随。身存会相见，为子哦唐诗。"皆为情至之语，可见两人交谊之深。何振岱曾自刻其诗《觉庐诗存》请许疑庵评阅，卷中每页上端有其亲笔评语。[①] 两人分别后不久，抗战爆发，"白首两相望，九载隔烽燧"[②]，只好期待"留命赏升平，幸存聊相思"[③]。1946年许承尧病逝，何振岱悲痛不已，其《哭许疑庵》云："省书不终纸，失声惟长号。"足见对挚友的真情。

何振岱治学之暇，搜集亡友遗作诗篇之未及刊印者，汇刻而成《榕南梦影录》二卷。何振岱云："学者以著述为生命。诗言志也；志之所托，湮没无闻，亡者能无憾乎？此后死之责，焉得辞！"[④]《榕南梦影录》二卷既寄托着何振岱对故友的深情，而且保存了不少珍贵的史料。

三、伉俪情深传佳话

何振岱与郑元昭于1894年喜结连理。郑元昭生长名门，知书达

① 顾国华：《文坛杂忆初编》，上海书店1999年版。

② 《哭许疑庵》，《何振岱集》，第333、334页。

③ 《哭许疑庵》，《何振岱集》，第333、334页。

④ 叶可羲：《何梅叟先生传》，《竹韵轩文集》第24页。

何振岱夫妇合影

理，从小在优裕的环境中成长，“父悦详谈经数节，母慈为整髻双鸦”①，是其少女时代生活的写照。青年时代，上门为郑元昭说媒的人不少。但她不慕富贵，对何振岱的为人与才华却情有独钟。婚后夫妻俩育有5子1女，生活过得简朴而又温馨，高雅而又充实。

（一）同甘共苦，举案齐眉

婚后，家庭重担全部落在何振岱身上。他上有老母，下有6个孩子，一家9口仅靠何振岱任教读所得微薄收入，生活拮据可想而知。作为出身名门的大家闺秀，郑元昭与丈夫同甘苦，共患难，承担起侍候年迈婆婆、抚养年幼儿女的重担，没有半点怨言。在艰难的生

① 郑元昭：《六月廿五日先父生日感作》，《何振岱集》，福建人民出版社2009年版，第480页。

活中，他们相互理解，相互鼓励，感情更加深厚。1922年秋，发生第二次闽粤战争，何振岱携家人避兵至上海，作《避兵野寺病中闻施子元自鹭江归书寄》《海上小除夕示岚君并怀子畴京师》等诗。其中《海上小除夕示岚君并怀子畴京师》云：

安能清简如前辈，但插梅花便过年？还佐新罇市鱼菜，已搜旅箧到钗钿。兵荒故里何人给？雨雪江楼作客便。有子京华贫似父，炉薪不热仰官钱。

1906年至1909年间，何振岱任藩署文案期间，郑元昭创作了不少闺情词，抒写了对丈夫的思念之情。如郑元昭的《渡江云》（夜雨寄怀心与南昌）云：

何振岱与夫人郑元昭

潺潺长夜雨，愁怀似旧，极目向遥天。锦衾薰不暖，更深睡浅，忘卸却花钿。千山绕梦，这离愁、依旧牵缠。问邻鸡、底须催晓？我是不曾眠。　　帘前。云痕烟色，晴未还疑，向遥空猜遍。人远也、微吟浅咏，只剩凄然。深情欲写怎生写？捏柔毫、辜负瑶笺。闲坐久，参来可是真禅？

《庆清朝》（月夜对菊，忆心与海上）云：

暝送清愁，天垂浅碧，疏帘怕卷宵晴。禁寒小坐，几丛楚白娟红。自理镜边青鬓，新花压髻晚香生。湘帘外，月痕似水，人影分明。　　岁岁登高有约，爱旧游芳侣，楼外闲凭。烹鲜把酒，赋诗底用催成？漫笑吾侪半老，讨秋还是旧游情。君归未？樽前携手，还约吟朋。

平日何振岱称元昭“岚弟”，元昭则称何振岱“吾师”。书信往来，字里行间充满浓浓的情意。现摘录三则何振岱写给爱妻的信：

1

岚屏吾弟雅鉴：第二号手书十八日午收到，喜慰喜慰。缮写过多得勿劳乎？想见客窗濡颖，虽倦不停。只期读书多闻为快，此义固可感，然亦使我弥不安。此后宜俟精神清爽时写，少倦即歇息，不可强勉……

2

岚弟雅鉴……弟之沪行日记写得极好，如见在船晨夕之景。

（下镇镇字改作锚字，官话谓之抛锚，即土音镇也）此行本以开拓见闻，藉资游历。念吾弟频年在家烦苦，不得安静，恰乘此机得安身心，以养体气，调天机。作诗、写字、看书、观理稍稍补我从前之憾。既至此地，即须放开心境，养性怡情，勿以家人挂虑。我自知卫养，不必悬思。凡人前事皆有前定，且尽人事，其余听天。光阴如箭，劝弟寻乐趣，读诗书，且求自适为是。至费用之款先将所带用之，以后我将每月薪水抽出卅元寄沪，必不缺吾弟之用。若能在外谋一席，则相聚犹乐。虽节俭过日亦乐。吾只祝吾弟长寿平安，为我道侣、吟侣立愿写经念佛改过迁善。求神天庇佑吾弟也！写信不必太多，多乃损神。君写几字以琐事命怡写之可也，牛乳照常食，吾体甚健足慰。夜亦早睡，相见在即，惟吾弟于饮食起居千万留意卫养，切切、切切。……

3

岚弟爱鉴：新寄来得第三、四号手书、日记、诗词喜如珍宝，既爱言详，又怜写苦，灯前再诵恍如对语。……时刻皆写信必见疲倦，以后宜限定每日某时写几行，记一节写一节，免一气写太辛勤也。……

从以上通信中可以看出何振岱对夫人郑元昭的饮食起居、读书写作可谓体贴入微，关怀备至，夫妻间感情之笃深由此可见一斑。

（二）夫唱妇随，相濡以沫

郑元昭亲友中夫唱妇随、相濡以沫的伉俪不少，其中，因“陈衍六姊为沈葆桢长子玮庆之继室”①，何振岱夫妇与陈衍有姻亲关系。萧道管作为同光派闽派首领陈衍的夫人，近代著名女作家，治学理财、相夫育子，与陈衍同甘共苦，感情甚笃。1888年，因家境极为窘迫，萧道管有裙7条尽入当铺，却毫无怨言。萧道管屡随陈衍出游各地，协助整理诗文著作，有时还代陈衍作诗填词，如《菩萨鬘》（书钱塘江上事代石遗赋）、《前调》（代石遗题淙芸夫人画石榴纨扇）、《摸鱼儿》（懊侬词代石遗赋）等即是。陈衍曾云：“衍不能文，酬应条陈之作必与商榷利病。多阅近人所译外国小说，辄指摘其罅病。……数十年来，夜寝必至四鼓，或深谈，遂以达曙。”②两人常联吟、联唱。1877年，陈书与陈芸敏编修、徐仲眉副将、

何振岱子女们

① 陈衍：《书仲容六姐事》，《陈石遗集》（上），福建人民出版社2001年版，第461页。

② 陈衍：《道安室事略》，萧道管《道安室杂文》。

叶损轩舍人“为降神之戏，夜夜净几明灯，倡和于沙盘木筏间”[①]。陈衍也参与其间，常彻晓不睡，其夫人萧道管也有和作。如今遗集中《绿梅》《水仙》诸作即是。骖鸾倡和集厚径寸，第二年春天，因陈书夫人李蓉仙病，此事遂废。萧道管去世后，陈衍作有《先室人行述》《道安室事略》《萧闲堂诗三百韵》，痛悼夫人。

与郑元昭年龄相仿的沈瑜庆长女沈鹊应是她的表妹。沈鹊应与林旭志趣相投，言诗论词，其乐融融。他们常常借诗词表达彼此间的恩爱之情。如沈鹊应的《洞仙歌·文君当垆》、林旭的《相知行》都是以司马相如与卓文君的故事为题而作的，同样都借用典故表达了对坚贞不渝爱情的追求。在亲友的影响下，郑元昭也十分爱好诗词创作，婚后她师从何振岱学诗，著有《天香室诗》近200首、词近百阕。郑元昭每作一诗，何振岱必亲手改定，夫妻间常赓和为乐。诗集中亦有两人的联句。如郑元昭《联吟》云：

花底添衣坐（梅），灯前检韵吟（岚）。暗香生翠袖（梅），春气逗重衾（岚）。无睡觉寒浅（梅），耽诗忘夜深。唱随真乐事，欢结百年心（岚）。

《夜雨》云：

夜雨潇潇隔幕闻，轻吹细炭拨炉薰（梅）。琉灯摇梦春风暖，忘却天寒到十分（岚）。东风小院绣帘垂，花气朦胧睡起迟。斜倚镜台云鬓懒，琉璃窗外雨丝丝。

---

① 《侯官陈石遗先生年谱卷一》，《陈石遗集》（下），第1950页。

有时何振岱写出一首诗的前两句，让元昭补足之。如《心与以瓶中残花置净土，因得“摘来良有情，弃去殊无恩”二句，命余足之》云：

摘来良有情，弃去殊无恩。世人类澹漠，孰是崇本源。敛拾入净土，小酹倾芳樽。香销意不泯，迹往情自存。

在何振岱的影响下，郑元昭一生勤奋、笃学，50余岁仍坚持读诗、作诗、弹琴，仅从郑元昭写于丙寅年（1926）的日记中可以看出①。如：

二月初十一日，……余读词选，王渔洋诗，记昨日事，六时诵经，补早晨未诵。

三月廿八日，早起梳洗，诵经，午后余自写诗数首。

九月初一日，晨起梳洗、诵经，理什事，弹琴。

九月初五日，……诵经，读陆放翁诗。

九月初六日，晨起掠鬓，盥漱，诵经，食麦片，诵陆诗。

九月初八日，七时起，掠鬓，盥漱毕，诵经……，吟哦得小词，午饭后续成一词，弹琴。

十月廿七日，八时起，盥漱，诵经，读词选。饭后倦睡一刻，理什事，弹琴。

郑元昭晚年还有诗作，如1937年还作有《丁丑人日寄怡儿北京》。

① 郑元昭：《岚屏北居日记》，《何振岱日记》，福建人民出版社2016年版，附录一。

1942年郑元昭病逝，何振岱遭巨大打击，“孤栖心绪分无告，咽泪吞声潜断肠”（《悲怀》）；“孤衾遥夜兼衰病，瘦损鳏鱼待语谁”（《孤夜》）；“结发云至爱，分手终惨凄”（《鳏绪》）；“独醒有恨凭谁说，久雨沉阴更鲜欢”（《独醒》）等诗句，足见何振岱内心之悲痛。晚年何振岱拟刊其妻遗诗，但因币值狂跌，屡作屡止，他毕生引以为恨。

四、不事外寇守气节

抗战爆发后，福州于1941—1944年间两次沦陷。日军飞机时来投弹骚扰，民众纷纷迁徙内地。民国卅年（1941）4月18日，日机20多架轮番轰炸长乐、连江、福州等地。20日，日军飞机对福州仓山进行轰炸，炸死平民一百余人。21日，福州沦于敌手。22日后盘踞福州市的日军对全市进行掠夺、杀烧、奸淫，东门外马鞍山等处成为杀人的场所。日军虐杀中国民众的方法有活埋、剥皮、电刑、枪毙、砍头、剖腹，还有灌水、灌煤油以及抛入河中溺死等。日军还规定每星期三、星期五为行乐日，散游街市强奸妇女，虽稚龄幼女、花甲老妪亦难幸免。

当时何振岱的学生刘森[①]特来福州迎何振岱夫妇，到闽清六都避难。由于何振岱不惯乡居，夫人又多病，不久搬回福州，住仓前山学生刘蘅家（淇园）。福州两度沦陷，何振岱贫病交加，生活极为拮据，“所恃卖文的收入及外间接济，都告断绝，几至断炊”[②]。他慨叹

---

① 刘森（1881—1940），原名我新，字蔼生，福建闽清人。清邑庠生。工诗能书，与何振岱相知卅载。有《伤蔼生》诗。

② 吴家琼：《故友何振岱生平事略》，第213页。

"无事投荒年纪老，绝无欢笑但咨嗟"①，"旧好夜吟今乃懒，羁栖心绪不曾宁"②。"缀文添作衰年债，罄箧难供市药钱"③，即是其窘迫生活的写照。

日本人占据福州后，慕何振岱之名欲聘他为顾问，遭何振岱严辞拒绝。他说：宁可挨饿，也不奉事外寇。抗战胜利后，国民党政府通令各省广征战时坚贞不屈之士，列为乡贤，规定应将该人士的履历表和事迹列表汇报中央，以凭褒奖。当时福州市府内定何振岱列第一名，送表格请他自填履历。何振岱接过此表，诚惶诚恐，坐卧不安，立写一函给吴家琼，云："顷奉市府函一封，非我兄惠临无可与商者，万望本刻即飞车降临，至望至望，如（必）无暇，明天七点望台驾必降，千万勿负鄙意，感不可言。"④吴家琼当晚赴宴归来，深知何振岱性急，假使不去，他必彻夜无眠，于是离家急赶，到何家已是晚上 11 时。因吴家琼时在市府任职，何老见到吴家琼后喜出望外，述及兹事，拱手作揖，请他善为说辞，"力向当局，坚谢不敏，求收回成命"⑤。当时报纸发表征求乡贤消息后，所谓知名之士极力奔走请托，多欲附骥，唯有何振岱避之唯恐不及。

1947 年蒋介石 60 岁生日，福建省政府主席刘建绪率僚制锦为寿，拟请何代其作贺寿文章，并送 3000 元（约值 5 石米）作润笔费，托吴家琼示意何振岱。吴家琼熟知何振岱不喜欢作此文章，即说："凡作一篇好文章、尤其是裔皇典重的体裁，必须精力充沛，方有可观，

① 何振岱：《梅溪偶题》，《何振岱集》，第 286 页。

② 何振岱：《村夜》，《何振岱集》，第 287 页。

③ 何振岱：《病榻偶书》，《何振岱集》，第 325 页。

④ 吴家琼：《故友何振岱生平事略》，第 213、214 页。

⑤ 吴家琼：《故友何振岱生平事略》，第 213、214 页。

历观各家文集，班班可考；否则江淹才尽，搜索枯肠，竭心力而为之，也觉黯然乏味。”①不料过了数天，《中央日报》报道：祝总统寿诞的文，将出古文家何振岱之手。何振岱阅报后寝食不安，函约吴家琼到他家中商量对策。吴说：“此事易办，假使有人再来相扰，可辞以病卧床榻。不移时，果有人来申前议，睹状乃不相强，改请陈易园执笔。”②

何振岱是一位有民族气节的诗人，在这一点上他与民族败类、汉奸郑孝胥、陈曾寿、梁鸿志等截然不同。何振岱在创作上曾称郑孝胥为“诗老”“我师”，彼此间亦有交游、应酬、诗文往来等。《郑孝胥日记》载：1918 年 9 月 16 日，何振岱高足高赞鼎（字迪庵，著名科学家、科普作家高士奇之父）在上海拜访郑孝胥，“自言将入柯贞贤之馆，示所作近诗。高乃同年高涵和之孙。又示何振岱梅生与高书云：‘海藏乃圣贤中人，可师法也。’”同年 11 月间，何振岱寓沪，与郑孝胥往来频繁，如 11 月 15 日，《郑孝胥日记》载：“鲁青来，求书爱苍（沈瑜庆 10 月在上海病逝）墓碑，余未归，留字而去；同来二人，林璧予及何君梅生振岱，有诗名。”11 月 16 日，郑孝胥在日记中载：“作答叔伊（陈衍）诗一首，携往视之，因与偕访何梅生，约十五日在宅晚饭。”12 月 5 日，《郑孝胥日记》载：“何梅生来，言即日归福州，赠余五言古诗一首，诗曰：‘读书希昔人，积念常无极。大贤生并世，安可失一觌？先生准孟氏，浩气天地塞。植躬正无枉，与人温可即。高楼压尘境，沈冥养龙德。廊菊流古馨，庭栝肖孤直。众废有独存，潜持见道力。微吟抱膝余，元音破啾唧。座隅穷问难，

① 吴家琼：《故友何振岱生平事略》，第 213、214 页。

② 吴家琼：《故友何振岱生平事略》，第 213、214 页。

溟涬孰窥测。深樽泻月明，归舟载颜色。’余语梅生曰：‘君为志局，能将近城名胜古迹别辑一书，可合同志数人题诗，摩刻使之流传于外，乃佳事也。’梅生询余，欲作书，有何新法。余曰，但取孔林诸碑及北碑墓志常常临写，必有奇意发生，或非吾所能测矣。”1920年6月28日，郑孝胥在日记中载：“至孟纳拉路仁胜里访何梅生，质钧亦来，遂同游半淞园，在小水阁坐谈。”同年7月3日的日记载：“何梅生来，言今日将返福州；约至一枝香午饭。”7月4日的日记载：“为何梅生书扇，曰：‘无入而不自得，非圣人不能言之。虽慕为君子，而检其胸次，常若不自得者，此必于流俗势利之见不能自遣故也。行乎贫贱，行乎夷狄患难，所行者何事也？爱人，仁也；损己，义也：行此而已。彼所自得者，不以所入而有异，必矣！’”

何振岱于1926年农历五月十五日的日记写道：

> 五点半起，为怡（女儿何曦）改诗数首，食牛乳，往看苏戡（郑孝胥字）。行至公园前雇车，至西安饭店坐谈。苏云：“不见两年矣，龙气很好。”（何）问“皇帝学问”，（苏）云：“每日强请讲《通鉴·纪事》，已至四十七本。时初为讲《大学衍义》，两日即止。上多小病……时事甚熟。劝其学拳不听。”片次，茶房进豆酪烧饼。（何）予云；“已用早点。”君乃自食，且谈。云“弢老初年，诗染陈龚习气，尘土多而蹊径大熟，不严删之，恐为全诗之累。晚年大进，字足意足。略略吐焉，笔又瘦硬，较南皮（张之洞）为胜。仁先（陈曾寿）诗清，而有禅理处，则野狐禅也。笔未挺，骨亦未坚，无初年诗气，理者多不佳。夏敌观则多隔膜，秋岳（黄濬）多渣滓，皆无奇矣。众异（梁鸿志）则肆无忌惮，妄自尊大，如四海知予霜满鬓之类，可笑。

> 高涤庵却有内心，惟一下笔则陈陈相因。”问予多作诗否？（何）曰：“去年约近百篇。”曰：“多为人乎？且皆自为之。”曰：“须是自为之好。”曰：“南皮晚语弢老（陈宝琛）云：‘有新作学问方法否？’曰：‘无之’，曰：‘《左传》有用，宋学有用，诗则白香山有用。须香山骨里与韩同。’”

由何、郑两人的日记所载可知，作为同光派闽派的后劲，何振岱对郑孝胥原本是非常尊敬的。但当郑孝胥投靠日本人后，为明心志，他把昔日与郑孝胥等汉奸往来的书札、诗文悉数烧毁，即使是上乘之作也不录入诗文集中。梁鸿志[1]曾是何振岱的学生。梁鸿志未下水时，何振岱曾告诉吴家琼：“梁鸿志幼时有句云‘愿母信儿言，儿出天下平’，长老惊叹不已，咸以远器期之，我不谓然。‘欲当大任，须是笃实’，世有大言不惭，而能治国平天下乎？适得其反耳！”[2]

抗战胜利后，何振岱作《胜利之后，守真数惠书牍，书此奉寄》（丙戌）云：“人生歌有志，白黑区凫鹄。慎毋盼苟同，一任达所欲。跫然罕足音，我居自岩谷。”由此可见何振岱秉性刚爽，爱憎分明的节操。

德高为师，身正为范。何振岱的民族气节深深地影响了他的学生们。弟子郑侻（1881—1966），字倜余，为何振岱入室弟子，诗词及

---

① 梁鸿志（1882—1946），字众异，原字仲毅，原号迺叟。福建长乐人。梁章钜曾孙。清光绪三十一年（1905）入京师大学堂就读，毕业后曾任科长、教员。北洋政府时期，投靠段祺瑞，任法制局参事兼京畿卫戍司令部秘书长、肃政使等职。1924年11月任段祺瑞临时执政府秘书长。抗日战争期间，于1938年3月任南京伪中华民国维新政府行政院院长兼交通部长，先后与日本签订一系列卖国协定。1946年6月以叛国罪被判处死刑。著有《爰居阁诗集》《入狱集》《待死集》。

② 吴家琼：《故友何振岱生平事略》，第213、214页。

书法深得何师称赏。1941 年 4 月，福州第一次沦陷，日本侵略军得知郑傥精通日语，“登门欲胁迫其参加‘维持会’，他宁死不屈，并机智地寻隙逃往郊区。……他长叹曰：‘吾堂堂中华之子，岂能作此丧宗辱祖的汉奸耶！’”①

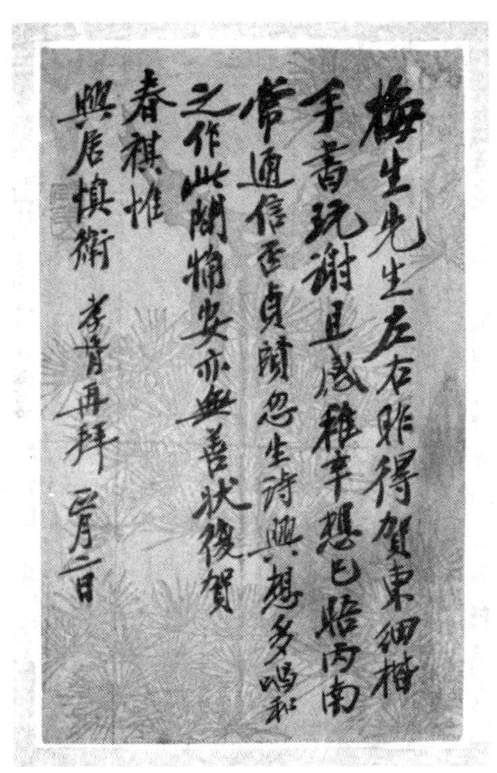
梅生先生左右昨得賀東細楷
手書玩謝且感稚章想已臨丙南
常通信否貞蹟忽生詩興想多唱和
之作此間粗安亦無善狀復賀
春祺惟
興居慎衛　孝胥再拜　正月二日

郑孝胥给何振岱的信札

① 郑傥：《容楼诗集》，福建省文史研究馆 2013 年版，第 317 页。

第六章　闽派殿军　独树一帜

一、幽微淡远尚性情

何振岱的诗学观散见于他的论诗诗以及与友人、弟子的书信中，其主要观点如下：

其一，何振岱论诗宗尚性情。《与张生子仲书》中云："君人品、性情皆纯笃逾常，此乃作诗之本也"①；《与人论诗书》中云："诗之贵有力量，固矣！然力量正自无穷。诗至老杜，力量殆无与敌。等而上之，如雅、如骚、如汉魏诸巨制，尚有杜所不及者；杜以下学杜者，力量多不及杜，亦各自名一家。盖力量不同，而性情则未尝大异也。天之赋人性情也，犹山川草木之有生气也。……今为诗者，必责人人能雅、颂，能韩、杜；则三百篇不可有风诗，而唐宋数大家外诸名家皆可废矣。……且吾非谓力量之可不贵厚也，力量之厚必自修性情始。性情修，乃能读书积理以昌其文。……老杜固自言读破万卷矣，

① 何振岱：《与张生子仲书》，《何振岱集》，福建人民出版社 2009 年版，第 85 页。

东坡于《两汉书》《文选》皆经手写。此岂无静功者所能？肯读与写，即所谓修其性情而力量亦在其中矣。予亦忧性情之不治，无力量不足之忧也。”[①] 何振岱认为诗贵有力量，力量之厚必自修性情始，而性情才是诗的本源和灵魂。清代袁枚在《寄怀钱屿沙方伯予告归里》中云“性情以外本无诗”，并强调性情与才气、学识并重。与袁枚有所不同的是，何振岱更突出了性情的作用，他认为只有修炼性情才能读书积理而富有学识，具备了性情、学识，力量自然就蕴含其中。

其二，何振岱作诗不喜用典。喜用僻典、语言艰涩，是“同光体”诗人一种较普遍的倾向。如同光派闽派前期重要诗人沈瑜庆作诗喜用《左传》典故，王赓《今传是楼诗话》云：“涛园生平熟读《左传》、坡集，得力最久。每以入诗。海藏楼挽诗，所谓‘共推《左》癖如元凯，酷慕诗流作老坡’者也。”[②] 郑孝胥认为沈瑜庆的诗近于苏轼，但又有《左传》癖。李宣龚《涛园诗集·跋》云：“生平熟读《左氏传》，往往运用若己出。”[③] 何振岱却不同于闽派诗人。他作诗不喜用典，他在《与李生心玉书二则》中说：“用功宜专从意趣上探讨，勿贪用典实为是。……因用典不能十分切合，不如用意抒写之为得也。”[④] 在《答所亲书》中说：“诗以写性情，与数典何关？”“杜甫称读‘书破万卷’，而佳处不在用典”[⑤]，并认为“大概读书多，蕴趣足，自然华实兼至。不然者，典与不典全无是处”[⑥]。

---

① 何振岱：《与人论诗书》，《何振岱集》，第 73、74 页。

② 沈瑜庆等：《涛园集》（外二种），福建人民出版社 2010 年版，第 319—320 页。

③ 李宣龚：《涛园诗集·跋》，《李宣龚诗文集》，华东师范大学出版社 2009 年版，第 332 页。

④ 何振岱：《与李生心玉书二则》，《何振岱集》，第 54 页。

⑤ 何振岱：《答所亲书》，《何振岱集》，第 76 页。

⑥ 何振岱：《答所亲书》，《何振岱集》，第 76 页。

其三，为诗之道，不当专求之诗而归重于为学为人。何振岱认为作诗非有学问根柢不可，要博及群书，在这一点上，他赞成陈衍提出的诗“有别才而又关学”的观点。他在《不学博依不能安诗论》中云：“夫言之而成文、歌之而成声者，必非强不素习而使然也。强不素习而使然，吾知支绌之状必有受之辞命者矣。何者？诗之为体，六义兼备。三百篇所传，比兴居多。其径言之而不达者，则为委曲以达之，委曲之至，而众理赅矣。又有委曲之不能明者，则多方设喻以明之，设喻之广，而一理又贯矣，此必其善状人情、巧穷物理者也。今第以风诗言之：或言天文，或数舆地，或镂括禽鱼草木，皆曲尽情状，虽云妇人所咏，里俗之谣，然非素习之精，措词必不如是周美。而雅颂之出于文人学士手者无论已。《学记》所言：‘不学博依不能安诗。’安者，言其素习然也。学者广求譬喻而使安者也。不学，则空言无征，尽言寡意，其能安六义之旨而成文成声乎？后之学诗者动以议论参之，既非博依之旨而又嫌于径直无余。呜呼！涩体兴，古音废，乐府旷，正始乖，竟陵、公安之派满天下，况三百篇乎哉？”①

其四，诗贵有独知独觉，忌模仿。何振岱《延晖楼诗草序》云：“吾非谓诗境必限于一端而无所事学也。学焉得其性之所近，而更广其才之所未及，斯益贵矣。若学而徒效千人之所为，则又奚贵其为学哉？昔唐僧贯休诗为韦公所赏，既而力摹韦体，韦见之曰：‘子失其故步也，绝不足观矣！’盖亦恶其自失故步也。”②《与陈生泽锽》第五则云：“凡看一家诗，观其所独觉，而知其所独具者，已得大概。若第寻求于字句之间，斯失之矣。所贵乎为诗者，以其应时触景皆有独

① 何振岱：《不学博依不能安诗论》，《何振岱集》，第 8、9 页。

② 何振岱：《延晖楼诗草序》，《何振岱集》，第 31 页。

觉也。凡人自幼至老，景光万变，即一晨夕间亦然。懵懵者与变俱往，了无所觉，为足叹耳。”①

其五，诗之为道以雅洁为先，雅而洁，则离俗远，离俗远则去古弥近。根基大定之后，变化从心，那复有成规之可循。《与刘生蕙愔》第六则云：“诗、文、字三事最忌俗，一俗虽千好万好都算不好。何以谓之俗？无灵气耳。灵气是先天带来的。”②

陈衍曾说：“乡人中能为深微淡远之诗者，有何梅生。非惟淡远，时复浓至。其用力于柳州、郊、岛、圣俞、后山者，皆颇哜其胾也。”③何振岱诗歌不仅具有闽派青苍幽峭的诗风，其特出之处还在于他追求疏宕幽逸、深微淡远的美学风格。《疏雨》一诗的后四句写道：“一雨添秋疏胜密，正似龙门史公笔。翻江倒海岂不能？著语有时在幽逸。”秋天的疏雨比密雨更让人觉得清爽、惬意，诗人由耳闻稀疏的雨声联想到文章的疏宕胜于繁密，进而赞赏司马迁文笔的“遒逸疏宕”，表明了何振岱的诗歌美学倾向。陈庆元先生认为“何振岱诗疏宕幽逸是与神理紧密联系在一起的。所谓‘深微淡远’的‘深微’，就是极富神理；‘深微淡远’，就是极富神理的淡远”④。而且何振岱的深微淡远“既不是王维式，也不是刘长卿式，而仍然是宋诗式的”⑤。

何振岱于1904—1908年间两次游杭州，创作了最能体现“幽微淡远”风格的诗作十余首。《孤山独坐雪意甚足》是最受名家称赏的上乘之作。全诗如下：

---

① 何振岱：《与陈生泽锽五则》，《何振岱集》，第56页。

② 何振岱：《与刘生蕙愔八则》，《何振岱集》，第63页。

③ 陈衍：《石遗室诗话》卷六，钱仲联编校《陈衍诗论合集》，第83页。

④ 陈庆元：《论同光派闽派》，《诗词研究论集》，巴蜀书社1998年版，第335页。

⑤ 陈庆元：《论同光派闽派》，《诗词研究论集》，巴蜀书社1998年版，第335页。

山孤有客与徘徊，悄向幽亭藉绿苔。
钟定声依无际水，诗成意在欲开梅。
暮寒潜自湖心起，雪点疑随雨脚来。
一饮慰情宜早睡，两峰晓待玉成堆。

何振岱诗集中以孤山为题的还有《孤山喜晴》《孤山晓望》《别孤山梅花》《自杭州孤山归上海舟中读〈和靖集〉》《孤山旧望处》以及《孤山所得拳石犹存》等诗。孤山位于今杭州市西湖风景区旁，周围碧波环绕，花木葱茏，亭台楼榭错落有致，文物胜迹闻名遐迩。从诗题上看，《孤山独坐雪意甚足》写于冬天的傍晚，诗人置身山间，踏雪寻梅，孤山寺钟声的余音正如漫无边际的湖水悠悠而去，含苞欲放的梅花正是诗人寄托的诗意所在。宋代诗人林逋“梅妻鹤子”的清高自适，以及对梅的追求与向往，引发了诗人何振岱深深的共鸣。全诗意境幽微淡远，富有禅理。

何振岱在 1926 年农历四月廿三日的日记里写道对苏诗（苏轼诗歌）的看法，他认为“苏诗宏大，包涵甚广，中有精细处，诚大家也。读书多、胸次阔、才气大，会此三者，始成大家。舍此，任尔如何搬弄，总是小家伎俩也”①。

二、果能惨澹得生新

何振岱诗作主要保存在《觉庐诗存》（1938 年刊于福州）、《我

① 《何振岱日记》，福建人民出版社 2016 年版，第 29 页。

春室诗集》（1955年油印本）中，共有1000余首。其中，《觉庐诗存》7卷系丙子年（1936）前所作，即何振岱70岁以前的诗作；《我春室诗集》所存乃《觉庐诗存》补遗及丁丑（1937）至已丑（1949）所作；其庚寅（1950）至辛卯（1951）间诗稿不幸散佚。现存诗作是其20岁至82岁间的作品。从时间来看，可分为三个时期：

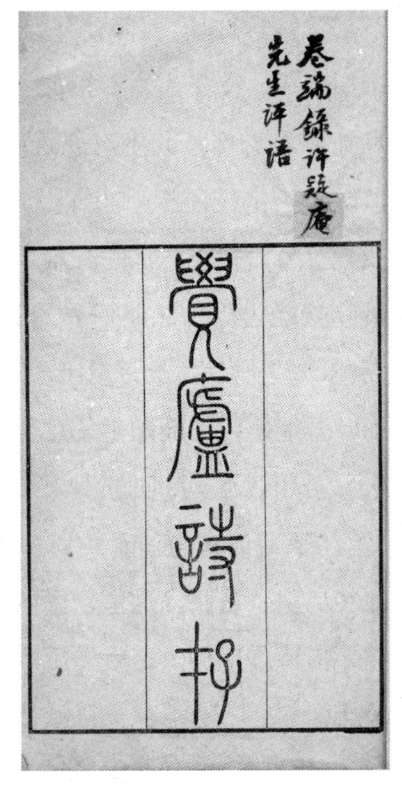

《觉庐诗存》

（一）辛亥革命前的诗歌创作

这一时期的诗歌主要保存在《觉庐诗存》之《橘春集》中，有诗100余首。何振岱年轻时与友人相笃为诗，“七八年各得诗三四百篇，乃又倡为流传不在多，少作不可不弃之说”[1]，因此《橘春集》中存诗虽少，但多为何振岱得意之作。

何振岱诗宗宋，对苏轼极为推崇，每逢东坡生日必分韵赋诗。如《东坡生日小集分赋》一诗云：“稽讨遗文但无际，此情常在瓣香中。”其不少诗作用意用笔甚似宋诗。其《孤山晓望》云：“菰蒲声中见人影，残月瘦竿挂笭箵。翠禽摘水作花飞，一行都上风篁岭。欲曙湖心天转黑，寒松无风如塔直。是谁唤起海霞高？红抹峰南转峰北。”此诗与苏轼的《舟中夜起》（微风萧萧吹菰蒲）一诗极为神似。原诗如

① 陈荃庵：《碧琴诗序》，何振岱《榕南梦影录·龚葆銮》。

下："微风萧萧吹菰蒲，开门看雨月满湖。舟人水鸟两同梦，大鱼惊窜如奔狐。夜深人物不相管，我独形影相嬉娱。暗潮生渚吊寒蚓，落月挂柳看悬蛛。此生忽忽忧患里，清境过眼能须臾。鸡鸣钟动百鸟散，船头击鼓还相呼。"此外，《夏夜不睡，引觞独酌》云："夏殊不浅气犹寒，夜岂忘深睡故难。小具杯觞惟劝影，了无踪迹与追欢。萧萧叶吹能为雨，滟滟栀香乃胜兰。百态陆离聊复尔，将心何处与渠安?"似白居易、杨万里闲适之作。其《江阁望狷生去舟》云："去帆那叶吾能辨，江阁潮生著意看。他日归篷应过此，有谁为我恋阑干?"末二语用意用笔，曲折处甚似厉樊榭《燕子矶》诗，此诗末二句云："俯江亭上何人坐，看我扁舟望翠微"，14 字中，作四转折。意为看他在那里，看我在这里，看他看我也。厉诗写实景，是就上下两处著想，何诗是虚构，是就先后两时着想。何振岱不仅向作诗取法宋人的厉樊榭学习，对清代宋诗派重要诗人曾国藩的诗文，何振岱也极为称赏。其《读曾文正集》一诗云"文章巨刃足摩天"，何振岱的诗学倾向由此可见一斑。当然，何振岱也不是只宗宋，他对唐诗尤其是杜甫诗也极为推崇。如《病夜得诗，以左手书之》云：

> 左书殊自劲，伏枕写新诗。烛焰风高下，虫声秋系縻。
> 江湖将八月，志士有千思。一病无由奋，皇天肯放慈。

此诗学杜而得其精髓，深透耐人思。

何振岱很早就归心于佛法，且精通佛理，与禅僧时有往来。晚年更是日日焚香独坐，以禅诵为事。如《北居四友》云："余生何处为缘好，料理团蒲伴炷香"；《代柬王德愔》云"钟鼓随参愿莫违，便倚慧根勤佛事"。因此，其诗作深受禅风的影响，富有禅意和禅趣。何振岱于1904年至1908年间曾两次游杭，最能体现“深微淡远”这一特色的是作于此间的《孤山独坐雪意甚足》《寻灵隐寺》《冷泉亭》《重至灵隐寺》《理安寺》《鹤涧小坐》《理安寺泉》等诗。《孤山独坐雪意甚足》一诗曾书于陈衍扇头，见者无不极赏“钟定声依无际水，诗成意在欲开梅”一联，沈曾植等“尤爱其有禅理”①。《重至灵隐寺》云：“兴来倚石立移时，看竹听泉忘入寺”；《游长庆寺》云“山僧自是吟边物，只好遮林傍水看”，都极有神理。再请看《理安寺》一诗：

碧藓作花依古岑，幽丛不雨湿凉襟。
微香冉冉经声肃，万绿冥冥鹤迹深。
绝壑天光时隐见，一山秋气各晴阴。
灵僧荷笠穿云去，黄叶千峰不可寻。

诗人对冷色情有独钟，诗以“碧藓”“幽丛”起笔，苍翠之色充溢空间，空濛欲滴。“幽丛不雨湿凉襟”与王维的“山路元无雨，空翠湿人衣”（《山中》）异曲同工。“微香冉冉经声肃”句以声衬静，以“微香”“经声”落笔理安寺。五六两句以天光的时隐时见，秋气的阴晴不同衬托出深山古寺的雄奇和高险。末二句以千峰灵僧不可寻与“万绿冥冥鹤迹深”句形成对比，把读者带入微妙至深的禅境，传达出空灵缥缈的韵味。

由此可见，何振岱以“深微淡远”“疏宕幽逸”的独特风格在闽派中独树一帜。

---

① 陈衍：《石遗室诗话》卷六，钱仲联编校《陈衍诗论合集》，第84页。

（二）民国初至抗战前的诗歌创作

何振岱这一时期创作了近500首诗歌。这一时期，何振岱主要的诗兴是在自然风物和日常生活的情趣上面。他工于写景，尤其是诗中佳句不少，如《山中晚坐》中的“天压诸峰碧，楼蒸千树霞”句；《花朝钓鱼台忆去岁湖上之游》中的“鱼出吹开波面绿，莺流惊落岸边红”句；《中秋从沧趣老人宿钓鱼台》中的“池寒鱼有声，竹密虫潜唈”句；《晚游柏园》中的“拳鹊疏林依暖日，行鹅枯渚唼残冰”句，以上数句无论在炼句还是在炼意上都有独到之处。此外，这一时期的诗作中，清新、淡远、平和的诗歌意象明显增多，幽僻、峭厉的诗歌意象相对减少。如《白湖泛舟》：“篷背有香吹不断，橘花风里看凫鸥”；《晴意》：“水乡霜足秋菘美，沙岸烟疏晚橘明”；《石屋》：“闲甚村童凭短犊，悠然流水带栖鸦”；《晚步》：“微暖草根吹早绿，快晴林际放春姿”；《十三夜四鼓梅花下看月》：“月在花疏处，流辉作淡黄”等。在何振岱的眼中，极平常的生活内容和自然景物都蕴含着深刻的道理。如《湖上对雨》云：“人生淹滞待谁语？即事成欢聊纵赏”；《景屏轩池上月夜赠无辨》云：“有月不知春夜好，无家翻羡汝身轻”；《旧涛园忆养碧蜀中》云：“穷居娱寂真非易，投世求全又忍论”；《秦淮偶作》云：“莫倚轻晴信晓霞，颠风尚压柳枝斜”；《晨窗》云：“香烟不信轻纱隔，进退萦回自在飞。”

以上诗句会心微妙，富含哲理。这些诗中的哲理不是经过逻辑推导或议论分析所得，而是通过鲜明、生动的意象自然而然地表达出来，这使他的诗既有浓郁的生活气息，又富有理趣。与众不同的是：何振岱诗作虽极富神理，但“语能自造而出以自然，无艰涩之态”①，他的诗不用奇奥生僻的字句，也无密集的人文意象，使之迥然有别于闽派的其他诗人。

何振岱与同时代的诗人中，极心折许承尧，“有作必函许商正”②。许承尧《题何梅叟诗卷》前八句云：“梅叟诗心如嚼雪，净彻中边清在骨。因物赋形了无著，神理绵绵故超绝。冲然不废花竹喜，适尔时成山水悦。遥情澹契孤见赏，怀袖书陈香未歇。”清静、冲澹、富有神理是何振岱诗作的主要特色。

（三）抗战后至新中国成立前的诗歌创作

何振岱于1936年冬回到福州，从此没有离开过家乡。这一时期的诗歌创作见于《我春室诗集》中，由其后人及门生收集其未刊古文诗词遗稿，取其《题怡儿（按：即其女何曦）燕台花事笔记》结语“鸿濛入手我春在，群芳抽颖吟魂苏”诗意，名为《我春室集》，其中《我春室诗集》存诗400余首。

抗日战争爆发至新中国成立前的12年间，衰残之年的何振岱亲身经历了国破、妻亡以及福州两次城陷之痛，亲眼目睹了日寇的暴行，诗集中虽无激越慷慨的悲愤之音，但字里行间也时常流露出对动乱局势的隐忧。在《药园》一诗的序中，何振岱写道：“当此乱世何以济人？最上正人心，其次则救人之病。予不能医而好集验方，思于里中觅一亩地，杂种诸药，足以治人。病者，用以施人。……”面对动荡、险恶的局势，衰残之年的何振岱纵然胸怀大志，也无用武之地，他只能表达“愿教万类毋残蝥”③的善良愿望。

---

① 陈衍：《近代诗钞述评》，钱仲联编校《陈衍诗论合集》，第918页。

② 吴家琼：《故友何振岱生平事略》，第216页。

③ 何振岱：《赠襟宇》，《何振岱集》，第288页。

这一时期，何振岱的诗歌题材以寂居、孤游、独坐、晓梦、夜醒，离恨、悲怀、病苦以及吟咏、禅悦为主，以日常生活中蕴含的“独”“静”“闲”“适”“净”的情趣来表示对污浊、黑暗现实的厌恶、愤懑，同时用以排遣内心的忧伤、痛苦。“吾少读悟书，游心在方外。爱听灵源钟，襆被宿香界”①；“摊书还室处，习静求强身”②；“何事堪娱老，安闲是妙方”③；“向晚诸名流，联席复同醉”④；“耄期宜乐天，乘闲须作健”⑤。以上诗句即是这类生活的写照。

“诗无雕琢关天趣，饮自安徐爱有恒。”⑥正如何振岱所说，这时期的诗作极少用典，常常直抒“性情”，用浅易通俗的语言抒写自己的生活与感受。与诗作的内容相适应，这时期的诗歌常带有清寒孤寂的色彩、宁静淡远的格调、空灵隽永的韵味。无庸讳言，对于衰残之年的何振岱来说，心境老态，所作不出家居生活或唱酬应答的范围，缺乏现实社会内容，且境界狭窄，是其诗歌创作的局限。

何振岱曾拟将印行的诗集删去三分之一。他尝说：“诗不在多，以精为贵，假使过了数百年后，有人传诵我的诗二三首，吾愿足矣。”⑦正因为如此，何振岱能博取各家之所长，苦心锤炼，形成自身独特的诗风。钱仲联《近百年诗坛点将录》云：“读何梅生诗，如置身九溪十八涧间，隽秀刻炼，虽无弘伟之观，无愧山泽之癯。”此言甚为中肯。

---

① 何振岱：《积雨有怀梵辉上人》，《何振岱集》，第 375 页。

② 何振岱：《廿五晨》，《何振岱集》，第 365 页。

③ 何振岱：《西廊》，《何振岱集》，第 361 页。

④ 何振岱：《哭许疑庵》，《何振岱集》，第 334 页。

⑤ 何振岱：《寄慰襟宇亡书》，《何振岱集》，第 289 页。

⑥ 何振岱：《初四早雨》，《何振岱集》，第 368 页。

⑦ 吴家琼：《故友何振岱生平事略》，第 216 页。

三、雅洁婉曲之词章

何振岱青年时代即开始词的创作，在福建近代词坛亦有词名。有《我春室词集》1卷，存有不同时期的词作共150余首。综观何振岱的词作，既有人生苦闷的自我展示，也有缠绵悱恻情感的抒写，还有临远送归的酬赠唱答。内容不同，风格各异。

何振岱早年曾与芑洲等10人结词社（莲社）于乌石山双峰。双峰又称双峰梦，因山巅有两块巨石伏地，远望如两人沉睡于幻梦之间而得名。两石之后的凌霄台是乌石山的最高点，台面宽广，可容数百人。每逢重阳节，人们便在此登高揽胜、放飞风筝。何振岱常与词友在此分咏唱和，慷慨填词，借以抒发怀抱。

《翠楼吟》（乌石山寺新结词社，示同社者）写道：

> 沧海棋残，高楼笛罢，因谁立闲庭宇？哀歌元自遣，可漫怨玉笼鹦鹉。风前吟伫。便响震空山，年华非故。伤心语，零星掇拾，坠香尘土。旧侣。莲社迎人，傍双峰谈梦，筝将容与。昙天须法曲，愿牙版消除柔语。潮音如雨，带几点龛花，飘来香树。烟深处，浓阴一片，啼鹃何许？

从词中可以看出：青年时代的何振岱也曾怀有拳拳报国之心，悃悃忧民之意，渴望成就一番功业。词首“沧海棋残”暗指战事频仍，国势危如累卵。“年华非故”“坠香尘土”指时光飞逝，壮志难酬。请缨无路的词人只好将满腔悲愤化作伤心语。词的下片首句“旧侣，莲社迎人，傍双峰谈梦”借“双峰梦”之名，暗指词人心中建功立业之梦想。“笋”，此指悬挂钟磬鎛等乐器的横木。面对破碎的山河，词人“愿牙版消除柔语”，即以慷慨悲歌消除绮靡之音，以唤醒沉睡的国人。词尾以“烟深”“浓阴”“啼鹃”的凄怆悲凉之景抒发了对国事的忧虑以及壮志未酬的悲慨。

无法执戈横槊，沙场点兵，何振岱内心充满深沉的苦闷。但面对龌龊黑暗的现实，何振岱不愿同流合污，为名缰利锁所羁绊，心中不免产生戢影林壑之思。《水龙吟》（述怀）写道：

商量结个茅庵，偏宜林壑清幽处。两边种竹，中间供养，白衣仙姥。日日龛前，心香一瓣，敲通斋鼓。仗慈云垂荫，有情眷属，都成了、莲天侣。人世愁风愁雨，尽豪华、浑无真趣。怎如这里，花凭泉溉，菜和云煮。梦也忘机，醒还礼佛，有欢无苦。便从今永矢，乘光扣寂，闻思如遇。

虽然何振岱曾幻想过“花凭泉溉，菜和云煮。梦也忘机，醒还礼佛”的生活，但他并未忘世。请看《水龙吟》（日来消瘦殊甚，揽镜自惊，赋此寄慨）：

因谁苦费心魂，吟身更比春前瘦。虚消髀肉未成，勋业居然癯叟。俊赏浑忘，姿年难再，劳生依旧。只镜中凝睇，自家默喻，千般意、都孤负！那有升平时候？煽妖氛、龙虬方斗。早衰若我，关门息影，几时能彀？只自舒怀，中宵看剑，高楼呼酒。好加餐却念，羸躯久健，古来多有。

时日匆匆，转眼迟暮，揽镜自照，华发苍颜。“未成勋业居然癯叟”是深沉的慨叹，又是万般的无奈。下片“几时能彀”中的“彀”意指使劲张弓，以问句的形式表明词人仍执着于为国建立功业，抱负得以施展。但“千般意、都孤负”，词人只能“只自舒怀，中宵看剑，高楼呼酒。”生命等闲虚度的失落感和时不我待的紧迫感，交织在一起，词人郁结胸中已久的愤慨之情难以抑制，终于喷薄而出。在这一类词作中，最有特色的要数《高阳台·南昌夜闻大风》：

> 旋树才喧，排窗更厉，天公一噫难平。万窍同号，不知何处先鸣。凄钲怨铎都沉响，近深宵、瓦击垣倾。梦频惊，铁骑边驰，百万军声。平生浩荡江湖兴，记飞涛千顷，孤舶曾听。快意长风，犹疑鼓楫堪乘。几时短发催人老？看飘花、春晚江城。漫销凝，招鹤扶摇，梦绕青冥。

并非行伍出身的何振岱，笔端不仅呈现出“凄钲怨铎”“铁骑边驰，百万军声”等军事意象，而且词境雄豪壮阔，堪称奇峭之作。这在《我春室词集》中并不多见。

何振岱在《寿香社词钞小引》中云：“闽词盛于宋，衰于元明。清季梅崖、聚红两榭其杰然也。”

道光以来，福建有两个比较活跃的词社，一个是瓯宁许赓皞为首的梅崖词社，另一个是谢章铤为首的聚红词社。谢章铤于诗文之外，在词的创作和词学理论方面取得更为突出的成就。作为谢章铤的得意弟子，何振岱的词作方面也得益于谢的教诲不少。谢章铤在《赌旗山庄词话》卷五云：“诗词异其体调，不异其性情，诗无性情，不可谓诗。岂词独可以配黄俪白，摹风捉月了之乎？”也就是说，词无性情，不可谓词。何振岱论诗宗尚性情，对于词亦然。其《清安室词序》云："予昔居章门，与君论倚声之学，以为浚源风骚，无囿令、慢，含洁吐芳可以昭真性焉。"何振岱词作尚性灵，颇近纳兰性德的《饮水词》。

谢章铤对纳兰性德的词评价颇高，尝云："纳兰容若深于情者也。固不必刻画花间，俎豆兰畹，而一声河满，辄令人怅惘欲涕。"①《我春室词集》中既有读饮水词的《霜天晓角》，也有题饮水词的《八声甘州》，还有为题纳兰容若小影而作的《八声甘州》，可见何振岱对纳兰词的喜爱。

纳兰性德是清代初期的满族大词人，武英殿大学士明珠之长子。康熙十五年（1676）丙辰进士，官至一等侍卫。纳兰容若淡于荣利，好读书，笃于情性，善书、古文辞，尤工于词。词以小令见长，多感伤情调，间有雄浑之作。尤其是爱情词低回悠渺，执著缠绵，是其词作的重要题材。《纳兰词》初名《侧帽》，后改名《饮水词》。纳兰词三百多年来被吟唱不衰，曾经是"传写遍于村校邮壁"②，又是"家家争唱《饮水词》"③，"《侧帽》《饮水》之篇，在当时已有'井水吃处，无不争唱'"④。

在何振岱眼里，纳兰是一位集人格、道义、才情于一身的堂堂正正的男子，他将纳兰比作知音。《八声甘州》（题《饮水词》）写道：

---

① 《赌旗山庄词话》卷七，见《词话丛编》第4册。

② 徐乾学：《神道碑》，转引自张秉戍《纳兰词笺注·前言》，北京出版社1996年版，第21页。

③ 曹寅：《题楝亭夜话咏》，转引自张秉戍《纳兰词笺注·前言》，第21页。

④ 邵亭书：《通志堂集》后，转引自张秉戍《纳兰词笺注·前言》，第21页。

贮千生灵谛作闲愁，入世恁悲凉！向孤中觅侣，欢中忏恨，不是佯狂。一卷鸾龙高唱，云际落宫商。天下知音者，玄鬓须霜。为想人间修证，但未成圣果，离合心伤。这遍身兰气，化恨定潇湘。算消磨、炉香窗月，有冰丝、捻泪待深偿。悠悠对、樽前蛉赢，漫自猜量。

何振岱喜爱《饮水词》，是被纳兰的真情打动。请看何振岱的《霜天晓角》（读《饮水词》）：

相爱如身，相怜始是真。两两牵肠镌骨，算古也、不多人。
愿心互亲，莫求人绝尘。只恐炉香窗月，些少分、是前因。

纳兰是位多情善感的贵胄公子，爱情词是《饮水词》中数量最多、最具魅力的作品。他对爱妻一往情深，生死不渝。无论是写对妻子的怜爱和赞赏，还是描写与爱妻别后重逢的喜悦之情，都充满了真纯与诚挚。尤其是他的悼念亡妻之作，哀伤悲怆，缠绵幽咽，简直就是一位多情男子泣血的心声，令人不忍卒读。陈维崧谓：《饮水词》哀感玩艳，“得南唐二主之遗”①。

何振岱认为纳兰对妻子“两两牵肠镌骨”的至爱至诚之情感人肺腑，动人心魄，古往今来，像纳兰这样至情至性的男子却不算多。

沈祥龙在《论词随笔》中说：“主情之词，贵得其真。”况周颐在《蕙风词话》中亦云：“真字是词骨，情真景真，所作必佳。”纳兰词中的佳作正是以“情真”为人称道，以“情真”打动人心。在《我

① 转引自张秉戍《纳兰词笺注·前言》，第38页。

春室词集》中，有十余首抒写思念爱妻、悼念爱妻郑元昭的词作，同样是写真意，抒真情，甚至在艺术手法的运用上，都与纳兰词极为相似。如《琐窗寒》（九月廿二夜雨，强眠未着，赋寄内子海上，并约吴越之游）：

> 鸟暗吟林，蛩迟隐壁，更兼疏雨。凉秋静籁，独自闲听何趣？想天涯、小楼夜深，低鬟倚烛孤吟苦。是新寒时候，怜君未惯，异乡羁旅。凝伫。曾游处。有越水吴江，鱼波鸥溆。诗囊酒榼，早晚扁舟偕汝。好自谋、眠食平安，胜前口爱痴儿女。约归期、纵后黄花，犹及看红树。

思念妻子，不直接说出，却遥想妻子深夜低鬟倚烛，苦苦孤吟的情景，全从想象中落笔，运实于虚，借妻衬己，将一腔思念的情怀婉曲道出，则其思念之情就更显深透，更为生动感人。在《清平乐》（内子生日却寄）一词中，何振岱则以写梦的形式写梦中所见："娇儿拜母咿哑，新衫髻子盘鸦。为想薰香深坐，胆瓶新供莲花。"这就把词人思念爱妻和伤离怨别的情结表达得既深且婉，比直叙相思更动人。

1906年至1909年间，何振岱任藩署文案期间，郑元昭创作了不少的闺情词，抒写了对丈夫的思念之情。如郑元昭的《渡江云》（夜雨寄怀心与南昌）云：

> 潺潺长夜雨，愁怀似旧，极目向遥天。锦衾薰不暖，更深睡浅，忘卸却花钿。千山绕梦，这离愁、依旧牵缠。问邻鸡、底须催晓？我是不曾眠。　　帘前。云痕烟色，晴未还疑，向遥空猜遍。人远也、微吟浅咏，只剩凄然。深情欲写怎生写？捏

柔毫、辜负瑶笺。闲坐久、参来可是真禅？

《庆清朝》（月夜对菊，忆心与海上）云：

暝送清愁，天垂浅碧，疏帘怕卷宵晴。禁寒小坐，几丛楚白娟红。自理镜边青鬓，新花压髻晚香生。湘帘外、月痕似水，人影分明。　　岁岁登高有约，爱旧游芳侣，楼外闲凭，烹鲜把酒，赋诗底用催成？漫笑吾侪半老，讨秋还是旧游情。君归未？樽前携手，还约吟朋。

1942年郑元昭病逝，何振岱遭巨大打击，他抒写了多篇悼亡之作，篇篇哀伤悲怆，呜咽凄绝，表达了深挚绵长，生死不渝的恩爱情结。请看其中两首：

何物譬形神？结发夫妻总一身。同苦齐甘生已定，相亲。老去鳏居是半人。　　萧冷度昏晨，镜里灯前记笑颦。有尽欢情无限恨，轻分。水逝花飞万迹陈。

——《南乡子》

听久无声，看如有影，阴天初夕。搴帷悄立。早搬移旧床席。故衫敝袷存留着，认唾点、啼痕疏密。痛双身成只，昏尘掩镜，暗灯摇壁。　　踪迹。空追忆。只苦海匆忙，负伊岑寂。睁睁默默。多时孤坐垂膝。病中言语分明甚，道爱我、般般爱惜。这声影、只依稀，老泪怎生揾得？

——《月下笛》（旧房）

古人云："真者，精诚之至也。不精不诚，不能动人。故强哭者虽悲不哀，强怒者虽严不威，强亲者虽笑不和。真悲无声而哀，真怒未发而威，真亲未笑而和。真在内者，神动于外，是所以贵真也。"① 何振岱悼亡词最突出的特点就是"情真"，他竭至诚，倾肺腑，毫不掩饰地任真情在笔端倾泻。诗品如人品，何振岱一生没有三妻四妾，丧妻后也不再续娶，可见他对郑元昭的真挚赤诚，一往情深。

在《我春室词集》中，还有近10首专门刻画人物形象的词作，这也是何振岱词作的特色之一。如《八声甘州》（题纳兰容若小影）、《辘轳金井》（自题小影）、《满庭芳》（题清安小影）、《应天长》（题竹韵小影）、《双瑞莲》（题德愔韶年玉照）、《沁园春》（题道之道妆小影）、《买陂塘》（题明水小影）等即是。何振岱善于以人物外部细微情态的刻画去表现其深细的情愫和内心世界。

如《八声甘州》（题纳兰容若小影）写道：

> 淡无言摊卷向风前，愁思带罗飏。是燕台骏影，乌衣词客，玉貌堂堂。弹指清音隐见，天气木樨凉。栏石回环处，无限思量。人世孤心难写，依银筝瑶瑟，怨峡啼湘。问一生窗月，离聚几炉香？者心盟、如今犹耿，算幽亭、绿水未曾荒。依稀见、独沉吟里，人隔斜阳。

该词通过对纳兰神态描摹，巧妙地透露出纳兰内心悲凉伤感的意绪。而《烛影摇红》（剪发词为竹韵作）一词则写得清新活泼，别有风趣。如词中有"并剪声酣，绺云镜里消何处？新妆争说入时多，薄绾惊非

① 《庄子·渔父》。

故。莺燕而今漫妒。……省却晨梳，拢来一半轻如雾”等句，展示出年轻女子的可爱动人之处。

何振岱《竹韵轩词序》云：“尝谓女子之有慧心者，于诸体文字中学词最近。无论铁板铜琶与红牙按拍，取径不同，要其雅兴深情总不越意内言外之旨。”何振岱认为词贵有寄托，能蕴藉，从以上的分析中足以看出何振岱词作的这一特色。

四、同光闽派宜深论

同光派是晚清重要的诗歌流派。在对同光派诗歌的研究中，论者大多认同钱仲联先生的“三派”说。在三派中，闽派无论在诗歌创作还是在诗歌理论上乃至个人身世际遇和思想分野上，都是最活跃也最复杂的一支，有成就的诗人也最多。

对同光派闽派的研究，较早的主要有钱仲联先生的《论“同光体”》一文，文中对闽派的论述只占一小部分，未能展开作全面系统阐述。此外，陈子展《中国近代文学之变迁》中仅谈及郑孝胥一人之作；钱基博《现代中国文学史》言及陈衍、郑孝胥、陈宝琛、李宣龚等诗人；郭延礼《中国近代文学发展史》言及陈衍、郑孝胥、陈宝琛、沈瑜庆等，但只是点到即止。陈庆元先生是最早对闽派进行较系统全面研究的学者，他的《论同光派闽派》一文对同光派闽派的诗人、诗作和诗论作了考辨和切中肯綮的评价，给后来者指明了研究门径。比较而言，论者对陈衍的《石遗室诗话》探讨稍多，主要有钱仲联的《论“同光体”》、郑朝宗的《陈衍诗话》（《古代文学理论研究》第三辑）、刘世南的《清诗流派史》中《宋诗运动和同光体》一章、黄霖的《近代文学批评史》、卢善庆的《中国近代美学思想史》、香港吴淑钿的《近代宋诗派主体论探析》(《清代学术研讨会论文集》，1993）及《清代同光派的诗史观》(《纪念程旨云先生百年诞辰学术研讨会论文集》，1994）二文，何绵的《试论“同光体”闽派领袖陈衍》一文则专论陈衍。从总体上看，学界对同光派闽派作家、作品的研究，近年来取得了一些成果，尤其是对闽派诗人的专论，包括相关的硕博士论文逐渐增多，但还有待于进一步做系统深入的研究。从目前学术界对同光派闽派研究的情况来看，有几个问题值得引起重视：

（一）闽派的师承关系

闽派诗人群体是一个特殊的家族性群体。主要诗人中，除郑孝胥外，陈书与陈衍是同胞兄弟；沈瑜庆与沈鹊应、林旭之间是父女、翁婿关系；沈瑜庆与李宣龚的父亲李次玉是舅甥关系；沈鹊应与何振岱的夫人郑元昭均为林则徐的曾外甥女。此外，陈宝琛、陈衍、沈瑜庆与何振岱之间均为姻亲关系，这一现象在同光派中是绝无仅有的。而且，他们在诗歌创作上均有明显的师承关系。据沈瑜庆本传记载：1896 年沈瑜庆“榷盐皖岸及正阳关，与同里陈县令书、女夫林京卿旭日课一诗，不数月成《正阳集》一巨册后，并为《涛园集》”。

众所周知，每一个流派的形成都是以该派创作风格的形成为标志的，也就是说，只有形成了独特的艺术风格而与其他派别相区别才具有流派的意义。闽派诗歌以“清苍幽峭”为特色。闽派诸诗人虽然在风格、手法上同中有异，但以诗歌渊源论，闽派与地域关系十分密切。因此，对闽派诗人及其诗歌的研究还可以从地域文化、家族文学、师徒传授等角度切入，进一步分析这种特殊的家族关系、师承关系对诗歌创作的影响。如从社会定势、群体定势、个体定势的角度探讨师承关系对诗风形成的积极影响与消极影响等。

（二）对闽派的评价问题

在闽派主要诗人中，从他们的身份、地位来看，既有末代帝师陈宝琛，也有一介布衣何振岱；既有名垂青史的维新志士林旭，也有卖国求荣的反动汉奸郑孝胥。这个群体在个人身世际遇和思想分野上是甚为复杂的。同光派作为近代的学古诗派，民初，曾遭到以柳弃疾为首的南社部分诗人猛烈的抨击。他们不仅以谩骂的方式诋毁宗宋诗人，还以开除等手段驱逐异己，如将追随“同光体”的诗人朱玺驱逐出社。这场拥护者与反对者的斗争，遭到了“南社”内部一大批宗宋诗人的联手抵抗，最终导致了“南社”的彻底分裂。新中国成立后，中国社科院及游国恩主编本《中国文学史》对同光派基本持否定态度，甚至还有个别研究者完全以政治态度取人论诗，因人废文。

研究闽派诗歌需要有敢于突破“禁区”、拨乱反正的勇气和实事求是的科学精神。同光体闽派诗人群体的身份、地位、阅历、政治态度均呈现复杂多元的状况，他们所处的时代又是时局急剧动荡的社会转型期，因此对他们的诗歌作品必须根据不同历史时期的实际状况作出知人论世的客观评价。即使像郑孝胥那样后期论为汉奸的诗人，也要把其前期作品与汉奸文学区别开来，其在闽派诗坛的地位不宜因为成为汉奸而一笔勾销。同光体派闽派诗人关于反对帝国主义列强侵略、御侮图强、关心民瘼的诗作及其诗歌的艺术性应当给予充分肯定。如陈衍论诗注意联系社会现实，主张诗歌应当反映社会现实。他在《〈小草堂诗集〉叙》中对道咸以前的诗人“大半模山范水、流连光景，即有感触，决不敢显然露其愤懑，间借咏物咏史，以附于比兴之体”[①] 表示反感。陈宝琛的《沧趣楼诗集》中不少篇什反映了灾民的苦难，华侨的不幸遭遇。诗中对官府的暴敛，官吏的贪婪作了无情的揭露，如写于光绪二十七年辛丑（1901）的《苦旱吟》就是一篇很有代表性的作品。沈瑜庆对清末政治的黑暗和腐败有深刻的认识。他的诗多有关时事，而且所反映的不少又是近代史上重要的事件或问题。他的《哀馀皇》诗题材重大，以极为哀痛和愤懑的情感表现出对整个民族的极大忧虑，是近代诗歌史上歌咏海军的名篇。此外，陈书的《半夜雨》、陈衍的《七月初三后杂诗》（其一）、陈宝琛的《春感四律》、林旭的《叔峤、印伯居伏魔寺，数往访之》《约游西山，会文学士宅，闻和议成，学士愤甚，余辈亦罢去》、何振岱的《瑞岩》《感春四首》、沈鹊应的《春夜八首》等篇，无论是在思想性还是在艺术性方面都各具特色，有的篇什置于名篇中亦毫不逊色。

柳亚子在《南社纪略·我和朱鸳雏的公案》中说：“我呢，对于宋诗本身，本来没有什么仇怨，我就是不满意于满清的一切，尤其是一般亡国大夫的遗老们。”1931 年，持有诗界革命观点的金天翮，在《五言楼诗草序》中，抨击同光体道：“标举一二家以自张其壁垒，师古而不能驭古。……又其甚者，举一行省十数缙绅，风气相囿，结为宗派，类似封建节度，欲以左右天下能文章之士，抑高唱而使之喑，摧盛气而使之绌，纤靡委随，而后得列我之坛坫，卒之儇薄者得引为口实，而一抉其樊篱，诗教由是而隳焉。”实际上，对于闽派诗人成为遗老后的诗作也要区分不同情况给予实事求是的分析评价，机械地拿衡量政治人物的尺度来衡量诗人，往往失之偏颇。客观地说，“诗

① 陈衍：《〈小草堂诗集〉叙》，《陈石遗集》，福建人民出版社 2001 年版，第 684 页。

界革命”诗人和南社诗人的诗歌作品从总体上说，其艺术造诣皆略逊一筹。正如林庚白所言，由于“南社诸子，倡导革命，而什九诗才苦薄。诗功甚浅，亦无能转移风气”（林庚白《今诗选自序》）。而在诗歌思想性上，同光派诗人也并不都保守、反动。对闽派诗人作全面系统研究，对廓清历史迷雾，还同光派闽派及其诗人以本来面目具有积极意义。

（三）闽派诗人与海内名流的交谊、唱和研究

何振岱一生游历南北，与海内名流陈三立、许承尧、王式通等有交往，并有唱和之作。闽派其他诗人如陈宝琛、陈衍、郑孝胥、沈瑜庆、林旭、李宣龚等与海内名流的交往、唱酬亦不少，这些都是研究同光体闽派的重要资料。如陈宝琛、陈衍、郑孝胥、严复、林纾等与同光体江西派领袖陈三立均有很深的交谊。尤其是闽派诗人对闽籍之外的同时代诗人的影响也应关注。关于这一点，不能不提及陈衍对钱钟书的影响。

钱钟书不仅论诗，而且作诗；他一生只写旧体诗，且对宋诗研究很深。以陈衍为首的同光体闽派诗人对钱钟书诗作与诗学的影响甚大。1931 年 9 月，76 岁的陈衍应无锡国学专修学校唐蔚芝先生（文治）聘，主该校国文讲席。是年，同在无锡国学专修学校任教务主任的钱基博向陈衍“赠所著书多种”①，陈衍即“谢以长句”②。陈衍与钱

① 陈声暨、王真：《侯官陈石遗先生年谱》，陈衍：《陈石遗集》（下），福建人民出版社 2001 年版，第 2068 页。

② 陈声暨、王真：《侯官陈石遗先生年谱》，陈衍：《陈石遗集》（下），福建人民出版社 2001 年版，第 2068 页。

基博交谊甚厚，时有互访。此时，年方弱冠的钱钟书正就读于清华大学外国语文系，并尝试创作旧体诗。

钱父见钟书在诗歌创作上颇有潜力，便携其拜谒陈衍，请他审看诗作。在陈衍的指点下，钱钟书诗兴颇浓，诗艺上有不少长进，不断有诗作发表在《清华周刊》与《国风半月刊》上。如：1932年3月26日，《得石遗先生书并示人日思家怀人诗敬简一首》等四首以署名默存载《清华周刊》37卷5期上。自从拜陈衍为师后，钱钟书不断揣摩陈衍的诗作，而且精研陈衍的诗话，并以诗表达拜陈衍为师的愿望。写于1932年3月的《敬简石遗诗老》诗写道："新诗高妙绝跻攀，欲和徒嗟笔力孱。自分不才当被弃，漫因多病颇相关。半年行脚三冬负，万卷撑肠一字艰。那得从公参句法，孤悬灯月订愚顽。"陈衍对钱钟书的创作也给予中肯的评价与热情的鼓励。陈衍在《石遗室诗话续编卷一》云：钟书"精英文，诗文尤斐然可观，家学自有渊源也。性强记，喜读余诗，尝寄以近作……"① 钱钟书与年长他56岁的陈衍成了忘年之交，陈衍曾数次招钟书至其家中长谈，引为座上客。如钱《林纾的翻译》一文云："不是一九三一，就是一九三二年，我在陈衍先生的苏州胭脂巷住宅里和他长谈。"②1935年5月10日，陈衍80生辰，置酒苏州胭脂桥寓庐，钱钟书登堂拜寿；1938年2月8日，钱钟书在巴黎客寓将1932年除夕陈衍论诗之语记为《石语》。钱在序中云：1932年阴历除夕，"丈招予度岁，谈谶甚欢。退记所言，多足与黄曾樾《谈艺录》相发。……至丈奖饰之语，亦略仍其旧，一以著当时酬答之实，二以见老辈爱才之心……题曰《石语》，天遗一老，文

① 陈衍：《石遗室诗话》，钱仲联编校：《陈衍诗论合集》，福建人民出版社1999年版，第489页。

② 《钱钟书论学文选·第六卷》，花城出版社1990年版，第130页。

出双关……”[①]陈衍在《石遗室诗话续编》《石语》中多处称赞钱钟书。陈衍不但在《石遗室诗话续编》中评过钱 20 岁时的诗，还为钱少作作过序。陈衍先后赠钱诗三首。即使在钱钟书留学海外期间，亦有诗书往来。1935 年冬，钱在牛津，陈衍《寄默存贤伉俪》诗寄往牛津。诗写道：“青眼高歌久，于君慰已奢。旁行书满腹，同梦笔生花。对影前身月，双烟一气霞。乘槎过万里，不是浪浮家。”1937 年夏，陈衍病逝，1938 年在海外的钱钟书作《石遗先生挽诗》哭之。诗中称陈衍博学如朱彝尊，诗近方回，并说：“未敢门墙列，酬知只怆神。”对陈衍充满尊敬与感激。

从拜陈衍为师到陈衍去世，不过短短的六七年时间，但陈衍对钱钟书的影响甚大。首先表现在诗歌创作的具体方法上。针对钱下笔太矜持的不足，鼓励他“宜放笔直干”[②]，要“有不择地而流、挟泥沙而下之概”[③]；陈衍作诗反对用词艰深，不喜陈散原诗避熟避俗，他教诲钱钟书作诗“必须使人读得、懂得，方能传得”[④]。陈衍对钱钟书诗学观的影响则体现在如下方面：

1. 对于宋诗的研究。陈衍在《石遗室诗话》卷一中云：“诗莫盛于‘三元’：上元开元，中元元和，下元元祐也。君（沈曾植）谓三元皆外国探险家觅新世界、殖民政策、开埠头本领，故有‘开元启疆域’云云。余言今人强分唐诗宋诗，宋人皆推本唐人诗法，力破馀地耳。”[⑤]在“三元”中陈衍强调的是元祐宋诗，这是同光体的基础，也

---

① 钱钟书：《石语》，陈衍：《陈石遗集》（下），福建人民出版社 2001 年版，第 2176 页。
② 钱钟书：《石语》，陈衍：《陈石遗集》（下），福建人民出版社 2001 年版，第 2183 页。
③ 钱钟书：《石语》，陈衍：《陈石遗集》（下），福建人民出版社 2001 年版，第 2183 页。
④ 钱钟书：《石语》，陈衍：《陈石遗集》（下），福建人民出版社 2001 年版，第 2182 页。
⑤ 陈衍：《石遗室诗话》，钱仲联编校：《陈衍诗论合集》，福建人民出版社 1999 年版，第 9 页。

是同光体闽派的基础。陈衍“三元”说的提出，目的在于反对“专宗盛唐”，倡导宋人推本唐代诗法而力破馀地的创新精神，不废学古而贵在拓宇。在陈衍看来，诗没有必要强分唐、宋，既要承认盛唐（开元）开启疆域的作用，又要充分认识元和之后（中晚）以及元祐（宋江西诗派）在诗歌发展史上的重要地位。钱钟书《谈艺录》第一条即是“诗分唐宋”，他认为“唐诗多以丰神情韵擅长，宋诗多以筋骨思理见胜”。这句话亦含有唐、宋诗平等之义。陈衍与钱钟书两人均有宋诗选本，陈衍《宋诗精华录》成书于 1937 年，有商务印书馆 1937 年初版本，1938 年再版本。钱著《宋诗选注》于 1957 年出版，后多次再版。钱钟书在香港版《宋诗选注》前言中写道：“这部选注是文学研究所第一任所长已故郑振铎先生要我干的。因为我曾蒙他的同乡前辈陈衍（石遗）先生等的过奖，（他）就有了一个印象，以为我喜欢宋诗。”钱在序中说：“有唐诗作榜样是宋人的大幸，也是宋人的大不幸。……瞧不起宋诗的明人说它学唐诗而不像唐诗，这句话并不错，只是他们不懂这一点不像之处恰恰就是宋诗的创造性和价值所在。”这一见解就与陈衍的“宋人皆推本唐人诗法，力破馀地耳”相合。钱还认为“宋人能够把唐人修筑的道路延长了，疏凿的河流加深了，可是不曾冒险开荒，没有去发现新天地。”这不仅是对前引沈曾植、陈衍“开天启疆域”“力破余地”说的回应，而且客观评价了宋诗的成就与局限，是对陈衍观点的进一步扩展。当然，钱钟书并没有盲目推崇宋诗，《宋诗选注序》中云：“宋诗还有个缺陷，爱讲道理，发议论：道理往往粗浅，议论往往陈旧，也煞费笔墨去发挥申说。”他认为“批评该有分寸，不要失掉适当的比例感”。“整个说来，宋诗的成就在元诗、明诗之上，也超过了清诗。我们可以夸奖这个成就，但是无须夸张、夸大它。”我们如果检读钱钟书著《谈艺录》，不难发现书中论宋代诗歌、诗论以及后人论宋学宋的文字不少，同时也可看出陈衍诗学观对他的影响。

2. 对于诗“有别才而又关学”的体悟。诗“有别才而又关学”是陈衍诗学的又一重要观点。他认为作诗非学有根柢不可，因为“学问皆诗料”①，同时，他又认为作诗应有“自己性情语言”②。这两者的结合就是“学人之言与诗人之言合”的原则。陈衍还认为，诗人之诗与学人之诗的结合，才能达到“真诗人境界”，而要达到真诗人境界，则要从诗人之诗入手，进而到学人之诗。“不先为诗人之诗，而径为学人之诗，往往终于学人，不到真诗人境界，盖学问有余，性情不足也。”③ 陈衍曾对钟书说：“论诗必须诗人，知此中甘苦者，方能不中不远，否则附庸风雅，开口便错，钟嵘是其例也。”④ 陈衍还告诫钱钟书：“为学总须根柢经史，否则道听途说，东涂西抹，必有露马脚狐尾之日。”⑤

在陈衍的影响下，钱钟书博览群书，汇通中外古今，不论作诗还是论诗都能信手拈来，左右逢源，甚得陈衍的赞赏。钱钟书在《谈艺录》中有“论学人之诗”二则，在第一则中，钱钟书讲到诗歌与学术的不同，他以《颜氏家训·文章》为例，认为不必勉强做诗，如果没有才华，就做不好诗，他还反对把考证学运用到诗歌创作中去；在第二则中他讲了四种诗：一是以学人而为诗人的诗；二是以“诗人之学”而为“诗人之诗”；三是搬弄典故词藻的学人之诗；四是“文章殆同书

---

① 陈衍：《陈石遗集》（上），福建人民出版社 2001 年版，第 507 页。

② 陈衍：《陈石遗集》（上），福建人民出版社 2001 年版，第 507 页。

③ 陈衍：《石遗室诗话》，钱仲联编校：《陈衍诗论合集》，福建人民出版社 1999 年版，第 197 页。

④ 钱钟书：《石语》，陈衍：《陈石遗集》（下），福建人民出版社 2001 年版，第 2181 页。

⑤ 钱钟书：《石语》，陈衍：《陈石遗集》（下），福建人民出版社 2001 年版，第 2177 页。

抄”的“学人之诗”。他认为“同光体”诗学习韩愈的诗，即所谓的以“诗人之学”而为“诗人之诗”。在钱钟书看来，以学人而为诗人之诗是最高境界。由此，我们可以看出陈衍“有别才而又关学”这一诗学观对钱钟书的影响。纵观《谈艺录》中对李贺、王安石、黄庭坚、陆游、杨万里等人的论析，若无作诗的甘苦体味，就不可能对诗中的句法、用字、对仗乃至声律作细入毫芒的辨析。1932 年春，陈衍为钱诗集作序云：“默存精外国语文字，强记深思，博览载籍，文章淹雅，不屑屑枵然张架子。喜治诗，有性情，有兴会，有作多以示余。余以为性情兴会固与生俱来，根柢阅历必与年俱进。然性情兴趣亦往往先入为主而不自觉。而及其弥永而弥广，有不能自为限量者。未臻其境，遽发为牢愁，遁为广达，流为绮靡，入于僻涩，皆非深造逢源之道也。默存勉之。”① 从诗作看，钱诗用思细密，运典入神，内容博奥而又谐趣横生，诚如他为徐燕谋教授诗稿的序言中所云：“故必深造熟思，化书卷见闻作吾性灵，与古今中外为无町畦。及夫因情生文，应物而付，不设范以自规，不划界以自封，意得手随，洋洋乎只知写吾胸中之所有，沛然觉肺肝所流出，曰新曰古，盖脱曰然两忘之矣。”② 从《谈艺录》《管锥编》《宋诗纪事补正》看，书中参引了大量的中外文学资料，其内容之广博，实为空前，具见其博大精深、融汇古今中外的治学风度与气派，不愧为深于学术而又精于创作的文坛巨擘。

3. 对于闽派其他诗人的学习与借鉴。钱先生对闽派其他诗人的学习与借鉴，一方面是通过与陈衍的畅谈，了解闽派主要诗人创作之

---

① 钱钟书：《石语》，陈衍：《陈石遗集》（下），福建人民出版社 2001 年版，第 2187 页。

② 郑朝宗：《续怀旧》，《随笔》1987 年第 2 期，第 39 页。

短长。如陈衍曾语钱钟书“郑苏戡（孝胥）诗专作高腔，然有顿挫故佳。而亦少变化，更喜作宗社党语，极可厌[①]；“交好中远如严几道（严复）、林琴南（林纾）、近如冒鹤亭，皆不免空疏之讥”[②]；“陈弢庵（陈宝琛）是翰苑出色人才……诗文卓然可观。”[③] 等等。另一方面，通过陈衍介识闽派诗人。如由陈衍介识闽派后劲李宣龚，并与李成为忘年之交。李宣龚曾为钱钟书提供他保存的大量师友来信，还曾为他撰写《谈艺录》提供不少稀见材料。李宣龚曾在上海筑硕果亭，时有文宴。每逢重九墨巢（李宣龚）恒作高会，钱每岁皆参与“墨巢赏花之集”[④]，相互间常有诗作唱和。钱《槐聚诗存》有《重九日李拔可丈招集犹太巨商别业》（1941）、《大伏过拔可丈，忆三年前与叔子谒丈，丈赋诗中竹影蝉声之句感成呈丈》《酷暑简拔翁》（1942）、《雨中过拔可丈不值丈有诗来即和》（1944）、《拔丈七十》（1945）等篇；李宣龚诗集中则有《默存见访不遇作此寄之》《赠钱默存》等篇。钱钟书《酷暑简拔翁》中称：“墨巢老子黄陈辈”；《拔丈七十》云：“老去松心见后雕，危时出处故超超。一生谢眺长低首，五斗陶潜不折腰。工却未穷诗自瘦，闲非因病味尤饶。推排耆硕巍然在，名德无须畏画描。”由此可见钱先生对李宣龚的敬重。钱钟书在《谈艺录》中评过闽派诗人严复的诗，他认为“严几道号西学巨子，而《愈野堂诗》词律谨饬，安于故步；惟卷上《复太夷继作论时文》一五古起语云：‘吾闻过缢门，相戒勿言索’，喻新句贴”[⑤]。钱先生认为这两句诗直译西

① 钱钟书：《石语》，陈衍：《陈石遗集》（下），福建人民出版社 2001 年版，第 2183 页。

② 钱钟书：《石语》，陈衍：《陈石遗集》（下），福建人民出版社 2001 年版，第 2177 页。

③ 钱钟书：《石语》，陈衍：《陈石遗集》（下），福建人民出版社 2001 年版，第 2177 页。

④ 钱钟书：《槐聚诗存》，三联书店 2003 年版，第 110 页。

⑤ 周振甫、冀勤：《钱钟书：〈淡艺录〉读本》，上海教育出版社 1996 年版，第 297 页。

谚，点化熔铸，臻于化境。只可惜严复诗集中仅此一例，他批评严复用西洋的物理化学来作诗，“直是韵语格致教科书，羌无微情深理”①。

钱钟书酷爱诗，他曾说：“实则予于古今诗家，初不偏嗜，所作亦与为同光体以入西江（江西诗派）者迥异。”②也曾“好义山、仲则风华绮丽之体，为才子诗”。③钱夫人杨绛曾说：“除我国的旧体诗之外，西洋德、意、英、法原文诗他熟读的真不少，诗的意境是他深有领会的。”④陈衍曾言：作诗应是自家意思，自家言说，并对钱钟书说：“以子之强志博览，不亟亟于尽发其覆，性情兴会有不弥广弥永独立自成一家者，吾不信也。”⑤正如陈衍所言，钱先生能熔裁百家而出诸一手，不专宗一家也。他并没有固守闽派的路子，其诗作能陶冶百家，自铸伟词；诗论亦切实精审，卓见迭出。

（四）其他值得进一步研究的问题

同光派闽派诗人以他们的诗学理论与创作实践为近代诗坛留下丰富的文化遗产，这对于传承文明、鉴古察今具有重要的认识意义和借鉴价值。对闽派进行全面系统的研究对于整理闽籍文化名人的宝贵精神遗产，挖掘其对近代文化创造价值和历史贡献将不无裨益。

对于闽派的研究，我们应力图突破近代文学史上比较单一的文学研究视野，而代之以动态的开放的多元的视野，如可对同光派闽派兴起的时代背景和反映的时代精神作深入的研究，因为每一个流派

① 周振甫、冀勤：《钱钟书：(淡艺录）读本》，上海教育出版社 1996 年版，第 297 页。
② 周振甫、冀勤：《钱钟书：(淡艺录）读本》，上海教育出版社 1996 年版，第 4 页。
③ 周振甫、冀勤：《钱钟书：(淡艺录）读本》，上海教育出版社 1996 年版，第 4 页。
④ 杨绛：《钱钟书对〈钱钟书集〉的态度》（代序），钱钟书《槐聚诗存》，三联书店 2003 年版，第 2 页。
⑤ 钱钟书：《石语》，陈衍：《陈石遗集》（下），福建人民出版社 2001 年版，第 2188 页。

的出现都同当时的社会环境、时代背景有密切的关系。刘勰在《文心雕龙·时序》中谈到建安体时说："观其时文，雅好慷慨，良由世积乱离，风衰俗怨并志深而笔长，故梗概而多气也。"这段话表明建安体与汉魏之际战乱的社会环境的关系。文学流派的形成不仅与当时的政治和社会环境相关，也与一定的社会思潮有着密切的关系。如玄言诗是一种以阐述老庄和佛教哲理为主要内容的诗歌，约起于西晋之末而盛于东晋。魏晋以后，由于社会的动荡不安，士大夫托意玄虚以求全身避祸，东晋时期更因佛教盛行，使玄学与佛学逐步结合起来；西晋时，文人谈玄风气便影响到诗歌创作，东晋时更有许多诗人用诗歌的形式来表达自己对玄言的领悟，遂兴起了玄言诗派。"闽派"诗人"清苍幽峭"的诗歌风格，学唐宗宋，以及陈衍关于"三元"说、"诗人学人二而一之"等诗学主张对闽派诗人创作的影响，诗人们对诗歌形式的创新追求，作品的思想内容、艺术特色、美学价值，以及用典、用事、遣辞、炼字等方面特色，都应作全面系统的探讨。在总体把握同光派闽派形成的社会渊源和文化渊源的基础上，对陈衍诗论以及闽派重要诗人如陈书、陈衍、郑孝胥、陈宝琛、沈瑜庆、林旭、何振岱、李宣龚等诗歌作专题研究，形成系列研究论文与专著。

总之，对同光派闽派进行全面系统的研究，是一项填补空白，富于开拓性的文化工程。在总体把握同光派闽派形成的社会渊源和文化渊源的基础上，对陈衍诗论以及闽派重要诗人如陈书、陈衍、郑孝胥、陈宝琛、沈瑜庆、林旭、何振岱、李宣龚等诗歌作专题研究，形成系列研究论文与专著；还应将同光闽派与浙派、江西派加以比较，深入研究各派之间的异同。

第七章　四理备精　足称大家

一、兼收并蓄古文观

作为古文大家谢章铤的得意弟子，何振岱的古文创作受益于谢章铤最多。谢章铤有语学三则赠何振岱，其一云：

> 古文义法，鄙箸课余偶录言之颇详，当由六经入，当由三史出。而《戴记》一书尤宜深造，其中无体不备，特未分汇耳。凡文辞多言气，而古文则言息；凡文辞多重才，而古文则尤重养；然不可急迫也。须涵泳以俟其自至，亦不可虚憍也。须积累以求其实际。读书、穷理、养气六字治古文之指南针也。”（赠言视何梅生，见《赌棋山庄余集》）

在这一则赠言中，谢章铤为何振岱指出初学古文的门径，并提出“读书、穷理、养气六字治古文之指南针”的观点。诚然，何振岱能成为近代闽省有名的古文家与恩师谢章铤的教诲密不可分，在治古文方面，其观点与恩师亦有诸多相同之处，但是，对于古文，何振岱亦有一套自己的主张，如《答何同甫书》中云：

> 古文在各种文字中最为尊贵，工夫浩大，非可骤几，又不能因难而自馁。此中本末岂能笔罄。无已，先就入手处略言之：古文之本首重阐发道理，次明事理，次通情理，次达物理。四理备精，足称大家。道理贵正而勿迂，事理贵可施而无弊，情理贵无妄可以感人，物理贵实验而言易晓。若其大本，则先师教岱为文，尝云“由五经三史入手，是为不易之法”。今欲入门，试取韩柳论文书详读之，更取乡前辈朱氏梅崖与李蟠书、高氏雨农与黄未崖书二篇，笃信而遵行之。近代文集望溪（方苞）、惜抱两家皆宜全部尽读，择其可读者熟诵之。姚氏论文之言尤正、尤纯，舍此他求，恐落旁门外道，慎之、慎之。既熟高、姚二家之言，更熟四子书，精思力索，勿助、勿忘，是为本中之本。如是一二年，使道理充溢于中，下笔自然不凡。从此再讲谋篇布局，造句用字。以上所云大略如此，无他速成之法，凡学问之事，言速成者皆魔道也。

这段话主要有四层意思。第一，就古文的地位而言，它是各种文字中最尊贵又最难把握的文体，其中奥妙用文字难以言明。第二，古文创作要达到道理、事理、情理、物理等四理备精，才能称得上大家。第三，古文入门要从唐之韩、柳，清之朱、高等古文大家论文书入手，并身体力行，还要尽读近代望溪（方苞）、惜抱（姚鼐）文集，再熟读四子书，才能下笔不凡。第四，古文不能速成，非下苦功夫不可，必须经过一二年锤炼，使道理充溢于文中，然后再讲谋篇布局、造句用字。分析何振岱这段话，可以看出何振岱治古文能博取众家之长，其古文观亦有新颖独到之处。

第一，关于“四理备精”说。对于“理”，历代作家都曾作过论述。“孔子曰：‘君子以理为尚’”①；文中子曰：“言文而不及理，是天下无文也”②；韩愈曰：“学所以为道，文所以为理”③；严羽《沧浪诗话》谓：“夫诗有别材，非关书也；诗有别趣，非关理也。然非多读书，多穷理，则不能极其至”④；朱熹《行宫便殿奏札二》云：“为学之道，莫先于穷理；穷理之要，必在于读书”；刘劭《人物志》提出“四家说”，即道理之家，义理之家，事理之家，情理之家，“文之本领，只此四者尽之”⑤；刘熙载云：“论事叙事，皆以穷尽事理为先。事理尽后，斯可再讲笔法。不然，离有物以求有章，曾足以适用而不朽乎？”⑥“长于理则言有物，长于法则言有序。”⑦何振岱独到之处在于他从道理、事理、情理、物理四个方面对“穷理”作了进一步的阐释。

第二，关于入门说。这一点与谢章铤有不同看法。谢章铤认为治古文首先必须通经，为文应从五经三史入手。何振岱在《谢枚如先生传》（代人撰）中对谢章铤的这一观点作了更为详细的阐述：

> 夫子之文章可得而闻也。后世若杨雄、若王通，揣摩章句，以阳虎为圣人，而赫然大名尚及于千古，况夫挈吾心以纳于经，

---

① 刘熙载：《艺概·文概》，上海古籍出版社1984年版，第36页。

② 刘熙载：《艺概·文概》，第36页。

③ 刘熙载：《艺概·文概》，第36页。

④ 严羽：《沧浪诗话·诗辨》，《沧浪诗话校释》，人民文学出版社1983年版，第26页。

⑤ 刘熙载：《艺概·文概》，第1页。

⑥ 刘熙载：《艺概·文概》，第37页。

⑦ 刘熙载：《艺概·文概》，第41页。

充满渐渍之。其性情既与经合，而其文章有不油然光、醰然味、粹然气哉！昌黎之文深于经者，其碑似书，其铭似诗，其志传尤精于史例，其杂文则出入于孟、荀与《礼》。由韩推而上之，其道可不悖于圣贤，即使不能成家，亦不至冗滥猥陋不可为训。而子长、相如、班、张、崔、蔡之流皆可执韩以定其离合。盖由经达史之义也。且夫古之雄于文者，于经皆有所著述。今之所存，韩则有《论语解》，柳则有《非国语》，欧阳则有《诗本义》，苏则有《易传》《书传》。元明以来之文家，其学经殆苟焉耳。故高者仅能成章，而于世道人心无所发明；下者彪炳于外，其中如五石之瓠枵，然无济于用也。盖求文于文，不求文于经也。子曰："修辞立其诚。"又曰："辞达而已矣。"不诚者，性情不能固其体也；不达者，经史不能佐其用也。故能治经、治史、治性情以为文，则其人必光明英多无俗行，其行文亦必高远渊深无鄙语。

谢章铤认为要"求文于经"不应"求文于文"，要治经、治史、治性情，文章才能高远渊深。这一观点，与乾嘉间闽人、经史学家陈寿祺的观点相似。陈寿祺认为："两汉文人无不通经，故能尒疋深厚为百世宗，后世欲为古文，苟不通经，必不可轻下雌黄，援引失义，往往一启吻而已为有识所嗤。"① 其实，何振岱也很重视治经，曾著有《周易聚明》《论语臆解》《诗经偶记》等（惜"文革"时均被焚毁）；在《与深儿》中写道："望常读《语》《孟》，须句句烂熟，道理自出。我

① 《陈寿祺的古文和骈文》，见陈庆元《福建文学发展史》，福建教育出版社 1996 年版，第 476 页。

老年于四子书较有会心，有札记百余条，尚非常解，《书经》《礼记》皆易解，《诗》三百篇意在言外，注家极多，其中意趣须自己咀嚼得之。”[①]何振岱认为“求文于经”固然重要，但不能拘泥于五经三史，尤其是从五经三史入手对于初学者来说则为不易之法。何振岱非常重视韩愈、柳宗元的论文书，认为初学者应加以详读。何振岱推服韩、柳，不仅说明他对韩、柳古文理论的认同，更重要的原因是：韩愈在倡导“文以明道”的同时，认为写好文章应博采前人遗产，主张广泛学习经书以外的各种文化典籍，对《庄》《骚》《史记》、子云、相如之赋等“百氏之书，未有闻而不求，得而不观者”[②]，并借此“旁推交通而以为之文也”[③]。即使对他们一再指斥的“骈四俪六，锦心绣口”[④]的骈文，也未全予否定，而注意吸取其有益成分。

何振岱在《答何同甫书》中还提到乡前辈朱氏梅崖与李蟠书、高氏雨农与黄未崖书二篇，其中朱氏梅崖即朱仕琇，是清代闽人中第一位卓有影响的古文家。朱仕琇（1715—1780），字斐瞻，号梅崖，建宁人。乾隆九年（1744），仕琇福建乡试第一，十三年（1748）成进士，改翰林院庶吉士。居3年，散馆出为山东夏津知县。在任7年，改福宁府教授，以疾辞。主讲福州鳌峰书院11年。有《梅崖居士文集》。陈衍论历代闽人古文，认为朱仕琇在明代王慎中之上，其次则为高澍然和张绅。

朱仕琇认为，“学古文不能只拘泥于《经》、圣之书：‘然一志《六经》，不读非圣之书，此恐过泥。《庄子》书谓宜熟读，其说理精处，

① 《何振岱集》，第78页。

② 韩愈：《答侯继书》。

③ 柳宗元：《答韦中立论师道书》。

④ 柳宗元：《乞巧文》。

吾儒不能过也，又条畅贯通，于俗情人事，以之处世最宜。’但《庄子》于古文家也有害，必须慎重：‘文太疏快，久服伤人元气；又当以《六经》、荀、扬、《左》《国》重厚淳朴之意镇压之耳。’”①朱仕琇在《示子文佑书》中认为学古文必须经过四个阶段：首先，要从韩、柳与人书及诸赋、碑、志入手，然后乃及序、记，次阅欧阳修《五代史》及《唐书》诸论、赞，又次阅其序、记，乃及曾巩、王安石，“又复于韩”；其次，又因韩而及李翱，又及柳，“见诸家异同”，并上及扬雄、刘向、董仲舒、司马迁、司马相如并宋玉、屈原、先秦诸子、《左传》《国语》，下及苏老泉，“如此又数往复”；再次，乃及两汉、唐诸杂家，宋元明及本朝作家，“又如是以复于唐宋”；最后“又复于诸子、《六经》”。“诚如是渐进而自得焉，而古文之道其亦不远矣。”②仕琇“生平好唐韩氏之书，而师其志”③，他教儿子学古文，着重是学韩，教弟子学古文，“即举韩子之所以教人者而综其要，以立诚为本，以文从字顺、各识职为旨归，以中有自得而能自为为究竟”④。由此看来，何振岱的古文入门说是借鉴了朱仕琇的观点。

第三，关于养气说。何振岱提及的高氏雨农即高澍然，系朱仕琇再传弟子，以古文名于当时。高澍然（1774—1841），字时野，号甘谷，晚号雨农，光泽人。澍然嘉庆六年（1801）举人，为内阁中书，甫半，以父卒而归。与同里何长载、长诏兄弟以诗歌相应和。曾主讲光泽杭川、邵武樵川、厦门玉屏等书院。道光九年（1829），受总督孙尔准聘，修《福建通志》；十四年（1834），陈寿祺卒，澍然继任总

① 朱仕琇：《复李郁斋书》，见陈庆元主编《福建文学发展史》，第455页。

② 朱仕琇：《示子文佑书》，见陈庆元主编《福建文学发展史》，第456页。

③ 朱仕琇：《复雷宪副书》，见陈庆元主编《福建文学发展史》，第458页。

④ 鲁九皋：《朱梅崖先生行状》，见陈庆元主编《福建文学发展史》，第458页

纂。澍然好治古文辞，著有《春秋释经》《诗音》《韩文故》《李习之文读》《抑快轩文集》等。朱仕琇治古文以韩愈为本，以李翱为辅。高澍然亦极推崇韩、李文。高澍然的好友张绅序其文集云："尤嗜韩昌黎之文，必挟以行。在邵武时每见君于邸，朝夕案上皆韩文也。"①高澍然评注《韩文故》13卷。其序云："澍然治韩文三十年，有得于心，就全集删其伪窜者、用时式者、脱误不可读者、未醇者，存二百九十八首，评注焉。"②

何振岱要求何同甫熟读并笃信而遵行的另一篇就是高澍然的《答黄未涯书》：

> 殆谓古文之学当以论为始机基耶？仆窃不谓然也。盖古文唯裕气难，裕气而臻夫醇厚冲和尤难。论主辨难则气易矜，主驰骋则气易流，为之者必胸有真气，为之根柢，然后辨难与驰骋能不失焉？遽使初学为之，是习矜与流也，习久而成性，欲反醇厚冲和益难。其间亦有以思与法胜者，然中无真气以固之，思与法皆外然之迹耳。未遂足为古文也。不如先致力各体以习其气始，夫清继夫凝，又继夫坚，于是去醇厚冲和亦不远矣。此学之序也。

高澍然认为古文初学者为学之序要先致力于各种文体，并从"习其气始"，为文者要"胸有真气"，更要有"裕气"，最终达到"醇厚冲和"之气。"养气"的命题最早由孟子提出，"气"即"吾善养吾浩

① 陈庆元：《福建文学发展史》，第468页。
② 陈庆元：《福建文学发展史》，第468页。

然之气”的“气”；后来韩愈发展了孟子的“养气说”和梁肃的“文气说”，强调作家要具有崇高的人格修养，要根据真理说话。只有如此，说话才能“理直气壮”，文章才有充畅的气势，即“气盛则言之长短与声之高下者皆宜”①。朱仕琇在《答吴督学书》中也提出过“养气”的命题，认为善养气者既不求其速成，又宜操节少作，他批评黄临皋所著文“力求峻洁而养气未裕，则立言之义不得其安，而声之高下长短，时有拂戾，此盖望速成之蔽也”②。

从朱仕琇、高澍然、谢章铤的论文书来看，他们都认为治古文不能一蹴而就，要善养气，望其速成，就是不善养气。“气宜清明和平，不过求紧健，既作之又宜息之。”③ 这正如谢章铤所说的“古文则言息”与“古文则尤重养”“不可急迫”。何振岱继承了他们的观点，论文主根柢，认为治古文无速成之法，“凡学问之事言速成者皆魔道也”。

第四，为文主张兼收并蓄，博取众长。首先，何振岱推崇质实和致用的文风，在《谢枚如先生传》（代人撰）中写道：“（谢章铤）年十九补弟子员。时天下多事，慨然有建树之志。读《通鉴》、列史与古今经世诸书，为经济之学……咸丰初年，主讲漳州丹霞、芝山两书院。时粤寇方张，先生慨念时事，作《东南兵事策》。其略云：天下皆苦无财而不足于用也，吾则曰节用；天下皆苦无兵而不足于战守也，吾则曰减兵；夫养万兵而不得一兵之用，何如养数千兵而得万兵之用乎！又曰：为将之道自与兵同甘苦始；与兵同甘苦自不爱钱始。……”由此可知谢章铤十分关注时事，为文也强调经世致用。同

① 韩愈：《答李翊书》。

② 朱仕琇：《复黄临皋书》，见陈庆元主编《福建文学发展史》，第457页。

③ 朱仕琇：《复黄临皋书》，见陈庆元主编《福建文学发展史》，第457页。

样，何振岱亦推崇清初启蒙主义思想家黄宗羲、顾炎武等为代表的经世致用之文，在《日知录·书后》写道：

读先生此书，见汉宋之学未尝分途。惟当立身行己，通达古今，以用世为务。乾嘉之际讲汉学者众矣，颇訾宋儒，未尝不推服先生。不知先生之学，正得朱子之真传。其综括百家，详究体用，正合朱子穷理格物之功。而朱子答张敬夫书，亦曾推汉儒训诂之善。可知学无二致，自人偏于所习，始有尊此黜彼之心。名奉先生，非知先生者也。先生时丁厄运，毅然有守先待后之志。是书所赅者远，所蓄者深，既非语录之空言，又无考据之拘迹，彬彬然文有其质。汉、宋以来，几此者盖寡，况余子乎哉？韩之赞李杜曰："流落人间者，泰山一毫芒。"先生之抱负且有不止于是书者，是亦其毫芒矣。总而言之曰：不穷经不足以立身，不明道不足以济世；经明行修，弗显于其身必昌于后来，知斯意者，始可以读先生之书而窥先生之为人。

其次，对桐城派古文及理论给予高度评价。这一点与朱仕琇、谢章铤不同。朱仕琇于清不喜魏禧及桐城派文，以为"魏冰叔文，仕琇三十年前已不愿为，今老矣，乃欲叫号跳踉作此小儿态以娱诸公乎"①；至于方苞文，"盖求真素而病肤浅"②。谢章铤对桐城派的古文亦有所不满，原因之一就是桐城古文缺乏"江河并下，万怪皇或"③之

① 朱仕琇：《复鲁絜非书》，见陈庆元主编《福建文学发展史》，第455页。

② 朱仕琇：《答蔡苍屿明府书》，见陈庆元主编《福建文学发展史》，第455页。

③ 陈庆元：《谢章铤的学术思想及传世稿本》，《福建师范大学学报》2001年第1期，第69页。

气象。何振岱则对桐城派古文极为推崇，尤其是心仪桐城三祖之一的姚鼐。姚鼐对前人的古文理论进行了融化、总结，论文强调义理、考据、辞章三者的结合，并以“八要”（神、理、气、味、格、律、声、色）落实义理、考据、辞章三者的融合，并且将文章风格概括为“阳刚”与“阴柔”两种。何振岱《书惜抱轩文集后》诗云：“惜翁学行鸣盛时，允矣经师兼人师。梦楼所诣宁逾之，小别胡为老泪垂……”在《读惜抱翁〈与陈硕士书〉及冬心《书画跋》书云：王梦楼来金陵聚五日去，此间院宇若空虚然。冬心云：晓起作梅花一枝，欲觅一寡谐人赠之，乃遍思不可得。予适有所感，思二公语，因为长句以寄意云，诗中有“惜翁襟韵照天宇，如是醉心向快雨（梦楼堂名）。就中深趣孰能知，怪底常悲无可语。龙盘虎踞雄三吴，时贤辐辏鸣南都。武唐步汉各神骏，一轩独自藏骊珠”等句，对姚鼐的为人与对古文理论的建树给予肯定。此外，何振岱对在《读曾文正集》诗中写道：“导源文周作祈向，三十二人收画像。西江一祖亦不遗，谓取拓兹强字广。樊南发轫自三闾，独揭光莹与声响。当时孟容亦雄俊，欲平排奡归疏爽。岂知垂老斫肺肝，刘锐公深途自两。文章巨刃足摩天，余焰才能烧魍魉。晚揭雒闽屏群骛，益蹑康衢志孤往。但循阶级足跻寻，示我昭明无惝恍。”曾国藩于咸丰九年撰《圣哲画像记》，选古今圣哲 32 人，师礼之，赞颂之，姚鼐亦列于其中。曾国藩对桐城派持一种分析态度，既不轻易苟同又不一笔抹杀，从诗中可以看出何振岱充分肯定曾国藩对桐城文派的承续和改造。

二、沉实厚重长于理

何振岱《我春室文集》共2卷，举凡赋、论说、序跋、启、书、赠序、传、记、铭、箴、碑志、像赞、颂祝、哀祭等各体皆有。其中，沉实厚重、长于说理是何振岱的论说文以及部分序文、传记的一大特色。

反映现实、揭露矛盾，抒发愤慨不平是何振岱散文具有沉实厚重、长于说理风格的重要原因。如《佐制药言》《学治臆说》《病榻梦痕录》书后云：

> 天下无不能育子之母，而有不能育民之官。不能子视其民，故不悉民之情，不悉其情。惟其意所欲为，斯颠倒错乱，岂有终极？州县亲民之官，治之施于民也近，民之受治于官也亦近。今之州县若用其揣摩上官之心，以揣摩民情亦何治之不古若？惟其聪明才力尽用于媚上，而用其余于民，有并其余不肯用者。所以民日穷蹙而国以日敝，治之不可轻言如此乎？……

文中针对当时“民日穷蹙而国以日敝”的形势，指出其症结在于为官之人“不能子视其民，不悉民之情”，却把聪明才力尽用于媚上。因为不悉民情，而惟其意所欲为，以至“颠倒错乱，岂有终极”。这一观点一针见血，切中要害，具有振聋发聩的力量。对于吏治的看法，恩师谢章铤亦做过深入的剖析，何振岱在《谢枚如先生传》中写道：

> 生平论学旨要，具《撰示及门》三篇。其首篇略曰："天下之不治，由于吏治之不修；夫吏治非刻薄寡恩之为也，亦不容急功而好名也，要在能通天下之情而已矣。然其立法则自吾身始，有一私不染之操，方有万物在抱之心；吾见今之为吏者，大抵立身无法，持家无法，因而治民无法；民不治，官亦不保，丧名失身，为世诟病者比比也。

作为以教书卖文为生的文人，何振岱能以极大勇气与胆魄，理直气壮，毫不留情地揭露吏治的黑暗，既有恩师的影响，更缘于他淡于功名，蔑视富贵、嫉恶如仇的秉性。他在《无梦轩遗书·序》中写道：

> 人生于世，及身建功立名，信乐事也。然必先存无欲功名之心，乃足于古方驾。盖平世无奇功，治世无殊名，惟乱世为功名之会。是故，豪杰之士，急起承之。当其一往径前，成败利钝不暇深计，固不失为有志之士。自君子视之，虽堂堂正举，苟出于为己之私利，则功名直为嗜欲之尤。纵使得志，亦不过猎取禄位自利而已。何者？世事不平，我心亦未平。以不平求平，人心何时得正？天下何日安乎？……

这段议论文字以充畅的气势，将建功立名之志与无欲功名之心之间的关系分析得非常透彻，可谓事辨理彰，令人信服。

作为诗人、古文家，何振岱既富有激情，又善于雄辩，这一方面源于他的胆壮气盛，另一方面与他善于吸收骈文的优长，用整齐有力的四字句夹杂于散体文句之间，造成长短错落、音调铿锵、一气直下的浑灏气势密不可分。用韩愈的话说，就是"引物连类，穷情尽变，宫商相宣，金石谐和”（《送权秀才序》）。请看以下两篇短文：

《言诫》（上）云：

> 昔我夫子重出使专对，美子产之善辞命。而圣门言语且列一科，孟子亦谓能言距杨、墨者。圣人之徒言语之不容已如此。虽然天下惟寡言。能言、多言者必不知言。今有人焉，闲居肆口，如呓如狂，试使之述古文，传正事，必漏必戾。盖德言因心，恶言由舌，由舌之言是为佞人。夫惟佞口可恶，故佞人宜远，以佞人能妄言不能正言，能巧言不能直言，且言激害理，言洩害密。邪则蛊人，讹又惑人，无论圣贤不尔，即稍知自爱者亦必不尔。是以君子也，遵道而言，言不虚发。“子产有词，四国赖之”是也。苟非君子，则随口而言，言皆无根。“卫侯在涞，其言粪土”是也。盖所恶于多言者，乃恶其不知言，不能言，非欲其终无所言也。世有阴贼险鸷之人，其为言也，亦能不激而和，善藏而默，是可以金人缄口而许之欤？

何振岱所作《言诫》有上下两篇，这篇为上篇。以德言与恶言对比，由“德言因心”“恶言由舌”，进而将君子与佞人相比较：君子“遵道而言，言不虚发”；佞人“能妄言不能正言，能巧言不能直言，且言激害理，言泄害密。邪则蛊人，讹又惑人”，文中“子产有词，四国赖之”典出《左传·子产坏晋馆垣》，言子产陪郑简公到晋国朝聘，遭到晋国的轻慢。子产在晋国大夫士文伯面前不卑不亢，针锋相对，词强而不激，最终迫使晋平公为之折服，重新对晋平公礼遇有加。“卫侯在涞，其言粪土”典出《左传·襄公十四年》，言卫献公在涞地，臧纥去到齐国慰问卫献公。卫献公与臧纥说话态度暴虐，言语粗俗。臧纥认为卫献公逃亡在外却不思悔改，不能回复国君的地位。全文既有整齐有力的四字句，又有散体文句交错其间，更以子产与卫侯对比，说明外交辞令的重要作用，具有很强的说服力。

《原友》云：

> 无有一同，猝然相值而遂相识，焉可谓之友哉？夫闻声而诟，恶在后之不深念极思也；觌面而憎，恶在继之不倾素吐款也。故仇也可亲，忌也可忘，惟漫然相识之人，名友而实路人，不可不辨。古之君子徽我择人，亦欲人之择我，其不知择者即不为我所择。两择相遇幸已，不相遇各抱情性之至者，寥寂而虚寄。重其事，难其人，耻苟同，而无易于求合者。昔庾衮不拜陈准之母，曰："拜人之母将同于子。"朱子谓放翁名迹太近，将为有力所攀。呜呼，后之人熟喻此意？夫不友其人，臧否忧乐于我奚有？既引为友，则宜穷达、聚散、生死之不易其心。然取此至重之情已饷之于无足重轻之徒，何以处乎挚我者也？故君子慎之也。是故君子之于友也，考之于平日，验之于存心，观之于行事。既审之矣，然后进之以礼，接之以义，固之以诚。既深之矣，然后共业而有辅，同道而不孤，常则相依，变亦有侍，又知其势之不能多也，故终身之交或惟一二人，至数人而极，而此一二人者，固非什百千万之可以等视也。以吾所见天下之士莫不有友，然有不移时而忘之者，倏誉、倏讪、倏亲、倏疏，其始合也苟，其终离也必仇，然则友也者，固难合者贵欤？

这篇《原友》以流畅的语言，有力的论证，阐述择友的重要性。文中以庾衮不拜陈准之母，称赞庾衮孝敬父母，仁爱兄嫂，为诚信正直之人；又举朱子谓陆游（放翁）“能太高，迹太近，恐为有力者所牵挽”为例，说明此论与事实不符。据史料记载，嘉泰二年，陆游起修孝宗、光宗两朝实录，陆游自严州任满东归，里居十二三年，史事告成，力辞还山，不稍留恋，则其进退绰绰，本无可议。文中既有“考之于平日，验之于存心，观之于行事”与“进之以礼，接之以义，固之以诚”这样整饬的句式，又有散体文句与疑问句等交错其中，更有典故的佐证说明，可谓说理畅达，言之有据。

三、清婉平实寓以情

清婉平实这一特色在何振岱所撰的“记”“赋”“碑志”中表现得最为突出。

“记”在《我春室文集》中共有10篇。从内容上看，最具特色的有两类：一类是山水记，一类是居室记。前者中，《游瑞岩记》《游福庐山记》堪称佳作，后者以《赌棋山庄记》《竹韵轩记》与《竹韵轩后记》为人称赏。

在山水游记中，作者写景状物绘声绘色，生动传神，既有自然景物的客观描写，又将主体情感融注其中，让读者于字里行间去领会作者的情感指向。如《游福庐山记》中对奇石的描写：

> 初至山麓，巨石横亘十余丈，首尾两石承之若楔。如是者三。以次渐高，皆曰天门。过此门，一石耸立，若秋菘在畦，敛根而张叶，益进弥奇。植为竿，折为磬，旋为螺，椭为卵，

为翼之翔，为鬐之扬，为牛羊之伏，为弧矢之张。土人皆以所象名之。吾亦不能不就象以名之。盖此山之奇以石胜。凡物一涉于奇，即落乎象。石固不知也，赏石者徒即象以求奇，而其奇未尽，赏石者亦不自知也。

这篇游记描绘福庐山的雄奇峻美，作者运用比喻、排比等手法状写福庐山奇石的形貌，观察细致，用笔巧妙。与柳宗元的《钴鉧潭西小丘记》中以比喻状写奇石的形貌较为相似。游记以描写为主，杂以叙事和议论，借对福庐山的传神写照，尤其是以福庐山景观的幽秀绝尘，不为人知，寄寓作者淡泊闲逸之心境。与柳宗元一样，何振岱的记游之作能够准确地抓住山、水、树木、岩石等自然物的特征，或以白描手法勾勒其面貌，或用比喻凸显其神态，或以动态和静态相互映衬，精心描绘，刻划细致，充分展示多彩多姿、富有灵性的自然美景。但是两人的心境却不相同，柳宗元笔下的记游之作，呈现的大都是奇特异常却遭人忽视、为世所弃的自然胜境，借以表现自己才华卓荦却无端被谪弃的可悲遭际，流露出对丑恶现实的不满和抗议。而何振岱于丁酉年（1897）中第四名举人，面对眼前的奇景自然不会产生凄楚悲苦的心境。当然，由于何振岱的山水游记仅存数篇，因此，与柳宗元的游记相比，较为逊色。

写居室、记书斋，历代不乏名篇佳作，如明代刘基的《苦斋记》、归有光的《项脊轩志》均为后人所称赏。与众不同的是，何振岱的居室记并非为自己而作，其《赌棋山庄记》《琴寄室记》《竹韵轩记》以及《竹韵轩后记》是分别为恩师谢章铤与女弟子王德愔、叶可羲而作的，在写法上亦各具特色。

《赌棋山庄记》着重写作者的所见、所感，融叙事、描写、议论于一体，文中两处“盖其肖也”“则又其肖也”意在以物喻人，以景衬人，高度赞扬了恩师的文章道德与抱负。结尾以“木落秋深，行将去此，今日之山中又皆他时之梦想也”句融情于景，表达了对恩师无尽的思念。《琴寄室记》《竹韵轩记》与《竹韵轩后记》则从女弟子居室命名的缘由入手，旁征博引，娓娓道来，意在表达室（轩）主高雅脱俗的情怀。

除了以上两类，《重阳过乌石山九贤祠题壁》则是一篇感时伤怀之作：

> 吁嗟乎！雕弧不威，群鹰横飞。倚柱而啸，知谁家之妖娥；援琴而歌，有哀时之壮士。爰酬佳节，登高舒忧。敬谒先贤，手摩断碣。寒烟衰草，黯然伤怀。盖自我所见，今已异昔，缘今以往，事殊难言。在昔半壁犹支，千钧仅系，诸贤虽无回三光、荡六合之力，而各有立万古、树百年之心。英灵在天，俎豆犹古；西日欲坠，黄尘四生。栏垣撤矣，奈秋风何起？诸贤于今日未知陵谷之感，又将何如也？

九贤祠是纪念福建省9位著名学者杨时、游酢、胡安国、罗从周、李侗、葵文才、蔡沈、黄干、真德秀而建的祠堂。起首句“吁嗟乎！雕弧不威，群鹰横飞，倚柱而啸，知谁家之妖娥；援琴而歌，有哀时之壮士”，破空而来，一股忧伤悲怆之气充溢笔端。全文不足150字，郁愤之情却贯穿始终。文中“陵谷”指地面高低形势的变动，用以比喻世事的变化；篇末以“西日欲坠，黄尘四生，栏垣撤矣，奈秋风何起？诸贤于今日未知陵谷之感，又将何如也？”作结，给人留下言犹未尽的深长意味。

“赋”在何振岱的文集中只有5篇，但《黄山谷题苏子瞻墨竹赋》与《拱斗赋》都写得清婉平实，意味深长。

《黄山谷题苏子瞻墨竹赋》一文以“苏文忠以节义文章雄天下”句开头，领起全文，通过写黄山谷独具慧眼，为苏轼墨竹画题跋一事，进而引发雄文共赏于后世则易，而独识于并世则难的感慨。全文以浓郁的感情贯穿其中，对苏、黄间的相知相得予以高度赞扬。

《拱斗赋》则是一篇托物言志之作。文中云：

拱斗，果名也。大如黄豆而圆，垂垂如列星。或以拱斗名之，志载未详，究莫探其朔。性峻削，消百果之积滞。今夏，台江陈君导予至其所居屋隅，指一树谓：“此即是。”叶尖以长，平排相纚，夙未尝睹也，爰为之赋。词曰：

爰有细果，产我闽中。无佞世之姿，匪俗嗜所崇。然而具有导荣益卫之力，与橄榄、奄摩勒同功。予特异之，以为暗然有隐君子之风。当夫春杪，畦蓏并敷；园蕤竞育，徐茁其英。占繁厥族，其色不足称也。涵青于始，既赪乃熟，让桃李之丰华，谢梅杏之荣郁。其质不足耀也。……然而韬用终彰，策勋独广。不以人之所好谀人，而以己之持平为养者也。原夫万物之理，有壅斯滞，滞则百疾生；四境所需，恒输则通，通则生机遂。故鹿台钜桥之膏屯，而天智自焚；琼林大盈之财聚，而萑苻以炽。此其咎之在国是也。甘陵南北之部，意气交讧；雒蜀学术之争，门户相忮。此其壅之在士类也。上行裒多益寡之政，庶民胥赖以生；人有声求气应之修，吾徒且蒙其利。是故道无洪纤，术无难易。惟适用之为宜，又何问于物情之有贰。夫惟敷功于人，缮性在己。无枉道求称，不炫长邀美。平巇铲阻，释疑消痞。……

文中“钜桥”指商纣王时之粮仓名，仓址在今河北省曲周县东北。《史记·殷本纪》载：帝纣……厚赋税以实鹿台之钱，而盈钜桥之粟。“天智”：美玉名。“天智自焚”典出《逸周书·世俘》，指商王纣取天智玉琰五，环身厚以自焚。“琼林”“大盈”指唐内库名，德宗时设，以藏贡品。“萑苻”：春秋时郑国泽名，据记载那里常有盗贼聚集出没。“拱斗”是一种果名，性峻削，能消百果之积滞。作者通过描写“拱斗”不与百果争耀的平凡色、质，以拟人的手法极力赞美拱斗“无侫世之姿，匪俗嗜所崇”“不炫长邀美”的隐君子之风，并由“原夫万物之理，有壅斯滞，滞则百疾生”，揭露社会现实弊端，阐述“上行裒多益寡之政，庶民胥赖以生”的道理。文中多处用典，显得委婉含蓄；文末以“摘盈手兮连枝，归诉喜于素琴”作结，含不尽之意尽在言外。

何振岱在碑志中表现出卓越的叙事才能，他能在不太长的篇幅内借二三件事，将传主的性格、品质巧妙地展现出来，仿佛是一组组生动形象的人物画廊。在写法上不拘格套，在人物刻划上，诸碑志更是一人一样。如《刘景屏先生暨德配陈夫人墓志铭并序》写道：

君讳鸿寿，字步溪，又号景屏。……君以闽县弟子员中辛卯举人，再试春官，选粤东知县。君曰：“县官非儒者所能为，其为朱梅崖乎?”退居修学，群经中尤喜《尚书》，参稽传注，断以己意，多前人所未发。性好客，有以经史商质者，必为订正，辩析既明乃已。纵论古文作者，自秦汉以后，所许不过十数家，骤聆或骇怪，然未尝不服其精审。向者闽盐皆由商办，岁输入官，为数至约，最后再倍，其数仍无裨于公家。辛亥改革，君惧仓遽之际朘削厉民，建言商盐归公统一，利可以豁百税，当事者韪君言，即委督理。初君闻居时，尝于内河置航业，所历岛溆溪滩晒盐场坎无虑千数。凡产盐量额盈缩多寡，纤毫毕晰。至是既躬其任，则本所见而措行之，积弊顿捐，销售弥畅。在官恒自治文书，纡回简赅，事昭理辨。凡所区画，悉本大公，而不免时遭挠梗。然坚苦支撑，至竟亦得就绪。尝谓人曰："事难见力，世宁有坦途耶？吾亦殚吾心所至已耳。"……丙辰三月，复以公务北上，甫卸装，已病。病中犹诵《诗》《礼》二经，贯熟无遗。太傅躬亲医药，不效遽卒，享年仅五十有五。呜呼哀哉！君遗后无铢寸积，向以俸余疑测者，至是乃赞叹弗已，群为鸣之。公家为清积欠若干，其廉洁乃大白。……

选取刘鸿寿一生中修学群经、督理盐务、遗后无铢寸积等三件事，力状传主为学精审、秉公为民、廉洁自守的德行、事迹。

何振岱碑志不惟叙墓主事迹，时亦借人物的语言，表现人物的性格特征。如《曾君文乾墓志铭》中写道："顾谓家人曰：'此先人之余泽，留以遗我也，资家之余，必厚资人，乃不负先人之志。'""及禁烟诏下，喜曰：'是吾人奋起报国时矣。'"都反映了主人公爱国、爱民的可贵品质。

总之，何振岱文集中的"记""赋"以及"碑志"等文体叙事以简洁真切、清丽委婉，不事华藻取胜。写景则观察深刻、细致，于平易中寄寓感慨，发为议论，则精警动人，体现出清婉平实的特色。

四、探赜索隐研《易》理

何振岱善易，曾著有《易学录》《周易聚明》等未刊稿，手稿今虽未见，但从其文集中仍可窥见其易学思想。何振岱曾在《与深儿》[①] 的信札中叙及研习先秦经典著作的心得，他说：

> 儿女慰我者，肯近书也。……我老年于四子书较有会心，有札记百余条，尚非常解，《书经》《礼记》皆易解。《诗》三百篇意在言外，注家极多，其中意趣须自己咀嚼得之。《易》学精深，肯用心亦无不可知。我近十余年阅《易注》百十家，颇有采摘。大抵由心悟者有味。盖不屏众说，亦不尽靠众说。安得与尔细论之？

何振岱晚年精研易学，十余年间披览《易注》达百十家，他“不屏众说，亦不尽靠众说”，而是探赜索隐，钩深致远，用心去体悟《易》学这一精微玄妙的专门学问。

何振岱在《〈易说〉简抄序言》中云：“予年三十，始识嘉兴陈蠖庵，君好《易》，知筮法。就占事，时有验。后廿余年，与君同北居，君时来谈《易》。”[②] 陈明，字主钦，晚自号蠖庵老人，浙江桐乡县人，其父游幕闽中。陈明平生尤喜《周易》，阅古今易说至百数十

---

① 《何振岱集》，第 78 页。

② 《何振岱集》，第 18 页。

何振岱画扇赠五子

种。“揲蓍占梦，尝喜欲狂”[①]，有《读易笔记》数十则藏于家。陈明曾说：“《易注》甚多，非无善者，然卒无能过传、义。顾崑山之言不我欺也。且治《易》固贵明象，然如黄楚望氏之精能，已有不可强通之诫，则象亦不可泥言矣。《论筮》‘决疑用筮’但师朱子法，十已得六七。予揲蓍三十余年多验。其有不验，或意不诚，及私心妄测耳。”[②]陈明推崇程颐的《程氏易传》与朱熹的《周易本义》，认为顾炎武所言真实可信，他认为即使像元代理学家黄泽（字楚望）这样多年精研易象的大师，亦有只能存疑不能强通之处，那么后学者更应当不拘泥于易象。用朱熹的《筮仪》可以“十已得六七”，揲蓍不验乃“意不诚”或“私心妄测”所致。

何振岱与陈明交谊深厚，素来晤面常论易衍卦。其《戊辰日记》

① 何振岱：《祭陈蠖庵文》，《何振岱集》，第 125 页。

② 何振岱：《陈主钦先生墓表》，《何振岱集》，第 119 页。

中多处记载他与陈明论易筮卦的情景。如1928年农历七月廿五日记载:“雨,晨到陈主钦家筮卦,谈洗心藏密之理。主钦留粥。”①《我春室文集》中除《〈易说〉简抄序言》外,尚有《陈蠖庵〈弹琴读易图〉序》《与陈蠖庵论筮卦书》以及《祭陈蠖庵文》《陈主钦先生墓表》等文。何振岱的易学观点从上述几篇文章中亦可见一斑。

何振岱《〈易说〉简抄序言》云:

> 因忆顾氏亭林之说,以古今说《易》无过程朱。又姚氏惜抱与吴南屏书云:“读《易》止以程朱为法,若苦求圣人取象之故,其事劳而无功。”又云:“为汉学者,于诗礼犹有可言,于《易》则弥陋矣。”惜翁在乾嘉诸老中持论最粹。惟《易》之为义,实未能以一二家之说尽之。前乎程朱言《易》而有合者,程朱必且心许之。善乎!金郝文忠经之言曰:“《易》之为书,合四圣人为之而始成。后之学者亦须合数千年之学问、数十百人之心智,博取精择,始可窥其微蕴。”所言学《易》之法,似无以加矣!窃谓读《易》以程朱为法,当如顾、姚二先生。而说《易》必合千百年、数十百人之学,必当如金郝文忠之言。盖易理无穷,而服周孔之学者未尝无得于其一端,聚其一端而互明之,其必有当于圣人之心者矣。兹篇随所见纪之,或可为读《易》之一助云。

《周易》冠群经之首,自古有两大流派,一是义理派,一是象数派。何振岱赞同顾炎武、姚鼐的观点,推崇宋代程颐与朱熹的治易方

① 《何振岱日记》,福建人民出版社2016年版,第189页。

法，偏重于义理之学，故言“读《易》止以程朱为法，若苦求圣人取象之故，其事劳而无功”。对于《周易》作者，班固《汉书·艺文志》曰“《易》道深矣，人更三圣，世历三古”；金代郝经则认为《周易》由伏羲、文王、周公、孔子等四圣所作，对此，何振岱没有明确表示认同，而是赞同郝经所说的研《易》应广泛选择其精粹，而后才能登堂入室，窥其微蕴。他认为易理无穷，只要推崇周孔之学，潜心研习，推原圣贤之意，阐发先儒本旨，所言“必有当于圣人之心者”，日后必能有所发明，有所创获。

在《陈蠖庵〈弹琴读易图〉序》中，何振岱对《周易》学说的流传作了概述，他说：

> 六经惟《易》最难治。自汉晋至今二千余载，注家数百，独费氏直以《十翼》之旨解经，为得经意。费氏虽亡，郑康成、荀慈明之说犹费氏也。孔颖达称王辅嗣《易注》冠古今，辅嗣亦传费氏者也。有宋朱子作《易本义》以发明程传，理数兼求，补程氏所未及，则亦费氏之旨耳。后世言汉《易》，称虞仲翔而屏王辅嗣，更不肯从传、义。然虞翻承孟氏学，辅嗣及朱子承费氏学，均之汉《易》而已，无用存门户之见。吾所深忧者，则骛奇之士每掇事变物象之近似，以托于《易》。树义愈新，离经愈远，为害亦愈大。若君之笃守程朱，跬步不失，虽不如孟子所云深造自得者，要不失为笃信好学之士耳。君自幼明筮，所占多验，为余占尤验，独所自占终身卦不验。余谓古之君子修己而已，不遽言安人也。安人者，修己之征也。自有不修己而言安人者，于是人大不安，而世之乱亦不可止，今君己则修矣，而人不由己以安，此非己之罪也。

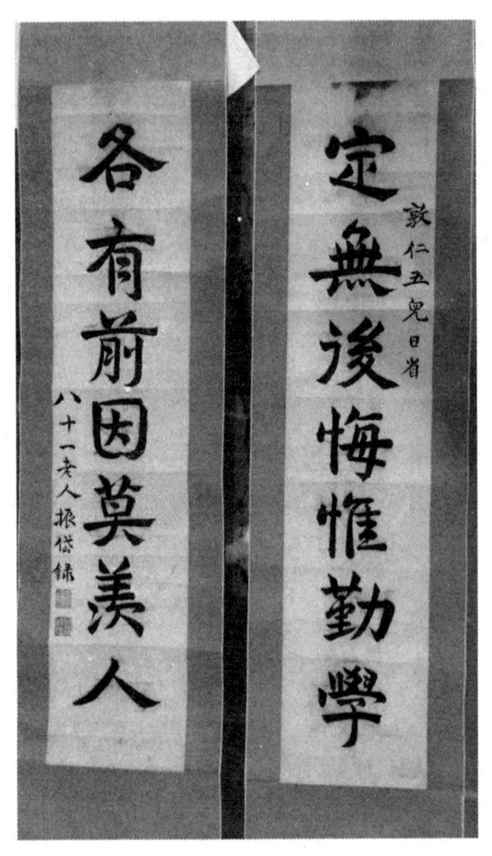

何振岱楹联

何振岱这段论述可谓《易》学传承小史。秦始皇焚书，《周易》作为卜筮之书，不在焚烧之列而独传于世。自先秦以来，易经原书承传不绝，注家数百。西汉时期，施雠、孟喜、梁丘贺、京房四家博士为代表的“今文《易》学”，遵循当时朝廷学官所立的经师传授之学治《易》，以费直、高相所传为代表的“古文《易》学”，以《十翼》解经意，属于民间私学传授的经说。东汉后，郑众、马融、郑玄、王弼等并传费氏《易》学，对费氏《易》学的承传较其他各家为盛。义理一派费氏、郑玄、荀爽、王弼、孔颖达、程氏、朱子相承有序，象数则有孟喜、虞翻。又施、孟、梁丘、京氏列于学官，实为有汉一代易学正统，所以言汉易当以象数为宗主。当然易学象数与义理和衷共存，不可偏废。易学至郑玄时融今古文为一炉，王弼则扫象数而归于义理，而后孔颖达《周易正义》用王注，且遵循“疏不破注”原则，立为科举教材，成为千年之正统。何振岱将象数、义理均归于汉学，实认为《易》学象数、义理不可偏废，即“虞翻承孟氏学，辅嗣及朱子承费氏学，均之汉《易》而已，无用存门户之见”。但仍恐学者误入歧途，乱说物象入易，标新立异，即“骛奇之士每掇事变物象之近似，以托于《易》”。其义仍如《〈易说〉简抄序言》之义，重义理，即重程朱所言之儒理，认为不必胡乱发挥。文末所言“古之君子修己而已”等句，实与《大学》的精神相关，《大学》强调以修身为本，身修而后家齐、国治、天下平，即身修而后安人。

《四库全书总目提要》易类小序云：

> 圣人觉世牖民，大抵因事以寓教。《诗》寓于风谣，《礼》寓于节文，《尚书》《春秋》寓于史，而《易》则寓于卜筮。故《易》之为书，推天道以明人事者也。《左传》所记诸占，盖犹太卜之遗法。汉儒言象数，去古未远也。一变而为京、焦，入于禨祥，再变而为陈、邵，务穷造化，《易》遂不切於民用。王弼尽黜象数，说以老庄。一变而胡瑗、程子，始阐明儒理，再变而李光、杨万里，又参证史事，《易》遂日启其论端。此两派六宗，已互相攻驳。又而好异者又援以入《易》，故《易》说愈繁。夫六十四卦大象皆有“君子以”字，其爻象则多戒占者，圣人之情，见乎词矣。其余皆《易》之一端，非其本也。今参校诸家，以因象立教者为宗，而其他《易》外别传者亦兼收以尽其变，各为条论，具列于左。

易类小序首先明确了《周易》的性质是“推天道以明人事者也”，接着梳理了《周易》研究的两派六宗，最后阐释了收书的宗旨。对照何振岱《陈蠖庵〈弹琴读易图〉序》中所论，可以看出他对《易》学传承的观点亦是两派六宗中程朱以儒理说易特点的体现。

何振岱在《与陈蠖庵论筮卦书》[1]中云：

足下读《家语》"武仲二年始为一兆"之文，悔平日问筮之数。窃谓：此不必悔也。足下素灵于占，为予占者十八九验，自占亦多验。今无过，求改乃反成过。若准《家语》之例，足下七十老叟，即更长寿，能为几兆？抑世难纷纭，有疑待决，果忍弗占乎？昔圣人作龟筮以前民用，原不禁其多为兆。兆之可多为，于《比》卦"原筮"之文见之。为兆之戒渎，于《蒙》卦"再三渎"之文见之。《曲礼》云："卜筮不过三。"明乎"三"不可，而"再"可也。"不过三"云者，一事不可数占，非一占当隔一年、二年也。考《周礼》，太卜所属占人、筮人、筮师，其名筮有九，若一二年只为一兆，何用此多官为？又云"上春衅龟"、"上春相蓍"。若占兆有限量，则蓍龟焉用岁易？《尚书》：周公营洛，既卜涧水，又卜瀍水。《春秋左传》云："国之守龟，何事不卜？"是皆可证为兆之数。宋吕氏大临云："常事卜不吉，则不筮；筮不吉，则不卜。大事先筮后卜。"人生大事少，常事多。如一二年为一兆，则小事皆不应卜，何以称"前民利用"乎？惟渎问则必不可，是无待言。舜命禹云："官占，惟先蔽志，昆命于元龟。"文中子谓："汾阴侯生善筮，先人事，而后说卦。"此不易之理也。

以上所言指出，陈蠖庵看了《孔子家语》中说武仲两年才占一卦，后悔自己平时太常占卦了。何氏宽慰陈蠖庵说，您占卦很灵啊，这不是

---

① 《何振岱集》，第71页。

过错，如果改了，才是过错啊。如果按照《孔子家语》所说，两年才占一卦，您现在70了，即使再长寿，能占几个卦啊。而且现在社会各种灾难频繁，您忍心不占卦吗？可见何振岱不反对占卦，他在文中引经据典论证可以占卦，认为占卦是一种日常的经常性行为。其思想上承接朱熹“《易》本为卜筮之书”的观点，强调可以经常占卦，但不能一事数占，即渎问。其原则是“先人事，而后说卦”，即说象数，其归宿还在义理。

《礼记·学记》云：“玉不琢，不成器；人不学，不知道。是故古之王者，建国君民，教学为先。”何振岱一生致力于文学艺术的教育，弟子盈门。他的《悯困蒙赋》① 云：

《易·蒙》之六四曰：“困蒙，吝。”《象辞》：“困蒙之吝，独远实也。”盖“四”处阴，与刚绝远，终不可以得明，是羞吝之象。偶触所见，赋以悯之：

繄降衷之有恒性兮，人皆可以为善。纷媮俗之蔓滋兮，恫嘉苗之受剪。蒙而莫拯其困兮，致秀种之为蠢。彼狂且之佻达兮，失丱角之婉娈。乃逾冠而悖戾兮，亦暱妄而安诞。容已惰而弥狂兮，休复柔而多踠。欻舞蹈兮旋涕洏，党惟酬兮所嫉则善。在木为蠹兮在禾为螟，在人为废兮有百塞而鲜一灵。窃思蒙之为义：果行则取于坎之刚，育德则法乎艮之止。刚以达其流，止以导之轨。君子养源，必慎于始。涓涓易澄，滔滔胡底？是以伐蛟必卵，摧蛇自虺。道由渐以密防，物既成则难毁。机弗审之于栝，栋惟忧其不挠。矧乃夏楚弛威，禽犊溺爱。恶从莠生，美慚桃

① 《何振岱集》，第1页。

憫困蒙賦

易蒙之六四、曰困蒙吝、象辭、困蒙之吝、獨遠實也、蓋

四處陰、與剛絕遠、終不可以得明、是羞吝之象、偶觸

所見、賦以憫之、

繄降衷之有恆性兮人皆可以為善紛婾俗之蔓滋兮

惘嘉苗之受翳蒙而莫極其困兮致秀種之為蠢彼狂

且之佻達兮失水角之婉孌迺逾冠而悖戾兮亦瞎妄

而安誕容已惰而彌狂兮體復柔而多蹤行蠡趯而蝡

駭兮坐豨僨而羝觸語、褻媟以魔襍兮默、則沈昏而抱

何振岱手稿

口。咻众望齐，讥深自郐。委芳根于荆棘，溷灵实而稊稗。忧鼯穴兮社墟，兆蚊堤兮河溃。噫嘻，恫哉！古者于子，教自胎兮；谨视慎听，端厥基兮。幼不逊弟，圣所哀兮；牛山之木，匪无跟兮。惟雨露与斧斤，严为戕与为培兮。

蒙卦，山下出泉，上卦为艮卦，下卦为坎卦，是教育之卦。六四爻爻辞为“困蒙，吝”。此卦二爻与上爻为阳，为刚；初爻、三爻、四爻、五爻为阴。从爻位看，初爻、三爻、上爻皆与阳爻相邻，唯独四爻夹于三爻与五爻二阴爻之间，故“与刚绝远”，而正因为如此，所以无法得到启蒙之象，为困蒙之象。处蒙卦而得不到教育，所以占验辞的结果为“吝”。此赋先言“人之初，性本善。性相近，习相远”，接着惋惜“蒙而莫拯其困”，就是教育而不能弥补其气禀的欠缺，以致年纪日增，行事狂悖，“在木为蠹兮在禾为螟，在人为废兮有百塞而鲜一灵”。何氏认为蒙卦大义，要在大象之上。“蒙，山下出泉，君子以果行育德。”“果行则取于坎之刚”，即以坎卦为阳卦，为刚象。《论语・泰伯章》云：“士不可不弘毅，任重而道远。”所以为学求道者必有刚健之心，毅然前行。“育德则法乎艮之止”，艮为山，其卦义为止。培养品德，在于严于律已，不合适的行为都不可以做。接着何振岱感慨教育“必慎于始”，行事必慎于微。由此可见何振岱作为传统文化的教育家之循循善诱，谆谆教诲之心。

1928年，何振岱旅居北京期间，博览名家典籍，尤其对《周易》下了许多功夫，他曾“思将所读各家《易注》有契合者申论之，或自出新意名之曰‘《读〈易〉思遵录》’”①。从上述何振岱的几篇与《易》

① 《何振岱日记》，第191页。

学有关的文章看，何振岱的易学观是正统的，他不抹杀象数，不反对占筮，但反对滥用象数；他推崇程朱义理之学，遵循“推天道以明人事”的易学精神，说象数，其最终归宿还是在义理。

第八章　淡泊儒雅　才华横溢

一、尤喜言芳缘志洁

何振岱一生酷爱梅兰松菊等花草树木，倾慕“餐荐夕英，杯迎朝露，长年修洁，寒花作伴”的生活。对花草的癖爱，象征着诗人高洁的品格。其《叙瓶中杂花》诗云：“芳心不可阑，于花有偏爱”；《夜雨题新居斋壁》诗云：“有琴有书有花卉，晴明闲安亦可喜”；《石菖蒲》诗云：“闲居娱小草，青翠为我春”；“寄情红紫外，有情常相亲”；“怀芳自本性，采药师全真”；《和无辨看海棠》诗云：“唤回香里魂，且作花前伴”。在何振岱的笔下，树木、花卉已不是单纯的植物，而是作为一种抒情言志的对象，被植入了丰富的文化意蕴。《觉庐诗存》《我春室诗集》中以歌咏梅兰松菊，言志述怀的诗作不少。

何振岱咏菊诗有：《晚菊》《再赋晚菊》《冬夜得菊数十枝室人为具酒同赋》《垆边菊花》《题画菊》《旧菊》《叙菊》《菊影》《秋晚初得菊数十株喜作》《月中对菊》《新菊》《邻菊》等。早在青年时代，何振岱就与九鹤、荃庵诸君结菊社祀菊，其《祀陶杂言》诗云：“我生亦秋士，栽菊能满畦”；《晚菊》诗云：“数枝野篱旁，娉娉隔疏筱”；《再赋晚菊》诗云：“能于瘦素出清新……可言惟有晋时人……独自悠然是性真”；《冬夜得菊数十枝室人为具酒同赋》诗云：“君谓兹花抱幽致，留待岁寒天有意”；《代柬招碧琴》诗云：“竟日幽斋惟对菊”。咏兰的诗作有《素心兰花》《忆兰花》《题画兰》《报岁兰腊底作花赋诗旌之》等。其《忆兰花》诗云：“独有素兰思不见，如幽人隔天之涯”；“花素心兮不可期，人素心兮空相思”；《阿羲觅兰花》诗云：“三两枝花便作春，渊渊兰德是吾邻”；《嘉琼馈盆兰》诗云：“百卉皆逞姿，兰独以品贵……嗟予耽此花”；咏松的诗句有：“岁寒俦侣今余几，一花一树无令孤”（《雨损山中古松因重植之》）；“凌寒不凋青，我怀岩上松”（《寄远杂诗》）等。

此外，尚有《茉莉》《芭蕉》《夜来香》《北园冬日海棠盛开》《海棠一株寄邻园中者经年甚悴，移归不日转茂，喜作》《芍药》《月下海棠》《红叶和郁离》《戒坛寺卧松甚奇随所见写之》《水仙初花》《题梁文忠崇陵种松第一图》《小庭杏花盛开》《水仙花》《水仙抽叶将花》《续赋水仙花》《大雪海棠树下作》《竹所》《和人莲花二首》等咏物诗。其中《大雪海棠树下作》云：“此树未花意自好，待放娟红先洁白。世间绝色解凌寒，不露神光有谁识”；《竹所》云：“翠竹与幽人，自古依为命”。以人格化的手法将花草树木的形态特征、节操神韵描绘得淋漓尽致，达到物我情理的交融是何振岱咏物诗的共同特征。

尤其值得注意的是，何振岱一生对梅情有独钟，他字“梅生”，年 60 后改字“梅叟”；在南三官堂的庭院里植有两株梅，一株红梅，一株白梅；他喜欢赏梅、画梅；常在梅花下咏梅，并喜欢将所画墨梅赠人。每逢生日，诸弟子恒具杯盘于梅花前，唱白石道人（姜夔）的咏梅词《暗香》《疏影》为先生寿。何振岱爱梅、恋梅、咏梅、画梅

何振岱绘梅花图

的“香草美人”情结成为他孤标傲岸人格的一种精神象征。

在何振岱的诗集中咏梅诗有近30首。其《山中梅花二首》诗有“梅立万花先”句，《功庸以柳梅诗索和赋答》诗有“花中称梅树称柳”句，《庭梅》诗有“移根锄月曾亲手，数朵犹当百醉偿”等句，由此可见何振岱对梅花的偏爱。每逢恩师生日，何振岱都要备鱼酒、梅花致祭，如《先师谢夫子生日具鱼酒梅花致祭》诗有“终身如侍侧，慕思永无已。依稀旧山斋，红梅映朱履”等句。何振岱《五十生日自寿序》云：

昔者吾师长乐谢子生日不受祝，先期避西郭外丁坂楼下侍女家。吾州艺菊丁坂为盛，师岁一至，菊数畦，鸡黍二簋。侍女者亦老矣，服侍左右。师对菊挥杯，翛然得也。师寿至八九十，吾侍侧时年三十一二，今遂已五十之年。学不加进，徒老为愧。师生日为十一月廿十三日，予则后一月亦廿三。予侍女适凤冈李氏者，婿农圃翁，结庐深树中，面山依池，门前梅花连二三十株，高皆过墙。予喜之，假之以度腊，窃比师之于丁坂焉。……

同时作《五十生日避客凤冈梅花盛开》云：

停篴即问花，徘徊到日暮。五更闻寒香，披衣天欲曙。鸡声出篱落，蝶影导闲步。小溪接柴桥，千花耿回互。水光潋红雪，人影里晴雾。停筇初一村，映目又几树。旋转益无穷，幽深如有遇。我生属穷冬，冷襟谐野趣。原非钟鼎姿，或得江山助。黍酒谢殷勤，折枝压归路。

谢章铤嗜菊，何振岱则恋梅，但他们欣赏的都是“神清骨冷无尘俗”（苏轼《书林逋诗后》）的高士情操和孤标傲岸的品质。

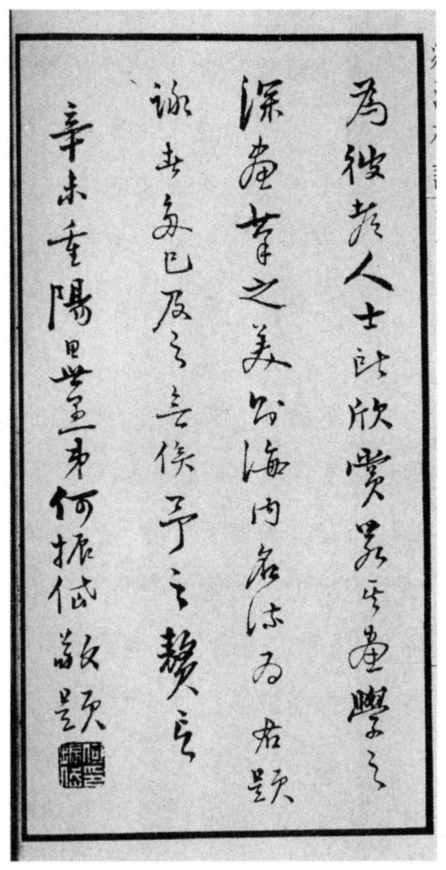

何振岱手稿

梅花作为天下奇花，历代文人雅士视之为知己，纷纷为之立传。《范成大梅谱》云：“梅以韵胜，以格高，故以横斜疏瘦与老枝怪奇者为贵”；李纲《梅花赋》云：“梅花非特占百卉之先，，其标格清高，殆非余花所及”；王冕《梅华传》云：“梅先生翩翩浊世之高士也，观其情标雅韵，有古君子之风焉”。历代诗人或写梅之格、态，或写梅之神、韵，诗中大多寄寓了文人士子们的节操情怀和审美意趣，但由于诗人所处时代以及人生际遇的不同，历代咏梅诗也就呈现出思想情感的多元性和差异性。

歌咏梅花清绝高洁的风骨，表现旷达隐逸的思想倾向是何振岱早期咏梅诗的主要特色，这显然是受到素有“梅妻鹤子”之称的宋代隐逸诗人林逋的影响。《觉庐诗存》中的第一首诗《乌石山晓望时薛老峰边梅花初开独坐成咏》即为梅花而作，此诗是诗人早期的作品。全诗如下：

万山绕吾州，一水明天际。晓霞绚帆影，叶叶疏林外。雉堞俯鳞塍，新蔬霜后翠。鸡寒棲树心，禽懒眠犊背。年芳入祀酬，村情闲畚耒。迎目几枝梅，丛篁不能翳。寻香乍近远，吹人但静气。千载矗孤峰，薛老联芳袂。吟魂风雨夕，芬芳相温慰。怪底古隐君，有偕欲遗世。远望旷我思，孤花深我契。岩居晚自春，逸境洵佳赉。

薛老峰位于乌石山天秀岩的背后[①]，诗人旧居在乌石山麓，因此常到乌石山读书吟诗。面对美不胜收的胜景，诗人心旷神怡。但薛老峰边梅花那种神清骨冷、疏淡清香的气质神韵令诗人不禁联想到孤高傲世的高士、退隐江湖的隐士，并油然而生徜徉林泉，高蹈遗世的情怀。“怪底古隐君，有偕欲遗世。远望旷我思，孤花深我契”句正是诗人幽独清高、自甘淡泊的内心表白。

何振岱的诗歌宗宋，对林逋的为人与咏梅诗尤为倾倒。林逋“性恬淡好古，弗趋荣利”，居处植梅养鹤，终身不娶。《群芳谱》曰：“林逋隐居孤山，征辟不就，构巢居阁，绕梅花吟咏，自适徜徉湖上，或连宵不返。”《花史》载“孤山放鹤亭，林逋隐此蓄二鹤，每泛舟湖中，客至，童子纵鹤飞报，即归”。何振岱1909年前曾两次游杭州西湖孤山，留下了《孤山独坐雪意甚足》《孤山喜晴》《孤山晓望》《别孤山梅花》《自杭州孤山归上海舟中读和靖集》《孤山旧游处》等6首诗作。其中《别孤山梅花》云：

---

① 天秀岩旁建有薛老庄，为唐咸通中侯官令薛逢（颇有政绩）的后人所建。明万历年间，福州诗人借庄中结社吟诗，宰相叶向高也曾应薛氏后人邀请在此唱和，并留下草书诗刻一首。

乱堆残雪尚墙根，转眼南枝作蕊繁。花近水边知更好，日斜独映易消魂。微吟自爱闲风味，未老终谋数过存。别后梦魂应到此，山翁莫为掩篱门。

《自杭州孤山归上海舟中读和靖集》云：

归舟正载吴天月，隔岸犹分浙水寒。千种风光行处恋，孤山花树卷中看。心闲我亦耽玄墨，诗澹公能写肺肝。赘叟散人何处是？船灯照影对微叹。

以上两首诗作以及《孤山旧游处》诗中的“惟有胜游心，不从景光易”句都传达出诗人归隐山林的林泉之志。

何振岱在咏梅诗中极力赞扬梅花幽独林间、气傲寒雪的品格，赋于梅花孤傲劲节的特性和品质。如《十三夜四鼓梅花下看月》云：

湿云飞不下，空际尽浮香。月在花疏处，流辉作淡黄。遂分全树影，如墨画虚廊。四鼓消清坐，春愁入曙光。

《长庆寺宋梅著花冒雨往看》云：

看花固喜晴，细雨亦无碍。屹立濛濛中，嫣然送静睇。天水旧因缘，托根得香界。历代老禅徒，尊礼视先辈。听法悟无生，有身宜不坏。冻禽饫僧粒，粉蕊舍弗嘬。著花虽不多，高韵倾一世。譬如古散圣，落落自天际。乔松并长寿，怪石映奇丽。归途逢晴晖，几枝又竹外。吹香荒陌闲，可人抑其次。

《除夕竹均从游湖上探梅小饮得诗》云：

雨余湖可沿，舍楫趁健步。寻我所忆梅，徘徊桥西路。旧亭回迤边，游尘不到处。苍凉丛卉中，三两新栽树。有如遁世人，穷居保幽素。吾犹及老本，苔藓半根蠹。身瘠而花腴，横斜出烟圃。天地且凋伤，此树忍回顾。于时湖忽阴，桥门低薄雾。水纹凝不鳞，山翠淡相赴。风香乍有无，粉蝶时来去。疑是古梅魂，空中以神遇。词人亦莞然，沉吟若有悟。相将上酒楼，一醉湖天暮。

20世纪二三十年代，中国处于内忧外患，风雨飘摇之中。何振岱自1923年至1936年旅居京都，十余年间经历了从军阀混战到日寇咄咄进逼，战祸一触即发的局势变化。旅居虽安适，但何振岱一刻也没有忘怀国事。这一时期，何振岱与夫人郑元昭常常诵读宋代爱国诗人陆游的诗词作品。这从郑元昭丙寅年（1926）的日记中可以看出。如九月初五的日记中载："诵经，读陆放翁诗。"九月初六的日记载："晨起掠鬓，盥漱，诵经，食麦片，诵陆诗。"在历代众多的诗人中，陆游堪称咏梅大家，其咏梅诗多达百余首。何振岱对陆游的咏梅诗词尤为倾倒，其《竹簃学使得改七轩画一树梅花一放翁扇面，见者皆谓神似竹簃也，竹簃今年六十六生日，予背临改画亦酷肖，并题诗以赠》云：

绍熙老樵称九曲，视秘书监领祠禄。竹簃林子今家居，行年正亦六十六。翛然欲学此翁清，饭罢虚廊自摩腹。不知画史何从摹，物外为留真面目。化身或疑是梅花，宴坐谁云如槁木？

八百年来通一气，古人似我原常事。自济犹同安乐窝，放怀差胜方山尉。春来飞雪满城湾，何人更如林子闲？不须记梦长安道，约与江亭看远山。

“一树梅花一放翁”句出自陆游《梅花绝句二首》中的第二首，原诗写道：“闻道梅花坼晓风，雪堆遍满四山中。何方可化身千亿，一树梅前一放翁。”面对满山遍野盛开的梅花，诗人陆游突发奇想，幻想能有分身之术，去遍赏梅花的风姿雅态，诗人对梅花的痴狂之情表露无遗。如果说何振岱早年的咏梅诗笼罩在林逋咏梅诗境界的影响之下，那么，何振岱晚年的咏梅诗则追步陆游咏梅词的精神，借梅抒写人生的不遇与痛楚，表达愤慨不平的心声。

1932年7月何振岱由北京南返，1933年冬复北游。其间何振岱创作了《除夕竹均从游湖上探梅小饮得诗》《神光寺寻宋梅不见》《看梅题惜园》《十三夜四鼓梅花下看月》《十四日游旧绘春园梅花十余本盛开》《长庆寺宋梅著花冒雨往看》等咏梅诗。何振岱南返一年余得诗仅50篇，咏梅诗就有6篇。其中《神光寺寻宋梅不见》写道：

昔日神光寺，欹崖倚宋梅。忆予读书处，犹见数花开。沧海忧鲵鲋，花宫鞠草莱。无人思此树，独自踏苍苔。

神光寺位于福州乌石山，诗中“鲵鲋”指小鱼，“鞠草”形容衰败荒芜的景象。“无人思此树，独自踏苍苔”句写诗人寻宋梅不见而引发的慨叹，此诗落笔于神光寺里的一株宋梅，渲染了悲凉凄清的气氛，流露出诗人孤寂、无人理解的痛楚，表现出一种不随流俗的品格和独抱孤衷的精神。谢章铤的《金缕曲·庭梅半开，独步花下，风过时坠一二片，韶华不居，零落可感》也是一首写宋梅的词，全词如下：

一半花开矣。算人生、能够几回，花前欢醉？况复封夷还作剧，苦苦将花吹坠。撩起我、凄凉心事。细雨忠贞祠下过，人对花齐滴伤心泪。要花看，将何地。　　此花又向天涯弃。便无穷、幽香冷艳，相怜谁是。我也家风称宝树，颇与花同臭味。但有恨、花曾知未？当日戴花人似玉，想爱花无奈花难寄。花应替，我憔悴。

原注“忠贞祠在福州乌石山，有梅一株，宋代物也。山近为英夷所踞”。词中“封夷”暗指英夷。此词是抒写英国侵略者占领福州乌石山事。据传，这株宋梅，英夷想用斧将它砍去，先数日，梅竟憔悴死。这首词表面是传统的惜花词，实际是惜乌山，惜闽省，惜大好河山。其写虽小，其旨却大，寓意深刻，耐人寻味。如果说何振岱的《神光寺寻宋梅不见》诗与谢章铤的词都写得比较含蓄蕴藉的话，那么《十四日游旧绘春园梅花十余本盛开》一诗的意旨则很明显了。诗中写道：

相待不相遇，凄凄离恨天。孤清如此树，冷落向荒烟。闲步足闲赏，山边又水边。心期无说处，百匝为芳妍。

国难当头，诗人很想为国出力，但怀才不遇，报国无门，内心的痛苦无处诉说，“相待不相遇”“心期无说处”与陆游的“驿外断桥边，寂寞开无主”异曲同工，都是借梅抒发了忧国忧民的志士情怀。又如《晦前一日山中梅花下作》云：

荒山一角容逃世，我与瘥花两病身。雪意兼天初放日，石边孤抱欲搏春。蜂巢隔树添穹屋，马勃沿冈剩战尘。独有松涛三百载，园头吟啸最亲人。

诗人虽老病缠身，已届衰残之年，但“孤抱欲搏春”，面对战乱频仍的局势，诗人慷慨悲歌，借梅抒发内心的愤恨与不平。又如《隆福寺买古红梅花》中的“年年买花过萧寺，春怀浩荡无人知”句；《湖心亭梅花下小饮》中的“烟波媚逸姿，郁抱沁嘉觌”句以及《园梅初放》中的“角声依旧度清霜，风外飘香石径荒。不及别前舒素萼，梅花有恨倚红墙”等，都是寄托遥深的咏梅作品。

二、礼诵祈安勤佛事

早在青年时代，何振岱就笃信佛教。关于他学佛的因缘，与他父母亲的影响有直接的关系。父亲桂斋公常年供奉观音大士像，晨夕焚香、诵经。[①] 何振岱《四月廿四日供佛感昔》诗云：“慈母恒言佛有灵，梦中亲见准提形（母尝以先姊病祷佛，梦见佛母而愈）”；“花果玉盘商作供，弟兄罗袷侍听经。每逢此日思何极，顶礼筵前一涕零。”教书写作之暇，何振岱坚持诵经念佛，在现存何振岱的日记中还可以查找到不少供佛礼佛、求佛祈安、写经赠友、忌日持斋、参拜佛寺的记述。

仅戊辰年（1928）日记中就有多处记载：五月初十五条：“诵金

① 何振岱：《先君子手写佛经跋》，《何振岱集》，第37页。

何振岱为松辉老和尚重建丈室题联

经一遍”；七月初八条：“诵经”；十一日条：“祀先”；十八日、廿一日、廿二日、廿六日、廿八日、廿九日等条均有诵经的记述。八月初八日条载：“先太宜人生辰，早起焚香诵经，枕上思得数字，当守而行之（略）”；八月十七日条：“起诵经”；廿三日条：“天明起，焚香拜圣像，诵经”；九月初六日条：“为炳儿筮一卦，占求馆，得需之小畜”；九月十三日条：“五时即醒。喜天将曙，欹枕待之，此老人之情怀也。倦至七时起，诵经后弹琴。”

在《觉庐诗存》《我春室文集》《我春室诗集》中，也有不少反映他参禅诵经、弘扬佛法、赞扬佛子、以佛咏景、以禅喻诗以及和佛教界人士交往的内容。如《鼓山达摩洞同九鹤虞孙鲁斋》云：“跏趺学安禅，冥心求静理”；《洪塘塔江寺怀碧琴》云：“林花如笑游人老，藤枕曾参夜雨禅”；《慧明别三日矣，适有海舶书寄》云：“驿灯清影犹孤馆，佛座新香入净缘”；《江阁楞根上人夜谈》云：“水阁玄言疑佛见，世尘苦趣岂公知”；《山房饯春并送僧楞公归太姥》云：“芜根千里愁难剪，禅悦平生醉可逃”；《久雨忽晴，适吴翁小铿馈葡萄酒感谢》诗云：“我尝偕周子，借室供浮屠”（余尝同周雨渔借君一房诵经）；《白塔寺楞公留饭，同墨泉雨渔》云：“既饱遂无事，烧香闻夜钟”；《秋晚一日遍游西山诸寺，归饮酒家》云：“吁嗟山中人，我愿何时遂”；《焚香杂兴》云：“残生得向空山老，甘作焚香听雨人”；《过西禅寺怀僧福慧并陈印人寿柏》云：“知我悦钟鱼，款我兼薯蓣”；《病夜》云：“移心古法良堪试，持熟金刚一卷经”；《腊月廿二晨登乌石山》云：“礼佛起清晓，扶筇登碧山”；《积雨怀梵辉上人》云：“吾少读悟书，游心在方外。爱听灵源钟，袯被宿香界。中岁结楞公，分若埙篪爱。照人如皎月，一夌在云际。夙约永相依，舍我独遗世。山门数十松，每见欲陨涕。”

何振岱于不同时期创作的与奉佛、礼佛有关以及与佛教界人士唱酬的诗作还有《于山香坛怀楞公》《赠鼓山知禅上人主象峰方丈》《复灵杰上人近惠书后》《宿于山大士殿》《庚午元日摹释迦佛像一尊于慧明所书金刚经上》《宿地藏殿妙光室闻松声不寐》《韬光寺前》《答迦陵问报书》《九月初十日理慧明遗稿始毕是日君初度》《净室》《题疚斋写经图》《沪堧主储斋君导礼大摩利支凡七夜纪事》《披陶隐居集赋寄楞公》《怡上方丈楼上晓望》《游棲霞寺观六朝石壁佛像》《楞公以佛像及志录诸品见惠志谢》《初秋二十日怡山明远阁怀僧楞公》《寄梵辉上人谿仁王寺十六韵》《僧灵杰近游海外辄有寄赠赋此报之》《四月初五夜，鼓山寺畔右楼上，楞公过谈既，返寺门已键，独趺坐东际楼，予闻之自往邀回，未四更又鸣钟上殿矣》等。

在与何振岱交往的佛教界人士中，既有在家的居士，也有出家的诗僧。其中，与何振岱关系最密切的要数福州西禅寺楞根大师、梵辉上人以及楞根弟子慧明居士。

智水号楞根，福建福鼎人，福鼎瑞云寺方丈，兼福州西禅寺方丈。楞根主西禅后，何振岱常至西禅，与楞根过从甚密。

西禅寺，座落在福州市西门外约3华里的怡山之麓，殿阁巍峨，蔚然壮观。据宋梁克家所著《三山志》记载：西禅寺“隋末废圮，唐咸通八年，观察使李景温招沩山僧大安来居，起废而新之”。可见，西禅寺建于隋朝以前，唐咸通八年（867 年）予以重修，是福州五大丛林中历史最为悠久的古刹。西禅寺初名清禅寺，后改称延寿寺，长兴年间，闽王王延钧奏请敕赐长庆寺。唐朝时，福州有四大禅寺，分别称东禅寺、南禅寺、北禅寺和西禅寺，长庆寺就改称西禅寺。

唐朝时，西禅寺的高僧有大安和慧稜等。大安禅师（793—883），又称懒安，福建福清县人，据寺内保存下来的唐代碑刻《塔内真身记》载，大安法师是在黄檗山出家，24 岁时在浦城县乾元寺受戒，后至江西参拜百丈怀海禅师，又在湖南沩山居住 30 年，接任沩山密印寺住持。兴建西禅寺时，大安回到怡山，从者甚众。咸通十四年（873），唐懿宗赐其号延圣大师，并赐紫袈裟和开元藏经给西禅寺。在大安禅师的住持下，西禅寺有僧 3000 人，规模宏大。大安圆寂后，谥号圆智大师，骨葬于楞伽山（今祭酒岭），塔内有唐刻《塔内真身记》石碑。1953 年，《塔内真身记》出土，现这一珍贵文物珍藏在西禅寺客堂，成为研究早期西禅寺历史的珍贵史料。从宋朝至清初，历代西禅寺法师均对寺庙做过多次重修。光绪三年至十五年（1877—1889），微妙禅师多方集资进行重修。微妙禅师，又名耀源，福建仙游县人。他 15 岁在西禅寺出家，后到涌泉寺清修 10 年。同治末年回到西禅寺时，见殿堂废圮，大雄宝殿的三宝佛头戴斗笠以遮风蔽雨，微妙就立志要重修西禅寺。1876年，他赴京时，光绪皇帝赐《龙藏》一部、康熙御书《药师经》一部。随后，微妙又到新加坡、马来西亚、印度、缅甸、菲律宾、泰国等国及台湾地区筹款，后主持新建了藏经阁，重建了大雄宝殿、法堂、天王殿等 30 多座殿堂，形成今天西禅寺的规模和格局。应部分华侨的请求，微妙禅师在寺内寄园旁修建了一座妈祖宫（又称天后宫），供奉妈祖神像。

1928 年，住持智水、监院证亮重修寺院，增建明园阁一座，开辟寄园和放生池。今寄园内花木似锦，有古荔枝数百余株。西禅寺荔枝，“皮光而薄，味清而甘”，自唐以来时人争相品评。历代文人墨客前来品荔，留下许多轶事和诗词。现在，西禅寺仍年年举办荔枝会，名人雅士在此吟诗作画，“怡山吃荔”成为韵事。周围园林遍布，红梅翠竹，青松古荔环绕，十分清静幽雅。

西禅寺原有旧志，为清康熙中沈心斋学使所编，此后一直未续修。楞根主西禅寺后，尝有意续修西禅寺志，但未成。后由碧溪、梵辉两上人博采故实续成。西禅寺志完成后，梵辉上人特聘请何振岱作《西禅小记跋》。何振岱于古今僧诗不厌浏览，认为历代僧迦诗的症结在于“未明体制，误以禅参唪喝一类揉杂入诗，自是其非。人见之者，以其僧也能是已难，不欲深求之。于是僧家之诗终古在云雾中，无从透显。即唐宋有数名家每不脱方外习气，不思世间万象纷呈，名必有实，既名为诗，不应无诗之实”①。梵辉上人尝以历代僧诗未有专选，与其友灵杰广搜博采成两册，并附事略于题目后，请何振岱作《历代僧迦诗选序》。

在战乱频仍、动荡不安的年代，何振岱奉佛、礼佛，一方面是不愿与污浊的社会同流合污，通过礼佛寻找精神上的寄托；另一方面是祈祷佛祖保佑苍生免于劫难。抗战中，西禅寺的天王殿、大雄宝殿、方丈室、念佛堂都毁于炮火，后由监院证亮、梵辉等募款修复。何振岱在《答林坦西同学书四则》第一则中写道：“客冬弟行后，里中烽

---

① 何振岱：《历代僧迦诗选·序》，《何振岱集》，第 19 页。

燧频惊，身虽在客，而家人亲友悬系寸心，焦灼不胜。赖天佑我，闽小器旋靖，然亦危险甚矣。吾里近年奉佛人多，即以功德林一处言之，修持精进者不鲜。每闻风鹤，辄集僧侣礼忏，昼夜不懈。佛力所庇，往往转危为安。弟等亦于西禅寺建护国道场，自去年五月起至九月暂停。明年款集将永远礼诵，冀得免劫运。……”[①] 另在《与林坦西同学五则》第五则中云：“西禅寺仁王道场乃为护国而设，基金未集，尚有待于募助为月间凑用。肯发心者月助一缗，实无多。吾州岌岌在风雨中，所信佛力庇荫，或可减轻劫数，是不能无望于有心者之帮助耳。”[②] 对于衰残之年的何振岱已无用武之地，只能礼佛祈安勤佛事了。

丁丑年（1937）夏季楞根大师圆寂，何振岱悲痛万分，作《楞根大师祭文》。祭文如下：

岁丁丑季夏日，谨以香花、蔬果致祭于楞公大师之灵曰：呜呼！大觉为归，真灵无辍。既融人我，并忘生灭。其来云涌，其往波汩。不可思度，宁可钧抉？呜呼楞公！如斯迥绝。我欲哭公，其将奚述？溯从订交，阅数十载。原阻川睽，时有良会。双塔两山，驻锡之地。瞻望流连，俦侣三四。若影依形，百怀皆慰。为骨肉游，为金石契。其契其游，无量无际。无何分袂，燕北闽南。碧云日暮，离忧内含。我梦太姥，青峰紫岩。晨绕竹径，暝憩松龛。公趺而语，我默以参。灵不启钝，时惟内惭。冥心杜思，薄窥二三。壬申南返，公主西禅。相见惊喜，霜发

① 《何振岱集》，第 49 页。

② 《何振岱集》，第 51 页。

垂肩。公曰且待，后有佳缘。手指白云，卷舒长天。薄游复远，又隔三秋。客冬归来，频宿山楼。公喜不寐，长日夷犹。夜阑籁寂，欲去仍留。方谓自今，尘事粗休。从公茸茅，永矢玄修。心有一悦，事无纤忧。公心皎月，照我如秋。我如弱鲁，依公有鸠。畴昔之夕，周子叶君。寻欢践约，僧房听钟。龛灯有花，公谈方浓。数催憩息，举步从容。曾不崇朝，脱屣琳宫。天弢乐解，抑何匆匆。在公翛然，兹世无恋。不念吾侪，肝肠悽断。故言镌心，故影入眴。恒悦常和，甚庄弥逊。大昭烛昏，微言牖钝。胡迹若非，胡存若幻。忍哭抚心，寻声动叹。昔来送我，必越松垌。松故依然，矗天青青。从兹山路，岂可重经？升堂祭公，荔盘空设。露香虽美，食不下咽。呜呼楞公，耿耿心光。百年万古，如何可忘？呜呼尚飨！

何振岱与楞根大师交往数十载，如影随形，尤其是南归后，何振岱“频宿山楼”，“欲去仍留”，常常彻夜畅谈禅理。楞根大师圆寂后，何振岱作《腊八前同羲怡二子至西禅寺》云：“僧往缘仍在（诗注：谓楞公），山寒意转深。”表达了对楞根大师无尽的思念。

周衍巽字绎言，又号雏蝉，法号慧明，山阴人，博野县知县周榕倩女，在闽时皈依太姥山高行僧楞根为弟子，何振岱之女何敦良曾执经于居士之门。有《慧明居士遗稿》，集中存诗 152 首，词 24 阕。集中所作在闽为多，尤多与何振岱夫人郑元昭酬唱之作。1922 年周衍巽去世，何振岱作《二月十三日杨庄奠慧明》《九月初十日理慧明遗稿始毕是日君初度》《谛华兰路寓宅见所供慧明小影》诗及《慧明居士遗稿序》。

何振岱不仅自己信佛，还鼓励学生研究佛经。在《与王生德愔二则》第二则写道："若能抽裁诗之暇，为研究佛学之事，大家并探讨一种佛经意义，于身心必有所益。"①

三、居阛阓而志山水

何振岱尝谓有"遍历天下名山之志。当四十余岁时有其机而不遂，引为终身之恨"②。后来虽老矣，但"经丘寻壑未忘于怀"。何振岱非常热爱大自然，居则莳花种树，位置山石；出必寻访山水，游览名胜，一生中历游南北各地名山胜水，近的如福州的乌山、鼓山，远的如九江之庐山、镇江之焦山、金山。何振岱数次游杭州西湖，对北京的各处山水更是畅游不倦，所到之处均留下纪游的诗文。

何振岱久慕家乡山水名胜。乌山是何振岱最熟悉的一座名山，留下的诗文也不少。这是因为他的旧居在"乌石山麓，左右两院。左院后一楼面山，傍无垢石塔"。乌山怪石嶙峋，林壑幽胜，有 36 奇观，素有"蓬莱仙境"的美称。乌山又称乌石山、射乌山，在福州市区中心。相传汉代何氏九仙于重阳节登临乌山揽胜，引弓射乌，故又称"射乌山"。唐天宝八年（749），唐玄宗敕名为"闽山"。宋代熙宁年间，福州太守程师孟以此山可与道家蓬莱、瀛洲相比，便改其名为"道山"，并在山上建道山亭，随后延请他的前任、唐宋八大家之一曾巩作《道山亭记》，记述乌山风景，乌山因而驰名远播。历代许多著名的官吏和文人，如程师孟、陈襄、湛俞、赵汝愚、朱熹、梁克

---

① 《何振岱集》，第 58 页。

② 何振岱《哭许疑庵》云："岂无五岳志，一误成衰翁。"诗注："余年四十，江右曹君欲资予挈其子遍游五岳，予允其请，为其子所阻。"

家等，都在山上留下诗文和题记。何振岱《觉庐诗存》中的第一首诗《乌石山晓望，时薛老峰边梅花初开，独坐成咏》就是以乌石山为题材。乌山上原有一座清冷台，为元至正二十四年（1364）福建省最高长官平章政事燕赤不华所建。“清冷”是静肃之意，意在勉励自己为国家干事。可是他却言行不一，时常宴乐其间，任职数月，他便身败名裂，亭台也随之倒塌。何振岱《登清冷台》诗写道：

高台景物接平川，叶叶云帆望渺然。波影犹明曾别路，山容更碧昔游年。东风扫磴花如雪，微雨兼城树半烟。飞鸟长空盘远势，看人勺饮恋岩泉。

诗人登临清冷台，远望烟波浩淼，视野空廓；近观山色空濛，山花似雪，仿佛一幅清新淡雅的水墨画呈现在眼前。结句写飞鸟盘旋的气势与游人勺饮的情态，为整幅画面增添了盎然的生气。何振岱还有《乌石山紫清宫》《人日友人同游乌石山作》等以乌石山为题材的诗作。其中《人日友人同游乌石山作》云：“人生具独见，乃不随群趋。”反映了诗人不同于流俗的人格修养。

鼓山是名闻遐迩的一座山，海拔 969 米、面积 1890 公顷，耸立于福州东郊，闽江北岸。相传山颠有一巨石平展如鼓，每当风雨之际，便发出隆隆的声音，像鼓声绵绵不绝地在山间回荡，故名鼓山。鼓山地处亚热带，山中苍松滴翠，奇葩流红，而且岩秀谷幽，名胜古迹遍布全山。景区峰、峡、岩、洞 260 余处，久负盛名的有白云峰、狮子峰、喝水岩、蟠桃林、八仙岩、忘归石、仙迹石、白云洞、灵源洞、达摩洞等。西晋尚书郎郭璞在《迁城记》中有“左旗（山）右鼓（山），全闽二绝”之赞。

年青时代，何振岱常与九鹤、鲁斋、荃庵、郑容等同游鼓山，曾于“秋夜月中肩琴入万松深处，枕之而卧，风起涛鸣，僧来促之起，大笑入寺”①，由此可见年轻诗人们胸次洒落，翛然出于尘埃的情怀。鼓山的灵源洞、达摩洞常留下他们的足迹。何振岱《鼓山达摩洞同九鹤虞孙鲁斋》诗云：

嵌虚复深藏，洞天撑磈磊。女墙凭双松，松声落山几。暗泉咽岩窦，厨烟散叶底。佛灯永夜明，钟前人已起。月挂江帆飞，瓦檐摇远水。跏趺学安禅，冥心求静理。天气飒然来，精灵已千载。一苇不可招，寒光满西海。

达摩洞内有一尊2米左右的达摩面壁坐像，洞外一巨石，石壁如斧削。何振岱与诗友常夜宿达摩洞、灵源洞，但往往是彻夜畅谈，无眠至旦。何振岱《龚碧琴行略》云：

尝同游石鼓山，宿达摩洞，烧松明、瀹山泉、拥垆作粥，老僧出所藏瓠佐之。白云从山下来，急掩洞扉，然烛坐意殊适也。

《山洞夜起》云：

耦立长松倚女墙，无眠一客坐虚廊。佛灯宿火昙花影，茶灶新烟柏子香。石壁阴寒能滴溜，夜江远黑自生光。天秋常有鱼龙气，欲上峰头看渺茫。

① 陈荃庵：《题碧琴诗后》，何振岱《榕南梦影录·龚葆銮》，卷上。

龚葆銮《寄心与代柬》诗有“中秋几日近，好月圆十五。家有大酒罇，彭亨五石瓠。贮酒满其中，洒扫豁窗户。枣栗杂肴餐，贰簋供啜咀。酒阑游兴动，东山蹑石鼓。望海呼朝曦，劈山破寒雾。我吟子复和，未肯让前古。更约郑与陈，此意倘不忤。”① 这里的郑与陈指的就是好友郑容与陈荃庵。《鼓山灵源洞同荃庵公望坐月至旦》云：

> 松距月盈尺，月高松影圆。只疑棲鹘路，不隔九秋天。缘欲浮山去，寒疑近水偏。通宵皆曙色，老衲自安眠。

何振岱还有《鼓山忆旧》《夜上鼓山》《鼓山达摩洞忆九鹤》《鼓山雨中归途作》等诗作。其中《鼓山达摩洞忆九鹤》诗末注：“予入山三十余次，多宿洞中。”何振岱不仅畅游乌山、鼓山等城中名山，福州郊县的名山胜水也乐游不倦。1886 年何振岱游福清县南瑞岩山，作《游瑞岩记》及《瑞岩》一诗；1897 年游福清南华福庐山，作《游福庐山记》与《福庐山石歌》。光绪三十四年（1908），陈宝琛在福州西南邑永泰的小雄山筑“听水第二斋”（第一斋在福州鼓山）。小雄山以瀑布称胜，小雄山瀑布曰龙潭，泻于两山之间，长十余丈，自山上观之，下面仿佛有一白龙。元末王翰在瀑布下凿石壁为庵，称“友石山人读书处”。陈宝琛“得其地，支桥渡涧，面瀑筑室三楹，方亭前凸，益与瀑逼”②。何振岱于 1922 年前后游小雄山，并作《游龙潭宿听水第二斋》诗云：

---

① 《碧琴遗稿》，何振岱《榕南梦影录・龚葆銮》，卷上。

② 陈衍：《小雄山观瀑记》，陈衍《陈石遗集》（上），第 477 页。

龙不蛰于潭，飞挂丛竹里。长吟不断云，更吐无尽水。一白夹涧花，孤晶含石髓。竹身洗更绿，山气凝欲紫。春深时雨足，龙意若有喜。长将翔雷霆，焉肯容鳣鲔。夕照渡木梁，大风震楼几。万壑助之喧，百虫绝于耳。众绿劈尺天，断崖若垣垝。月出水声中，不知雨既止。岩居爱下弦，高咏过卅载。熟知易世游，孤光悲桑海。无睡此徘徊，奇怀郁嵔瘣。栖鸟亦翻飞，影落众峰底。平明穿竹去，掬水一漱齿。灵氛荡疏襟，闻声犹十里。

此诗以比拟的手法描绘出小雄山巨瀑奔腾的雄伟气势，面对如此壮观的自然美景，诗人触景生情，感慨万端，彻夜无眠。何振岱常自恨其为乡人，家贫不能常出游以广大其诗。但何振岱一生有几次远游，足迹所至，均留下山水纪游的诗篇。其中，1904年至1908年间，何振岱曾两次游杭，作于此间的诗作有《孤山独坐雪意甚足》《孤山喜晴》《寻灵隐寺》《寺前》《孤山晓望》《冷泉亭》《别孤山梅花》《孤山旧游处》《重至灵隐寺》《理安寺》《鹤涧小坐》《理安寺泉》等诗。

1906年5月，何振岱被沈瑜庆聘为藩署文案，亦有山水纪游之作，其中《舟中望庐山》云：

置我玉龙双峡畔，宁无诗句答奔湍。插天庐嶂真神秀，只向湖船侧坐看。

1918年夏，闽粤发生战争。10月，同陈衍游无锡，至惠山，过寄畅园，夫人郑岚屏随从。作《寄畅园暝坐》《惠山寺池上》等诗。

旅京十余年，何振岱饱览京城各处名山胜水，留下许多诗篇。如

《花朝钓鱼台忆去岁湖上之游》《由戒坛至潭柘寺》《游潭柘半日复返宿戒坛》《秋日挈家人游陶然亭芦苇正盛》《中秋夜从沧趣老人宿钓鱼台》《晚游柏园》《北戴河海滩杂咏》《秋晚一日遍游西山诸寺归饮酒家》《除日独游法源寺》《正月十六夜同超农、仲玉及怡、深二子柏园看月》《雨后望西山积雪》《北海夏日》《汤山晚望》《月夜同稚辛、颖生游柏园……》《北海泛舟》《北海秋涨》《从香山至自青榭》《北海秋览》《大雨游中海子》《重来旧京初过柏园》《柏园牡丹盛开张灯累夕即事》《独游北海》等。其中1928年农历闰二月二十八日，同陈宝琛、匏庵、稚辛、季友、迪庵（高赞鼎）、嘿园、午原游黑龙潭大觉寺。陈宝琛有《闰二月二八日同匏庵、稚辛、季友、梅生、迪庵、默园、午原游黑龙潭大觉寺》诗。重阳后五日日记写道："弢老使人来请，遂往，稚辛已至，雇两汽车，往西山看红叶，予同弢老、稚辛一车，几士、虚谷、钟贤一车。"先至卤山饭店食点心，雇藤轿偕往狮子窝，憩秘魔崖。过觉生寺，观华严钟。陈宝琛作诗《重阳后五日同稚辛、梅生狮子窝观红叶，憩秘魔崖，咸侄复儿从》。1930年重九后三日，与曹攘衡（经源）、冒鹤亭招陈宝琛游退谷。此处乃是陈宝琛与壶公、蒉斋、再同披榛莽而得其地。鹤亭本约集戒坛寺观红叶，以雨雪改集于此。陈宝琛作诗《重九后三日，梅生、鹤亭、攘衡招游退谷》。

1936年南归，弟子吴石、高赞鼎等迎往南京两月余，游览名胜。作《吴生虞薰及四儿澄暇日常从游吴中山水，偶书寄示旧都儿女》《游棲霞寺观六朝石壁佛像》《金山》《焦山同薐堪、虞薰》《扬州杂诗十二首，同吴虞薰作》《薐堪、虞薰同游嘉兴烟雨楼》等诗。

回到家乡后，何振岱修葺老屋，种植花树，并筑假山于庭院中。虽足不出榕城，但"经丘寻壑"之志得以满足。作于1947年的《假山》诗云：

塑土为奇峰，得梯天可升。捣泥作峭壁，飞猱莫能登。中间有洞府，白昼飞流萤。下有一泓水，游鱼清冷冷。客来见之喜，泰华此雏形。迂翁独兴叹，可惜顽无灵。

假山虽然没有灵性，但它是诗人养性怡情的精神寄托。其《盆山记》云：

……因念昔人有居阛阓而志山林，辄作小山寄意，是可效而为之。庭中旧有盆山数座，间取盥濯，相度石势，横排竖累，求尽其宜。当其缺处，削平为坡，相其低坳，为植小树，久之青翠郁然，聊足娱也。按杜老《诗序》有“南曹小司寇与我太夫人堂下累土为山，一篑盈尺，承焚香瓷瓯，旁植慈竹数竿，宛有尘外致”。盆山见于唐人诗，始此又白香山《诗序》云：“自幼迨老，所止若白屋朱门，虽一日二日，辄覆篑土为台，聚卷石为山，环斗水为池。”韩文公有《盆池》诗，自述种藕养鱼之趣。其后朱子尝汲清泉、渍奇石、置薰炉其后，香烟被之以为烟云。朱子之盆山以香烟作云，盖与杜老同趣。又朱子《与刘平甫分惠水栀诗》序云：老来寄心盆山，得花助赏，其与杜老之植竹于旁又同，足见贤者养心亦寓于物。仁智之性，山水根焉，岂谓过哉？夫惟有寓于外，由于有得于中，不然者，山居水处，繄岂无人？而悠忽驰思虽万象在前，邈然无见也。反是而观，则佛家芥子须弥之说安有不可通者耶？远游未能，引而近之；大观未能，缩而小之。苟足以自娱，亦已可矣！天下事固无其必然者也夫，然盆山亦山，既已山之矣，何歉于盆也哉？

《论语·雍也》云:“知者乐水,仁者乐山。知者动,仁者静。知者乐,仁者寿。”何振岱亦认为“仁智之性山水根焉”,他仿效杜甫、韩愈、朱子等人的做法,寄心盆山,自娱性情,表现出诗人高雅恬淡,宁静闲远的生活情趣。纵观何振岱的山水纪游诗,一方面纵情讴歌祖国的锦绣山河,另一方面寄寓着诗人不慕富贵的林泉之志,尤其是后者在何振岱的诗中表现得更为突出。如何振岱《福塘途中杂诗》云:“耕钓信足乐,吾生夫何求”;《冬日挈诸生游北园》云:“终朝坊巷厌城居,来就园池意少舒”;《石菖蒲》云:“夙志慕云壑,无繇营深居”;《友人招游武夷书答》诗中亦有“平生癖林壑”句。何振岱一生淡泊名利,寄情山水,常与友人登高览胜,把酒论诗,游目骋怀。面对良辰美景,他们常常倚醉乘狂,欢极忘归。如《醉后放言》云:

直取秋光作性情,长天入抱晓晶晶。应无一事供鸱吓,谁著余闲覆奕枰?樵箬不愆吾事在,湍流虽激此心平。酒阑散发山中坐,松气萧寥石气清。

四、书画琴艺遗芳泽

何振岱不仅工诗擅文、而且能书画善琴艺。他曾说:“文也诗也画也琴也,皆性也。性岂可以鬻于人哉?!其可鬻者皆非性也。世人受赝受俗,不受真雅,况今世哉?!”[①] 这是何振岱与诗友借讨论诗文琴书画之事而对时事抒发的感慨。

① 林公武、林怡:《何振岱》,《近现代福州名人》,福建人民出版社1999年版,第103页。

何振岱酷爱书法，深研各家书论经典，上溯魏晋，下涉明清。他的书法融碑帖于一炉，功力深厚，自成一家，得者“虽只字片楮无不珍惜”①。何振岱长期博览名迹，坚持研练书法，尤其是旅京十余年间，时常携干粮游故宫博物馆，观赏古人墨迹，竟日忘返，以至炉火纯青，成为书法名家。其《夏日作书》云：

当夏困炎薰，学书以破倦。墨香动砚池，纸光媚柔翰。弩捺若逸鲦，戈点疑飞燕。奋斫力弥轻，急迎势一变。使转丝牵梭，直送弦离箭。潜通惟心画，妙理在神运。离合化古我，生熟别利钝。用酬或成妍，得悦已失愠。平生嗜一艺，弗学焉知困？垂老取自娱，聊以弄臂腕。工书复何益？不工亦无恨。妻孥乃吾讥，长日黏几案。

何振岱一生酷爱书法，即使是晚年亦坚持每日练习书法。其书法极具清刚之气，大小字均佳。其中小字以欧阳询为底时掺魏碑笔意，结体中宫收拢，四体开张，用笔简约随意，轻松自然。何振岱很善于总结学书心得，并以之传授友人与后学。其《与友人论学书书》云：

《兰亭》不纯是真书，而学真书者必玩味及之。昔人云：“临得《兰亭》八百本，不忧书法不造微。”然余观名人临本《兰亭》，十余家无一相似，盖以不似似之也。“大爨”是真书，“小爨”则近隶书。来书所云，似犹偏重六朝人书，而轻视唐人，不知唐人书法皆从晋魏来也。今足下谓“唐碑陈陈相因”，是仅

① 叶可羲：《何梅叟先生传》，《竹韵轩文集》，第23页。

见坊间拓本，未见佳本及墨迹。若亲见古人墨迹，何论唐人难到？即自唐以下千余年至清中叶，皆有可观。诚以前人一艺之工，必有数十年工夫。无论大家小家，都有自己面目。假如学颜似颜、学柳似柳，是颜奴柳仆已耳。善书如李北海，不尝云乎“似我者俗，学我者死。”近代频罗庵主亦云：“帖许人看，不许人学。”皆苦口婆心，足为后世圭臬。……消除习见，博览名迹，久久为之，何难别辟途径，自成一家？须知“似”之一字，不独作字忌之，即推至于天下事，孰不误于是？……

《与某生论作书》云：

伊川程子谓：“作书常不苟，即此是敬。”盖因书教敬，非所以论为书也。窃谓以敬言书，正学书之秘。考制字之始，但取虫鸟之文，大小篆兴，圆转劲逸，疏密匀称，度非弛慢者所可为。降而八分、隶体，稍飞动矣；再降而真、草且益放以舒。然古人有谓匆匆不及草书者，是草书亦非可以苟然为也。即不善书，若临书时，殚精神以赴之，即不能遽佳，而必胜于平日率尔之作。且严谨意多，木士大夫气象，不独于书为然。或曰：书有奋研猛挥、飞翔夭矫、不可逼视之势，今以一敬绳之，毋乃落拘谨。曰：无问何种学问，必先循规矩而后有巧妙。近代唐氏岱之论画曰：“恭以写松，松以写恭。”恭以写松，初境也；松以写恭，则恭而安矣，进境也。此虽论画，可移以论书。其实世间事何一可容不恭？君试参之。

何振岱认为书法之要在于用臂力运转，不用指力，且作书妙理只

何振岱手稿

在纵横顺逆之间，勿用拖笔，一拖便弱。得法之后，每天应书数纸，最好一二百字。他还曾手写古帖15种赠给刘蘅，让她置于案头，以便浏览。并鼓励她写时放胆自运，不靠古帖，背诵百余字足矣。

在隔开三坊和七巷的南后街，在这条文人骚客活跃的文化街上，有一家建于清朝同治年间（1865），至今已有140多年历史的裱褙店——“米家船”。“米家船”裱褙店店主一不姓米二不撑船，为何叫“米家船”呢？原来，有一次何振岱送字到这家裱褙店去裱，他见小店默默无名，便自告奋勇给小店题匾“米家船”。传说，北宋大书画家米芾喜欢沿着长江中下游飘游写生，由于江南气候潮湿，每到一个码头，米芾都把自己的书画作品挂在船头，一边晾晒，一边展示。“米家船”就取自“米家书画满河滩”，可谓寓意深远。牌匾挂出后，在三坊七巷引起了不小的轰动，只可惜“米家船”牌匾在20世纪60年代“文化大革命”时被毁。

何振岱还擅长绘画，所作山水、花鸟画清隽飘逸，称绝一时。曾任福建省美术家协会副主席、福州市美协主席、市国画研究会会长等职的书画名家陈子奋年轻时亦从何振岱学诗词绘画。何振岱在《颐谖楼记》中称赞陈子奋“书画金石，精能超众，求者踵接”①。颐谖楼落成时，陈宝琛为之题匾。

何振岱弹奏古琴

何振岱工七弦琴，他在《杭州徐圣禅家藏古琴拓本序》中说：“余初学琴，笃访琴人，无真正知解者。最后得贵阳刘君章甫钦，本末兼审，妙阐元旨，具有道气，度其所诣直不可以一艺尽之。惜其人已往，未有继之者。”何振岱最擅长的曲子是《高山流水》《秋江夜泊》与《平沙落雁》等。他的琴艺具有刚阳中和之美，音色明亮饱

① 《福建史志》，1988年第6期。

满，高朗纯粹，板眼则干净明白，已达刚柔相济、虚实相涵的圆熟之境，听之使人神往。何振岱认为古琴是一门学问，不仅仅是演奏。在《与耐轩、坚庐书》第六则中写道：“盖弹琴人须有数千卷书意在胸中，不然，则江湖琴匠而已。此间有专门弹琴者，不敢见之。因观其所为诗，尘俗不堪，知其意味之必不美。”他在1928年农历九月十三日的日记中写道：“儒者抚弦，意在养心，无取乎江湖琴匠，必以多弹若干曲见长也。”①在《述琴视蕙愔》中云：“琴瑟常在前，礼经果何意？为乐以陶心，其用先调气。舒春郁为秋，导和于天地。一气有节宜，和至诣斯粹。若使气累心，焉能神合器？是故操琴人，以和为其至。”

由此可见，何振岱所悟的是琴道，所修的是琴心，目的在于陶淑身心，使琴道之大备也。当时上海最重要的琴会晨风庐琴会，邀请海内知名琴家参加，何振岱亦在邀请的名单中。何振岱女弟子叶可羲云：“七弦琴近岁此道几无知者，赖何振岱传弟子数人，免于绝响。”②八才女之一的王德愔，不仅向何振岱学琴，还特以自己的居所署为琴寄室。寄者，寓也。寓情于琴，可以想见其端坐一室，操缦安弦的情景。作为近代闽省著名的古琴家之一，何振岱曾说：“盖琴之为道，与凡艺殊。昔者君子一生寓情于是，不学之人与之读画或有所解，而与之闻古乐，则有倦而思睡耳。天下之绝艺不可与人知者，其中皆有独具之趣。”③他曾对女弟子说：“琴与字必不可一日辍，两事最易荒，余每验而知之。方勤理他课，则早起先了此两课，期无忘而已，亦不至夺他课也。”④

---

① 《何振岱日记》，福建人民出版社2016年版，第229页。

② 叶可羲：《何梅叟先生传》，《竹韵轩文集》，第23页。

③ 王德愔：《琴寄室诗词》，《福建文史丛书》，2012年。

④ 何振岱：《与耐轩、坚庐书九则》，《何振岱集》，第68页。

每遇春秋佳日或朋辈宴集，何振岱常备酒馔、邀诗侣、操古琴作文酒之会，其乐融融。1911 年，陈衍作《庭梅将开，约梅生月夜弹琴，兼以话别》诗①，诗写道：

何振岱弹奏七弦琴

一数寒梅且盛开，商量清夜抱琴来。疏桐坠叶供茶灶，短石支床置酒杯。流水高山非绝调，参横月落更清哀。看君浩荡江湖思，只恐诗成念不才。

名师难遇，名琴更难求。何振岱不仅善琴艺，且喜收藏古琴。他一生中邂逅两名琴，在民间传为美谈。一是于辛亥年（1911）购得许瓯香②家一把古琴，琴曰“悬崖玉溜”，为元代至正元年钱塘张君翼所斫，琴间有梅花纹，惜不久这把名琴遗失，落到京师某权贵手里，何振岱常为之忧思成疾。二是之后的某一年季秋，何振岱从市间又购得一琴，琴背有篆文“松雪

① 陈衍：《陈石遗集》（上），福建人民出版社 2001 年版，第 192 页。

② 许瓯香，生卒年不详，约公元 1674 年前后在世。初名宰，又名友眉，字有介，号瓯香，福建侯官（今属福州）人。著有《米友堂诗集》《清史列传》。

斋”三字，池心镂刻“光化二年”的隶文，据传为吴兴所藏，为唐昭宗时制作。这一历经千年的古琴“蛇跗断文古色斑驳，试弹之，音响清越”[①]。两把传世名琴皆为何振岱“在风声鹤唳中得之”，惜至今下落不明，他曾作长歌以志之。

① 《何振岱集》，第172页。

附录 1

何振岱年表

说　明：

1. 为了帮助读者全面认识何振岱，年表根据需要，部分辑录与何振岱活动有直接、间接关系或可以作为背景材料的国内外历史事件以及同光体主要诗人的有关信息，以供研究参考。年以下内容顺序依次为“国外”“国内”“传主”，但不要求三者俱全。

2. 年表按年、月、日顺序依次编排，逐条记事。

3. 年表以公元纪年与传统纪年结合。

4. 传主年龄，按中国传统以虚龄计。

1867 年（同治六年　丁卯）1 岁

一月，福建船政学堂开学。分前后两学堂，前学堂习法文、造船；后学堂习英文、驾驶、管轮。科目有数学、物理、化学、天文学、地质学、画法等，并重视生产实习。为中国最早的近代海军学校。

严复入福建船政学堂学习驾驶。

同光派闽派首领陈衍之伯兄陈书假馆南营鹾商陈寓，挈陈衍往读，日课一诗。

1868 年 1 月 17 日（农历十二月二十三日），出生于福州。

1868 年（同治七年　戊辰）2 岁

陈衍诸姊妹从陈书学诗，一春积数十首，名为《对影楼合稿》。

陈宝琛中戊辰科进士，改翰林院庶吉士。

1869 年（同治八年　己巳）3 岁

陈宝琛授翰林院编修。

经学家陈乔枞（1809—1869）卒。乔枞字朴园，福建闽县（今属福州）人。有《今文尚书经说考》《齐鲁韩三家诗遗说考》《诗经四家异文考》等。父寿祺（1771—1834）。寿祺字恭甫，号左海，是乾嘉间闽人朴学成就最高之人。陈寿祺的诗被陈衍称作“学人之诗”（《石遗室诗话》卷二十一）。有《五经异义疏证》《左海文集》等。

1870 年（同治九年　庚午）4 岁

陈衍出应童子试，未售。

九月，陈书乡试中副车。

1871 年（同治十年　辛未）5 岁

音韵学家、诗人莫友芝（1811—1871）卒。友芝字子偲，号郘亭，贵州独山人。精通小学、目录之学。诗与郑珍齐名，同为宋诗派重要诗人。有《郘亭知见传本书目》《郘亭诗钞》等。

1872 年（同治十一年　壬申）6 岁

曾国藩（1811—1872）卒。国藩字涤生，号伯涵，湖南湘乡人。创办湘军，镇压太平军，官至大学士。推崇桐城派古文，搜罗当代知名文士，形成湘乡派。继承宋诗派，开创“同光体”诗派。有《曾文正公全集》。

1873 年（同治十二年　癸酉）7 岁

诗人、书法家何绍基（1799—1873）卒。绍基字子贞，号东洲，湖南道州（今道县）人。通经史、小学，旁及金石文字，喜言宋诗，诗宗李杜韩苏诸大家。有《惜道味斋经说》《东洲草堂诗文集》。

1874 年（同治十三年　甲戌）8 岁

沈葆桢以钦差大臣率舰赴台处理台湾海防。清廷被迫与日本签订《北京条约》，即《台事专条》三款。

陈衍考取致用书院。

1875 年（光绪元年　乙亥）9 岁

朝廷命李鸿章、沈葆桢分别督办北洋、南洋海防。

陈书举于乡。

1876 年（光绪二年　丙子）10 岁

闽派诗人李宣龚生。宣龚字拔可，号观槿，一号墨巢。闽县（今属福州）人。曾同沈瑜庆、林旭、沈鹊应一起向陈书学诗，后为在汉口总铁路局局务的郑孝胥掌书记，并从郑孝胥与陈衍学诗，为同光体闽派后劲。有《硕果亭诗》等。

林昌彝（1803—1876）卒。昌彝字惠常，又字芗溪，福建侯官（今属福州市）人。拜大经学家陈寿祺为师，走上以汉学治经的道路。与林则徐交谊笃深，曾被林则徐聘往家中任教读。道光二十九年（1839），得中举人，得到座师大名士何绍基（子贞）的赏识。他的一些诗学理论被同光派所看重甚至袭用。有《射鹰楼诗话》《海天琴思录》等。

1877 年（光绪三年　丁丑）11 岁

陈书与陈芸敏、徐仲眉、叶损轩等“为降神之戏，夜夜净几明灯，倡和于沙盘木筏间”。有《骖鸾倡和集》。

1878 年（光绪四年　戊寅）12 岁

陈宝琛手录吴编修观礼遗诗 270 篇，辑为《圭庵诗录》1 卷，并作序。

1879 年（光绪五年　己卯）13 岁

黄遵宪《日本杂事诗》刊行。

三月，陈宝琛得翰林院撰文。

1880 年（光绪六年　庚辰）14 岁

陈宝琛擢为翰林院侍讲，充日讲起居注官。

八月十九日，李鸿章奏请在天津设立北洋水师学堂，以严复为总教习，设驾驶、管轮两班。

1881年（光绪七年　辛巳）15岁

陈衍草创《元诗纪事》。

1882年（光绪八年　壬午）16岁

始为童蒙师。

1883年（光绪九年　癸未）17岁

陈衍举于乡，登郑孝胥榜，同榜有林纾。

1884年（光绪十年　甲申）18岁

八月二十三日，马尾海战爆发。二十六日，清政府对法宣战。

1885年（光绪十一年　乙酉）19岁

结识龚葆銮，并相笃为诗。

1886年（光绪十二年　丙戌）20岁

游福建省福清县南瑞岩山，作《游瑞岩记》及《瑞岩》一诗。

1887年（光绪十三年　丁亥）21岁

谢章铤自白鹿洞归，任福州致用书院山长。

1888年（光绪十四年　戊子）22岁

康有为奏请改革国政。首次上书光绪帝，请求变法。

沈瑜庆将荐陈衍为典签奏。六月，陈衍寓沈瑜庆所，为摄教读，受业者为沈瑜庆长女沈鹊应及沈瑜庆之子鹄。

1889 年（光绪十五年　乙丑）23 岁

二月，陈衍入都，与王仁堪、丁立钧、郑孝胥、沈瑜庆等常往来。

三月，慈禧太后归政，光绪帝亲政。

1890 年（光绪十六年　庚寅）24 岁

是年春，陈宝琛弟宝瑨、宝璐及侄懋鼎入京会试，皆成进士，有“父子、兄弟、叔侄同科进士”之谓。

1891 年（光绪十七年　辛卯）25 岁

考中秀才。

1892 年（光绪十八年　壬辰）26 岁

陈宝琛、陈书、龚易图等同光体闽派诸诗人常同酬唱，诗俱见陈宝琛诗集中。

1893 年（光绪十九年　癸巳）27 岁

《何心与文集·龚碧琴行略》云：“癸巳与君（龚葆銮）同入邑庠。”（见《榕南梦影录》）

1894 年（光绪二十年　甲午）28 岁

龚易图（1835—1894）卒。易图字蔼仁，号含晶（真），闽县（今属福州市）人。咸丰八年（1858）进士及第，官至广东布政使。精通禅理，擅于诗画。陈衍评其诗“雅近随园，间出入于瓯北”。有《乌石山房诗存》。

与郑元昭喜结连理。郑元昭系林则徐曾外孙女。

1895年（光绪二十一年　乙未）29岁

甲午战败，陈宝琛作《感春》四律，一时传诵。陈出任福建鳌峰书院山长，以经史时务分课，招收优秀士子入学。

从弟何振昆（1868—1895）卒。振昆字善铭，一字蔼亭。自幼与何振岱同砚席，二人相依若形影。十余岁已笃于诗，有《蔼亭遗诗》一卷。

长子何维刚（1895—1970）生。维刚字敦畴，在北京从事中医师工作，长古诗词，著有《春明集》《竹头集》。

作《大风宿红雨楼悼亡弟蔼亭》诗。

1896年（光绪二十二年　丙申）30岁

严复译赫胥黎《天演论》。

陈宝琛与陈璧、林纾等于福州南台苍霞洲林纾旧居创办苍霞精舍，后改名为福州公立苍霞中学堂。这是福建最早开办的带有新式教育特点的普通中学堂。

1897年（光绪二十三年　丁酉）31岁

严复创办《国闻报》，宣传维新。

林寿图（1809—1897）卒。寿图字恭三，又字颖叔，号欧斋，别署黄鹄山人，闽县（今属福州）人。道光乙巳进士，官至陕西布政史，著有《黄鹄山人诗钞》。《石遗室诗话》云："欧斋先生诗，少壮时濡染于松寥山人，七言为岑、高，五言为《选》体。后学山谷，亦不尽然。"何振岱《茧窝遗诗序》中称欧斋为"吾师"，言"先生主风池讲院时，予尝及门而未得一谒左右”。

中第四名举人。

长女何曦（1897—1982）生。曦字敦良、健怡，福建省文史馆馆员，长诗词，著有《晴赏楼词》。

农历十月游福清南华福庐山，作《游福庐山记》，并诗《福庐山石歌》。

秋，作《九鹤惠诗有“等是苦贫还苦病，胜君一著病中闲”之句，书此奉答》诗。原诗为《绝句寄心与》，末二句为“等是苦贫吟更苦，胜君一着病中闲”。

据《龚碧琴行略》：“丁酉予同荃庵寓平远山堂，君时已病……是秋君病少闲，约日课诗两首，阙则罚笺盆菊。”

1898 年（光绪二十四年　戊戌）32 岁

一月三十一日，林旭在京成立闽学会。

三月十七日，挚友龚葆銮（1871—1898）卒。葆銮字子鸣，号九鹤又称碧琴子，名所居曰改庵，闽县附学生员。著有《碧琴遗稿》。

九月二十八日，谭嗣同、刘光第、康广仁、杨深秀、杨锐、林旭六君子死难。

林旭（1875—1898），字暾谷，号晚翠，福建侯官（今属福州）人。光绪十九年（1893），应乡试，得中解元，为同光派闽派重要诗人。陈衍《重刻晚翠轩诗叙》云：“暾谷力学山谷、后山，宁艰辛，勿流易；宁可憎，勿可鄙。”指出林旭诗歌的艰涩凄苦之处。但林旭的诗风并非一成不变，陈衍又云：“游淮北年余，所作数十首，则渊雅有味，迥非往日苦涩之境。方滋为暾谷喜，而遂陷不测之祸矣。”著有《晚翠轩诗集》。

陈衍撰《戊戌变法榷议》。

及谢章铤之门。何振岱《庚辰病逡随笔》农历十一月十八日记载："予年卅二始及夫子（指谢章铤）之门，始知有诸经史之学，受恩深笃，爱如子弟，毕生不忘者也。"

谢章铤赠诗何振岱，称之为"贤友"，评价何诗"果能惨澹得生新"。

三月，赴京参加会试。

1899 年（光绪二十五年　己亥）33 岁

陈衍与沈曾植（字子培）论诗，谓诗学莫盛于三元，即开元、元和、元祐。

作《补祝百花生日文并序》。此文为感亡友龚碧琴而作。

1900 年（光绪二十六年　庚子）34 岁

陈宝琛首创福州私立蚕桑公学，是为福建最早之实业学堂。

沈鹊应（1877—1900）卒。鹊应字孟雅，"戊戌六君子"之一林旭的妻子，沈瑜庆之长女。先后受业于陈衍、陈书，能诗擅词，系同光派闽派女诗人。现存《崦楼遗稿》（附《晚翠轩诗集》后），存诗 29 首，词 35 首。

黄梓庠（1872—1900）卒。梓庠字杞良，号澹庵，永安人，诗入选《榕南梦影录》。《觉庐诗稿补遗》中有《题黄澹庵同年印谱》诗。黄梓庠系黄曾樾伯父，曾樾 3 岁时，梓庠逝，无子，祖父汝铭以曾樾承嗣于梓庠。黄曾樾（1898—1966），字荫亭（荫庭），号慈竹居主人。曾投陈衍门下，精心钻研古诗文，著有《陈石遗先生谈艺录》。

何振岱《长乐谢赌棋先生山中抱膝图题识》中云："澹庵先生与余丁酉同谱，又同及先师门，先师尝称赏之。荫亭承家学，好古书，善诗文，能张其前绪，我先师之学术于是再传，益绵以远。"

1901 年（光绪二十七年　辛丑）35 岁

清政府开始推行"新政"。

陈衍作《〈沈乙庵诗〉序》。序中云：余曰"吾于癸未（1883）、丙戌（1886）间闻可庄（王仁堪）、苏堪（郑孝胥）诵君（乙庵，即沈曾植）诗，相与叹赏，以为'同光体'之魁杰也"。"同光体"者，苏堪与余戏称同、光以来诗人不墨守盛唐者。由此可知，"同光体"之名称最早出现于光绪初的癸未、丙戌间。

是岁，福建大旱，陈宝琛作《苦旱吟》，诗作同情人民疾苦，揭露官府追征罪行。

次子何维沣（知平）（1901—1995）生。知平字敦敏，留学法国，修经济学。其夫人王闲（1906—1999）为何振岱女弟子，福建省文史馆馆员，国画家，著有《味闲楼诗集》。

1902 年（光绪二十八年　壬寅）36 岁

陈宝琛改鳌峰书院为全闽大学堂。

陈衍作《海藏楼诗序》。

秋，在鼓山达摩洞中小楼以瓶菊供龚葆銮小影。

1903 年（光绪二十九年　癸卯）37 岁

陈宝琛改东文学堂为官立全闽师范学堂（今福建师范大学前身的一部分，1906 年改名为福建师范学堂），亲任第一任监督。

古文家、词学家谢章铤（1820—1903）卒。章铤字枚如，自号江田生，福建长乐人。是继朱仕琇、高澍然之后，闽省又一古文大家。古文时用名法，磅礴郁积，气体高而义法精。其诗歌在“同光体”盛行的晚清，自成一体。其词和词学理论更为突出，在近代闽词发展史上起了重要作用。一生著述甚丰，有《赌棋山庄文集》《诗集》《赌棋山庄馀集》《酒边词》《课馀偶录》《续录》《围炉琐忆》《藤阴客赘》等，合刻为《赌棋山庄集》。

陈宝璐继任致用书院山长。

投考进士未中。

三子何维炳（1903—1987）生。维炳字敦敬，新中国成立前曾任福建省银行秘书，新中国成立后赋闲。

作《赌棋山庄记》并《先师逝未经年藏书尽散偶过山庄感赋》诗。

1904年（光绪三十年　甲辰）38岁

投考进士未中。

作《龚碧琴行略》文。

腊月初五，游杭州，乘苏州河小轮至拱桥，乘肩舆入林社，风雪达旦。作《上海马路步月》《初至湖上憩林社》等诗。

1905年（光绪三十一年　乙巳）39岁

清廷下令从明年开始废科举。

陈书（1837—1905）卒。书字伯初，号俶玉、木庵、冯庵，侯官人。是闽派中最早倡导写“同光体”的诗人之一。由于陈衍从小向其伯兄陈书学诗，更由于陈书同治末年的倡导及推广，为陈衍于光绪初的癸未（1883）、丙戌（1886）间打出“同光体”的旗号奠定了基础。陈书的重要贡献还体现在他对同光派闽派其他重要诗人的影响。如前期重要诗人陈宝琛、沈瑜庆、林旭、沈鹊应夫妇以及闽派后劲李宣龚都直接得到他的教诲。有《木庵居士诗》。

四子何维澄（1905—1986）生。维澄字敦诚。早年留学日本，回国后任职于国民党南京政府，新中国成立前夕赴台。

作《鼓山灵源洞同荃庵公望坐月至旦》诗。

作《山夜忆九鹤》诗，诗中有“七年寻旧梦，犹绕佛前香”句。

1906年（光绪三十二年　丙午）40岁

农历六月十三日，张良炳卒，其家人寓书请何振岱作《张君镜墀墓志铭》。

陈衍刻陈书《木庵先生诗集》。

作《过乌石山麓旧居》诗，诗中有“四十年前夕照红，屋山犹认屋西东”等句，诗当作于本年前后。

1907年（光绪三十三年　丁未）41岁

陈宝琛在福建师范学堂内增设优级师范选科，学校改名为福建优级师范学堂，福建高等师范教育由此诞生。

在南昌沈瑜庆幕中大病。

作《病夜得诗以左手书之》《喜菊士至》《病中补题春日小影》《梦醒作》《南昌酒楼小饮》《病起偶书》等诗。

1908年（光绪三十四年　戊申）42岁

龚炳义（1887—1908）卒。炳义字烺如，闽县附学生员，龚易图犹子。尝从何振岱、龚葆銮学诗，《榕南梦影录》中有《夜读离骚》《呈何师心与》等诗。

1904年至1908年间曾两次游杭，最能体现“深微淡远”这一特色的是作于此间的《孤山独坐雪意甚足》《孤山喜晴》《寻灵隐寺》《寺前》《孤山晓望》《冷泉亭》《别孤山梅花》《孤山旧游处》《重至灵隐寺》《理安寺》《鹤涧小坐》《理安寺泉》等诗。

1909年（宣统元年　己酉）43岁

本年，沈瑜庆赴官黔中，何振岱送至九江别。《舟中望庐山》《别豫章楼》等诗似作于是年前后。

经林则徐曾孙林大任介绍，结识同光派闽派首领陈衍，互相倾慕，成为莫逆之交。

总角好友柯鸿年在上海创办呢织厂，聘请何振岱司笔墨兼教读其子女。

1910年（宣统二年　庚戌）44岁

五子何维深（1910—1980）生。维深字敦仁，国画家。新中国成立后任福建省博物馆特邀鉴赏员，著有《静娱楼观画录》《静娱楼诗集》。

1911年（宣统三年　辛亥）45岁

陈衍补订《全闽诗录》8册41卷。

陈衍作《庭梅将开约梅生月夜弹琴兼以话别》诗。

1912年（中华民国元年 壬子）46岁

陈衍作《何心与诗叙》。

陈衍作《招梅生看画》《韵芳夫人郊居耿王庄畔梅生及余将有江南之行，过之，夫人填春草碧一词送别，报以长句》诗。

花朝节，与陈衍同游耿王庄，访林韵芳夫人，于庄畔寓庐。

由沪归里，任福建盐运使刘鸿寿家西席。

与诗人王又点诸人有秋社之举，相率为古近体诗。

1913年（中华民国二年 癸丑）47岁

陈衍刻《石遗室文集》1—12卷成。

孟夏作《祭陈渔隐文》。

1914年（中华民国三年 甲寅）48岁

年初，陈衍作《秋社吟集叙》。

夏，陈衍作《与何心与书》。

作《茧窝遗诗序》。茧窝为林寿图继配张夫人所居室名。

1915年（中华民国四年 乙卯）49岁

陈衍作诗《寒食日寄怀梅生兼讯西湖》。

历时9个月完成了《西湖志》这部约40万字的书稿，为福州的乡土文化作出了贡献。

作《西湖志》序。

1916年（中华民国五年 丙辰）50岁

福建巡抚使许世英、水利局长林炳章（林则徐曾孙）分别作《西湖志》序。

刘鸿寿（1862—1916）卒。鸿寿字步溪，又号景屏，侯官人。光绪辛卯举人，广东候补知县。辛亥革命后，官福建盐运使，曾聘何振岱为西席。著有《景屏轩诗》。

是年参与编撰《福建通志》中的《艺文》《列传》部分。

作《五十生日自寿序》与《五十生日避客凤冈梅花盛开》诗。

《春感》4 首约作于是年前后。钱仲联《近代诗钞》认为《春感》（原文作《感春》）4 首“可与其乡陈宝琛（原文作箴）《沧趣楼诗》的《感春四首》比美”。

1917 年（中华民国六年　丁巳）51 岁

宣统复辟，设张勋等 7 人为内阁议政大臣，陈宝琛入阁。复辟丑剧历时 12 天即告失败。

陈衍作《同梅生国容坐听水斋头半日，怀听水主人前度至此及至听水第二斋主人皆不在也》诗。

作《沈涛园中丞赴沪序》。

1918 年（中华民国七年　戊午）52 岁

夏，闽粤发生战争。

陈衍作《木笔初放海棠将开招梅生来看》《梅生得唐琴书来乞诗以一律答之》《同梅生游惠山寺》《送梅生归里次其留别韵》等诗。

沈瑜庆（1858—1818）卒。瑜庆字志雨，号爱苍，别号涛园。林则徐的外孙，沈葆桢第四子，戊戌六君子之一林旭的岳父。长期身任要职，曾官至贵州巡抚，功名在沈葆桢诸子中最盛。沈瑜庆是同光派闽派重要诗人，雅好诗文，与同乡陈宝琛、陈书、陈衍、郑孝胥等交谊甚深，往来常有诗文唱和。短篇古诗及律绝，多感怀时事。诗喜用《左传》语词典故，郑孝胥挽沈瑜庆诗云：“共推《左》癖如元凯，酷慕诗流作老坡。”

作《季秋从市间购一琴，背有篆文松雪斋三字，池心镂隶文：光化二年。盖吴兴所藏，为唐昭宗时制者，至今逾千年。蛇跗断文古色斑驳，试弹之，音响清越。予于辛亥年曾购得许瓯香家琴，曰“悬崖玉溜”者，乃至正元年钱塘张君翼斲，间有梅花纹。未几失去，闻在京师某权贵家，思之心痗。邂逅此琴，聊以自慰。然此两琴皆在风声鹤唳中得之也，长歌以志之》诗，同年，陈衍作《梅生得唐琴书来乞诗以一律答之》。

十月，同陈衍游无锡，至惠山，过寄畅园，夫人郑元昭随从。作《寄畅园暝坐》《惠山寺池上》等诗。

是年底寓沪。

农历八月十二日，《郑孝胥日记》载：何振岱高足高赞鼎在上海拜访郑孝胥，“自言将入柯贞贤之馆，示所作近诗。高乃同年高涵和之孙。又示何振岱梅生与高书云：‘海藏乃圣贤中人，可师法也。’”

农历十一月廿一日，《郑孝胥日记》载：“陈仁先来，同访叔伊。遂约何梅生、罗掞东同至会宾楼饭，复与叔伊、梅生至第一台，观王灵珠演《珍珠塔》。”

刻《心自在斋诗集》4卷，系何振岱1918年以前诗作选集。

1919年（中华民国八年　己未）53岁

梁鼎芬（1859—1919）卒。鼎芬字心海，号节庵，广东蕃禺人。光绪六年庚辰（1880）进士，官湖北按察史。擅诗，与沈瑜庆、林旭等有诗文往来。著有《梁节庵先生遗诗》及《续编》。陈衍称其诗

“时窥中晚唐及南北宋诸名家堂奥，佳处多在悲慨、超逸两种”。

公历1月22日，《郑孝胥日记》载：“高迪庵赞鼎寄书，录其近作五古十首，请为评定。”

公历1月25日，《郑孝胥日记》载：“为何梅生作隶一纸。”

公历1月30日，《郑孝胥日记》载：“得何梅生书。”

1920年（中华民国九年　庚申）54岁

年初，“说诗社”成立于福州，每月集会两次。共成诗集38卷。

公历7月30日，《郑孝胥日记》载：“何梅生寄荔枝二簏，陈几士亦寄一簏。”

公历11月22日，《郑孝胥日记》载：“为何梅生代魏子渊求书堂幅大字四幅，每幅五字。”

1921年（中华民国十年　辛酉）55岁

陈衍作《梅生画秋山旅行箑见贻以诗为报》《心与以惠泉沦龙井茶一杯分饮，三年前曾同到惠山也》诗。

挚友郑容（1869—1921）卒。容字国容，号无辨，侯官人，布衣。有《无辨斋诗》1卷。少与何振岱比邻，以贫托市廛习贾，偶出所为诗皆清新可喜。诗甚为陈宝琛、郑孝胥、陈衍所赏。

岁暮，新通志全稿告成。凡600余卷，约1000万言。艺文志由何振岱分类编出。

严复（1854—1921）卒。复字又陵，又字几道，福建侯官人。福建船政学堂第一届毕业，后留学英国海军学校，归任北洋水师学堂总教习，升总办。1894年，中日战争后，发表《论世变之亟》《原强》《救亡决论》等文，反对顽固保守，主张维新变法。译《天演论》，以

“物竞天择，适者生存”的论点，号召人们救亡图存，“与天争胜”，对当时思想界有很大影响。辛亥革命后，思想日趋保守。有《严几道诗文钞》等。著译编为《侯官严氏丛刊》《严译名著丛刊》。

作《哭无辨》诗。

1922 年（民国十一年　壬戌）56 岁

沈曾植（1850—1922）卒。曾植字子培，别字乙庵，晚号寐叟，浙江嘉兴人。官至安徽布政使。沈曾植是一位学者型诗人，属“同光体”诗人中典型的“生涩奥衍”派。是清末陈衍、郑孝胥所揭橥的“同光体”诗人的魁杰（《石遗室文集·沈乙庵诗序》）。

周衍巽卒。衍巽字绎言，又号雏蝉，法号慧明，山阴人。博野县知县周榕倩女，卒年 42 岁。在闽时皈依太姥山高行僧楞根为弟子。何振岱之女何敦良曾执经于慧明居士之门。有《慧明居士遗稿》，集中存诗 152 首，词 24 阕。集中所作在闽为多，尤多与何振岱夫人郑元昭酬唱之作。

作《鼓山达摩洞忆九鹤》诗。诗中有“重来袖遗像，小楼共霜菊。弹指又廿年，沧桑到林谷”等句。其中“小楼共霜菊”句注“壬寅（1902）秋在洞中小楼以瓶菊供君小影”。

作《闰五月廿夜赴华鬘双骖园之约剧饮纵谈至晓受露荔归长句书寄》《忆旧再寄龚华鬘》等诗。之后，龚华鬘作《壬戌闰月廿夜梅叟约来园居清谭欢然至晓惠诗赋答》。

秋，发生第二次闽粤战争，避兵至上海。

公历 11 月 10 日，《郑孝胥日记》载：“何梅生、高颖生来。”

公历 11 月 16 日，《郑孝胥日记》载：“约何梅生、高颖生、文达公、陈叔伊、黄蔼农、赵叔雍、陈艳秋、周梅泉晚饭。”

作《避兵野寺病中闻施子元自鹭江归书寄》《杭州湖边夜半对月》《海上小除夕示岚君并怀子畴京师》等诗。

1923 年（民国十二年 癸亥）57 岁

年初，清室派充实录馆正总裁。荐郑孝胥在懋勤殿行走，罗振玉在南书房行走。

刘崧英（1863—1923）卒。崧英，字少文，号墨泉，晚乃更号謇公，侯官人。清光绪丁酉拔贡生，癸卯举人。有《听鹂馆诗》4 卷。其中《发许州何梅生陈樵琴两同年联句》云：望晴心逐晓云开（何），野旷风迎马首来。稍喜深泥能受轴（陈），遥看秃树但成堆。公车晚上哀危局（何），嗣业中兴望霸才。自古中原争战地，烟云郁郁长蒿来（刘）。

公历 2 月 23 日，《郑孝胥日记》载："以诗集赠何梅生。"

公历 3 月 7 日，《郑孝胥日记》载："为仁先题《货畚图》七古一首。何梅生、高颖生、黄蔼农约至同兴楼午饭，以《货畚图》诗及《书味盦图》册并交梅生。"

公历 10 月 15 日，《郑孝胥日记》载："蔼农、梅生来，梅生赠铁观音四瓶。"

公历 11 月 23 日，《郑孝胥日记》载："复何梅生书。"

作《清广州盐大使謇公刘君哀辞并序》。

冬，往北京柯鸿年家任教读。即主其家，既而赁南池子一宅居之。

作《答龚华鬘书》。

作《二月十三日杨庄奠慧明》《九月初十日理慧明遗稿始毕是日君初度》《谛华兰路寓宅见所供慧明小影》诗及《慧明居士遗稿序》。

作《杭州车中野望》《湖边五更》《初泛春湖》《海上中秋邻人四明庄君怡庵以酒馔见饷感赋》等 30 首诗。

1924 年（民国十三年　甲子）58 岁

农历十月九日，溥仪被冯玉祥派兵驱逐出宫，移居醇王府（北府）。

农历十一月三日，陈宝琛与庄士敦陪同溥仪暂避德国医院，后郑孝胥接往日本使馆。

林纾（1852—1924）卒。纾字琴南，号畏庐，自号冷红生，晚年称蠡叟、补柳翁、践卓翁，福建闽县（今属福州）人。光绪举人，任教于京师大学堂。曾依靠他人口述，用古文翻译欧美等国小说 170 余种，是近代首屈一指的翻译家。能诗画，有《畏庐文集》《畏庐诗存》及传奇、小说、笔记等。

作《元宵遣兴》诗。诗中有“依然去岁淞滨月，再别今宵故里灯”句。

作《哭庄贞丞》诗。庄端字贞丞，又号毅斋，福建长乐人。

农历四月初三，同陈宝琛（简称弢老）往崇效寺。

夏，次子何知平自京赴法留学。

代陈宝琛作《清诰封淑人丁母黄太淑人墓志铭》。

1925 年（民国十四年　乙丑）59 岁

农历二月廿四日，日本人护送溥仪移居天津日租界内张园。陈宝琛不久亦移居津沽，赁屋于英租界内，坚持每日入园进讲。

1926 年（民国十五年　丙寅）60 岁

王寿昌（1864—1926）卒。寿昌字子仁，号晓斋，闽县（今属福州）人。肆业于马江船政前学堂。以优异成绩选拔留学法兰西，专攻法律学。回国后，先后任船政学堂法文教习、汉阳兵工厂厂长、福建交涉司司长等职。能诗文，工行、楷。与林纾友善，合译法国名著《茶花女遗事》，风行全国。女王闲适何振岱次子何资平。有《晓斋残稿》。

柯鸿年作《生日梅生赠诗奉和》诗。诗云："衰颜对映酒杯中，未让莲花隔水红。我与诗翁同甲子，还将吉语寿诗翁。""和君诗句偏难就，惜我年来学已荒。自与惠兰亲近后，故应染得一身香。"

农历三月三十日记写道："阅报载：去年英国输入中国机器一项，得二千万元零六千余元，美次之、日次之、德又次之，计已三四千万元。……舶来之品、鸦片洋货等等每年皆万万两银。假使中国之土化为黄金亦将流尽。加以武人争战，炮弹各类多购从外国。……国贫则弱，况内乱不已，此后不知何所底止？"

农历四月廿一日记写道："早起阅报：日人又入我国领海捕鱼，船二百余只，用铁网捕鱼，一昼夜可满一船。中官与之交涉无效。"何振岱连叹可恨、可恨。

农历四月廿三日记写道：看苏诗，认为苏诗宏大，包涵甚广，中有精细处，诚大家也。读书多、胸次阔、才气大，会此三者，始成大家。舍此，任尔如何搬弄，总是小家伎俩也。

农历四月廿七日记写道："晚弢老来谈（昨日自天津来京），云：初一日出京。"

农历五月十五日，至西安饭店访苏戡（郑孝胥字），谈及皇帝学问、诗歌创作等。

农历九月十六日记载：弢老灵境胡同寓所电话来请，“遂往，半途遇大年同往……呈文稿，食面，又谈顷辞去”。

农历九月二十三日，弢老生日，于当日下午5时往弢老家拜寿。

农历九月二十四日，与大年同往德医院看望弢老。

作《十月十五先叔母陈太孺人忌日感作》诗，诗中有“嗟予六十容枯槁，弟妹若存今亦老”等句。

理蔼亭、九鹤、晓斋等人诗。

周衍巽之母何太宜人卒，作《周母何太宜人家传》。

1927年（民国十六年　丁卯）61岁

陈衍作《梅生自都摹宋人雪景图见寄报以长句》诗。

仲春作《先弟蔼亭诗叙》

作《榕南梦影录序》。

1928年（民国十七年　戊辰）62岁

农历闰二月二十八日，同陈宝琛、匏庵、稚辛、季友、迪庵（高赞鼎）、嘿园、午原游黑龙潭大觉寺。陈宝琛有《闰二月二八日同匏庵稚辛季友梅生迪庵默园午原游黑龙潭大觉寺》诗。

农历五月十五日，陈宝琛录写谢章铤为何振岱的赠言，并作《为何梅生书枚如丈赠言感题》诗，诗云“大师（指谢）本性积为文，晚岁传衣独畀君。两纪孑遗增感旧，数行传写见尊闻。梦余鹿洞空香草，烬后鳌峰付乱云。出处何成吾耄矣，平生砻斲愧般斤”，视何振岱为谢的继承人。何振岱叹弢老赠诗楷法精好，可保存也。

农历六月初九日，得弢老手书。

农历六月十一日记写道：陈纮来受业（教弹琴、说书、改诗），弢老孙也。

七月初七，改所为文至午后缮毕，以快信寄津与弢老。

七月十八日，阅金冬心（金农）诗，点完3卷。认为性灵意趣略近黎二樵，惜近雕饰……

农历七月廿日，看梁氏论东西文化。

农历七月廿二日，乘电车至灵境晤弢老，视所作踏莎行词3首。

农历七月廿九日，午后看《易经》，往宜园看近人哲学书。

农历八月十五日晚，枕上得一诗：果行已到钱江上，八月潮声满驿楼。小搁归期身却懒，依然燕地作中秋。

农历八月二十三日，天明起，焚香拜圣像，诵经。……为澹园（柯鸿年）理（阅）一诗，只易两字。

农历九月十二日，乘电车往灵境谒弢老，看弢老新填词四阕，借钞不肯，因试记之，记得两首（略）。

重阳后五日日记写道："弢老使人来请，遂往，稚辛已至，雇两汽车，往西山看红叶，予同弢老、稚辛一车，几士、虚谷、钟贤一车。"先至卤山饭店食点心，雇藤轿偕往狮子窝，憩秘魔崖。过觉生寺，观华严钟。陈宝琛作诗《重阳后五日同稚辛梅生狮子窝观红叶憩秘魔崖咸侄复儿从》

农历八月二十八日记写道："著述切勿轻于借人。"

农历九月初一日，诵金刚经一卷。夜有雨，温床头酒与岚君同饮，联句得一诗：

拥被同听雨（梅），潇潇故里声。映书红烛冷（岚），隔枕暗蛩清。酒暖呼偕饮（梅），钟调爱自鸣。诗成檐滴缓（岚），客趣满秋更。

农历九月初二日，和狷庵、斋心诗二首，作和狷庵宿极乐诗二首。

农历九月初七日，为澹园改一诗。初八，次子资平由上海往巴黎。初九，日记中写道："学汉儒之治经，当先学宋儒之治心，一生不敢菲薄宋儒良有以也。"

农历九月十三日，7时起，诵经后弹琴，曰："儒者抚弦意在养心，无取乎江湖琴匠，必以多弹若干曲见长也。弢老以所撰词四阕以小楷书于高丽棉纸上，款字尤细，八十一岁之老人精神目光如此，真可叹羡，此帧当珍藏之。"

作《学书杂识跋》。

1929年（民国十八年　己巳）63岁

陈衍《石遗室诗话》32卷本出版。

总角好友柯鸿年（1867—1929）卒。鸿年字贞贤，号珍岑、晚号澹园居士，福建长乐柯百户村人。福州马尾船政前学堂制造班第三届毕业生，法国法律大学毕业，清北洋候选道员。有《澹园遗稿》一卷。

诗人王允皙（1867—1929）卒。允皙字又点，号碧栖，福建长乐人。夙工长短句，晚刻意为诗。陈衍评其诗为"笔意力戒凡近，惟苦吟锻炼，或旬月而始脱稿，故传作不多"（《陈衍诗论合集》上册）。曾与何振岱同举秋社，著有《碧栖诗集》。其女王德愔系何振岱弟子，著有《琴寄室词》。何振岱作有《琴寄室记》。

施增乾（1867—1929）卒。增乾字子元，又号芝园，浙江嘉兴人。10岁即能为小诗。何振岱与之相友，方习试贴，见其所为，好而学之。每囊饼饵同游近郭山水，必得诗以归。有《芝园残稿》

1卷。

公历7月27日，《郑孝胥日记》载："微明，何梅生来。诣行在。……访何梅生、黄默园，不遇。与梅生同出，至忠信堂及中原酒楼，人皆已满，遂同至杏花村晚饭。"

作诗《己巳腊八日供佛粥有怀许疑庵》。

作《澹园居士遗稿序》。

作《卖所画山水数帧得值寄葬故人施子元及其母氏》诗。

1930年（民国十九年　庚午）64岁

陈宝琛作《重九后三日梅生鹤亭攘衡招游退谷》诗。

陈宝琛作《清明后三日，同季友、栗斋、熙民、梅生、子有、宰平、策六、次贡、幼实述勤、吉庐看杏花阳台，纮孙从》诗。

清明后三日，同陈宝琛、季友、栗斋、子有（林宝恒）、宰平、策六、次贡（李景堃）、幼实、述勤、吉庐看杏花于阳台山。

作《戊辰清明后，曾同稚辛雨中游大觉寺，已逾杏花之期，去年复往适当花时而君在里中，今年同人又有看花之约，书此却寄》诗。

农历闰六月初二日记写道："到故宫看画，新换十余帧，皆可观。"

农历七月廿七日起不及坐诵，即改昨文，写信直至午时，寄弢老快信。

农历八月初八，母亲生日，供茶饼、麦花饼，母亲若存，今年95岁。

农历八月十六，午后3时，弢老来，谈文，晚始去。廿一日，弢老赴京。

重九后三日，与曹攘衡（经源）、冒鹤亭招陈宝琛游退谷。此处乃是陈宝琛与壶公、蒉斋、再同披榛莽而得其地。鹤亭本约集戒坛寺观红叶，以雨雪改集于此。

农历九月十五日夜饮于弢老家；十七日，作文、缴文弢老处，留午饭。

农历十月十七日，到弢老处抄所作画；廿三日到弢老处午饭；廿九日，改作《郑澹庵侍读墓屏》送与弢老。

撰《孝女郑芷汀墓志铭并序》；作《哀内侄郑芷汀》诗。

农历十二月初七，午后4时到弢老处视病。是月，弢老病入德国医院，何振岱数往探视并谈诗。

作《郭鲁斋逝两月余矣，感念旧事书此》诗。诗中有“七载不见君，寄书寄我诗。诗中道离绪，问我何时归”等句，推断此诗应作于是年前后。郭鲁斋即郭明善，侯官布衣，卒年63岁，有《桂庵残草》。其《初夏得梅叟书喜作》诗中有“十载天涯游倦否，故园无恙合归耕”句。

作《八月朔日澹园没期年矣感赋》诗。

作《与陈蝯庵论筮卦书》。

1931年（民国二十年　辛未）65岁

溥仪受日本人诱胁，随郑孝胥父子潜赴旅顺。陈宝琛闻讯赶赴旅顺劝说，却被郑孝胥用计逼迫返津。

农历二月初六日记写道：“八时，送弢老赴津归，写字。午后石芝来下拜谢为先母撰文也，润笔费仅六十元，此次以弢老情面少入四十元，文字生涯每为人簸弄可叹。”

农历二月廿一日，同陈宝琛等老幼18人同出西直门至大觉寺，时辛夷花盛开，同陈宝琛合影。

农历二月廿四日，陈宝琛来嘱代某氏为文。

农历四月廿三日，《郑孝胥日记》载："访曹蘅、李释戡、何梅生、陈伯材、林清畬……约吴渔荃、王稚圃、蘅、梅生、伯材、释戡、清畬至春华楼晚饭。"

农历四月廿四日，《郑孝胥日记》载："蘅约在来今雨轩午饭，晤宰平、秋岳、仲坚、释戡、梅生……林清畬又约至公园晚饭，做惟何梅生、董季友。"

农历四月廿五日，《郑孝胥日记》载："林宰平、何梅生、曹蘅、仲坚同至颐和园，遇周立之。遂从后山步至谐趣园。前山带湖，壮丽甲于宇内；而后山之松林御道，尤为天下胜绝。车中共谈，梅生发议：欲于极乐寺补栽海棠。余愿捐百元，栽海棠三百株，使蘅任其事，今年十月成之。"

农历五月初一日记写道："九时，到弢老处，弢老方偃卧遽起示予顾锡爵文，似不知文者之所为，谈陈伯淘诗有夸张处，又言其老为寿赞……云某某罪在必诛之列。"

农历五月初八，午后4时至东站送弢老。

农历六月十五日记写道："八时至弢老家，弢老已上车，见予至遂下，云欲往予家，遂入谈。"

农历廿日，弢老来两次，以周家禄诗稿见示。

农历七月十七日，午后，至灵境看弢老所作。

农历七月廿四日记写道："午就宰平之约，于广和饭庄，予先至，弢老亦至，视予以荀生所作。"

农历七月廿五日，改文自抄毕送弢老处缴。

农历八月十八日，8点半至弢老处缴周家禄墓志；八月十九日，弢老来谈某叟之趋时。

农历九月十八日，使人缴文于弢老处；九月廿日记写道：“午至弢老，送我周家润五十元，竟减一半，殊出意外。”

农历九月十二日，《郑孝胥日记》载：“何梅生、黄默园来。弢庵约至北安利晚饭，至北安利，候良久不至，乃去。”

农历九月二十三日，同畴（长子）到弢老处拜寿。

农历十一月廿二日，作红叶七律4首，费一日之功。其中，《红叶和郁离》（二首）选入《觉庐诗稿》（燕台集卷六）。

农历十一月廿三日，先师谢夫子生辰谋供馈。

1932年（民国二十一年　壬申）66岁

陈明（1860—1932）卒。明字主钦，晚自号蝬庵老人，浙江桐乡县人，父游幕闽中。是年孟夏作《祭陈蝬庵文》。《易说简抄序言》云：“予年三十始识嘉兴陈蝬庵，君好易，知筮法，就占事时有验。后廿十余年与君同北居，君时来谈易，未几，君去世。”1922年，曾作《岁暮怀人》（其三）：陆沉天醉痛神州，举世忘忧此老忧。信有蝬庵真国士，一生羲孔铸心头（陈蝬庵）。另有《大雪蝬庵见访》诗约作于1931年前后。

公历2月15日，《郑孝胥日记》载：“与何梅生书。”

公历2月26日，《郑孝胥日记》载：“得何梅生复书。”

作《春夜检旧箧得竹均乙丑诗有感》诗。诗中有“乙丑至今八除夕，君归五载吾犹客”句。

作《送戴海珊归里序》。序中云：“予之遇君自戊辰冬在旧京城东书局至今三载有余，欢好无间。”

七月携夫人郑元昭南还。作《南归发旧京过长安街作》《别儿女》等诗。

归里后，作《舟至马江亲朋来迎》《理旧书》《初冬林秋扬招予及龙生、颖生、芑州、伯瑰、雨渔小西湖泛舟，傍晚饮于酒楼》《至日祭先，儿辈皆外出，与岚君对饮感作》《除夕竹均从游湖上探梅小饮得诗》等诗。

1933年（民国二十二年　癸酉）67岁

陈衍主修《闽侯县志》106卷刊成。

吴畬芬（1866—1933）卒。畬芬字敬宸，福建长乐人。著有古今体诗2卷。畬芬与何振岱素稔，其次子吴家琼作有《故友何振岱生平事略》一文。

作《陈主钦先生墓表》。

作《神光寺寻宋梅不见》《喜晴》《看梅题惜园》《十三夜四鼓梅花下看月》《十四日游旧绘春园梅花十余本盛开》《长庆寺宋梅著花冒雨往看》《楼望》《以江田谢夫子遗像与龙生谨题其右》《望云中群松意景奇绝》《鼓山雨中归途作》《过旧学宫感昔》《喜深儿自旧京归》《螺江望北楼书楼借得书数种题赠几士》《同子深浴温泉至家大雨》《夜过万寿桥》《送子深北行就学》《江夜》《晚江》《小重阳日浴温泉忆郑无辨》《九月十四日闲居即事》等诗。

冬，复携夫人北游。

1934年（民国二十三年　甲戌）68岁

溥仪当上伪满洲国傀儡“皇帝”，改元康德，定都长春，改名新京。

陈衍《石遗室诗话·续编六卷》在《青鹤杂志》上刊登。

农历正月初二，至弢老处晤几士、散原老，酒后即归。

农历二月十九日，同子雅请弢老等十人在东兴楼。

农历四月十七日，午前，蕙愔（刘蘅）来别，午后，3点5分，送蕙愔南归。卅夜10时得蕙因电云抵里安，作《得蕙因到里书》诗。

秋，弢老惠百子莲小菊各2盆，作《弢老惠百子莲小菊各二盆》。

作《先师谢夫子生日具鱼酒梅花致祭》诗。

1935年（民国二十四年　乙亥）69岁

元宵节（2月18日），陈宝琛应友人之邀，在市楼共饮后，坐车独游灯市，不意酒后感寒，三月四日，陈宝琛转急性肺炎入德国医院，三月五日凌晨医治无效辞世。

农历八月廿三日，子雅送桂花两大盆，作《子雅移桂花两本，经月重开，闻香感旧，得小诗四章》。

农历九月廿三日，同子雅至法源寺祭弢老。

农历十月初七，至法源寺祭弢老；初八，至法源寺拜弢老灵前。

为弟子吴石作《东游甲乙稿序》。诗集中有《山游呈心与师》《奉和心与师寄怀》等诗。

作《寄怀华鬘》诗。华鬘作《乙亥开岁六月得梅叟北平惠诗即和》。龚乾义字愓庵，又号华鬘，清岁贡生。龚易图之犹子，为木庵（陈书）先生入室弟子，又尝受业于陈衍。有《慎垤庐诗文集》。是年龚乾义卒，卒年64岁。

作《哭龚五愓庵》诗、《祭龚华鬘文》。

1936年（民国二十五年　丙子）70岁

陈衍应李宣龚请，作《辽诗纪事》12卷，《金诗纪事》15卷，与已刊行的《元诗纪事》一并印行。

李宣龚作《同梅生、疑庵、蔼农夜坐》《赠何梅生》诗。

至沪，为朋辈少留。安徽歙县诗人许承尧（字疑庵）特到沪相会。诸名流常聚同光派闽派诗人李宣龚寓所。作《喜晤疑庵》《留别疑庵》等诗。

仲夏挈眷返里，弟子吴石、高赞鼎等迎往南京两月余，游览名胜。作《至南京数日，高蓚堪及弟子台黄挺生、吴虞薰、黄曾樾、予二子沣、澄集高宅斐君轩缩影为图，诸生皆有诗，予亦题其右》《沣儿送予至南京，主吴虞薰家，留数日复北返，途中寄一诗来，诵之恻然，因书以答》《吴生虞薰及四儿澄，暇日常从游吴中山水，偶书寄示旧都儿女》《游栖霞寺观六朝石壁佛像》《吴宅坐月，书虞薰语》《金山》《焦山同蓚堪、虞薰》《扬州杂诗十二首同吴虞薰作》《蓚堪、虞薰同游嘉兴烟雨楼》等诗。

冬，返回福州。

1937年（民国二十六年　丁丑）71岁

陈衍（1856—1937）卒，衍字叔伊，号石遗，侯官人。同光派闽派首领、诗论家。提出"诗莫盛于'三元'"，以及诗"有别才而又关学"等观点。自谓"最崇东坡，间近昌黎，晚年多近香山"（《石遗室诗集·题解》）。且"着重在学习王安石（临川）、杨万里（诚斋）的曲折用笔，风格清健"（钱仲联.《近代诗钞》）。著有《石遗室集》《石遗室诗话》《石遗室诗》等，另编辑《近代诗钞》，共收清代道光、咸丰以来至民国初年的诗家369人，诗歌5000余首。《陈石遗集》《陈衍诗论合集》已出版。

陈三立（1853—1937）卒。三立字伯严，室名散原精舍，江西义宁（今修水）人。光绪进士，官吏部主事。曾参加戊戌变法。辛亥革命后，以遗老自居。诗宗黄庭坚，避俗避熟，为同光体赣派首领。有《散原精舍文集》《散原精舍诗》以及续集、别集等。

陈衍作《说诗社诗录序》一文。

陈衍《宋诗精华录》4卷出版。

夏季作《楞根大师祭文》。智水号楞根，福建福鼎人，福鼎瑞云寺方丈，兼福州西禅寺方丈。

1938年（民国二十七年　戊寅）72岁

郑孝胥（1860—1938）卒。孝胥字苏堪（又作苏龛），一字太夷，号海藏，福建闽县人。清末立宪派头面人物之一。辛亥革命后以遗老自居，后投奔废帝溥仪，曾任伪满洲国总理。是同光派闽派的代表诗人。诗作、书法均有名于时。有《海藏楼诗》。

李宣龚作《得梅叟闽清六都来书却寄》诗。

《赠吴家琼序》约作于是年。序中云：家琼“前两年予初识之于里中……予年逾七十”；吴家琼《故友何振岱生平事略》中云何振岱“回闽以至1949年，约13年间除我离开福州外，几乎天天必面”。

《觉庐诗存》7卷刻于福州。

1939年（民国二十八年　己卯）73岁

林大任卒。大任字丙南，又号狷生，侯官人，林则徐曾孙。清壬寅科举人，广东肇庆县知县。卒年58岁。(卒年在荃庵前，暂系于此)

陈紫澜卒。紫澜字荃庵，闽县人，清光绪丁酉科举人。清末署长兴县知县。青年时代，何振岱常与好友龚葆銮、陈紫澜读书之余相笃为诗、古文辞。诗集中有《鼓山灵源洞同荃庵公望坐月至旦》《梦荃庵》等诗。

1940年（民国二十九年　庚辰）74岁

刘森（1881—1940）卒。刘森原名我新，字蔼生，福建闽清人。清邑庠生。工诗能书，与何振岱相知卅载。作《伤蔼生》。

《曾君文乾墓志铭》作于是年四月之后。

作《暗修篇寄赠林敦民》。文中云："同邑林子敦民别七年矣。"另《我春室诗集》中《林敦民书来索诗因叙金陵旧游得十四韵奉寄》一诗作于庚辰年（1940），诗中有"忆昔秣陵秋，与子游练湖"句，由此推断《暗修篇寄赠林敦民》作于是年。

夏，患重病，女儿及诸女弟子不分昼夜，更番侍疾，遂得早占勿药。

1941年（民国三十年　辛巳）75岁

林学衡（1897—1941）卒。学衡字浚南，一字忏慧，又字庚白，别署众难，闽侯人。肄业于京师大学，是陈衍的弟子。辛亥革命后参加南社。他的诗曾受同光派闽派的影响，后从同光派阵营分化出来，对同光派诗歌进行批评。有《丽白楼诗话》。

《林府柯孺人家传》约作于是年前后。传中云："辛巳里闾蒙难……其卒也以是年十一月廿五日卯时。"

作《延晖楼诗草序》。

1942年（民国三十一年　壬午）76岁

作《重刻榕南梦影录序》。

作《陈母梁太夫人墓志铭》。

夫人郑元昭病逝。

1943 年（民国三十二年　癸未）77 岁

有《送先室入窆》《清明》《望庐》《至夜悼怀》《离恨》《病怀》《烧灯节遣悲怀》《黄昏》《欲晓》《悲怀》等哀悼、思念夫人的诗。

《徐府林式如夫人家传》约作于是年前后。传中云："癸未年十月，敌机来袭……"

1944 年（民国三十三年　甲申）78 岁

作《赠蕙愔序》。序中云："今者君年亦五矣。"刘蘅，字蕙愔，生于 1895 年，"八闽八才女"之一，著有《蕙愔阁集》。

1945 年（民国三十四年　乙酉）79 岁

高赞鼎（？—1945）卒。赞鼎字蕤堪，号迪庵，侯官（今属福州）人。为何振岱丁酉同年高伯谨之冢嗣。自幼从何振岱问学，聪颖善悟，尤嗜古近体诗，著有《高迪庵诗集》。陈衍深许之，采其诗入《石遗室诗话》。

1946 年（民国三十五年　丙戌）80 岁

许承尧（1874—1946）卒。承尧字际唐，又作霁塘，别署疑庵，晚号疑翁，安徽歙县人。光绪三十年甲辰（1904）进士。官翰林院编修兼国史馆协修。早年诗学李贺、温庭筠，继乃由韩愈溯杜甫，间窥陶潜、阮籍，于宋亦取陈与义、梅尧臣。无偏嗜，能自创新意。晚年黄山游诗，极工。有《疑庵诗》14 卷。何振岱曾自刻其诗《觉庐诗稿》请许疑庵评阅，卷中每页上端有其亲笔评语。《留别疑庵》诗云："黄山与闽海，耿耿心相随。"《哭许疑庵》诗云："省书不终纸，失声惟长号。"皆为情至之语，可见两人相得之深。

作《琴寄室记》。文中云："予性耽书，老逢世乱，所至未尝废书，琴则不易随身，无从常理。今幸而稍稍宁息，吾年则已逾八十……"

《长乐吴敬宸先生墓志铭》约作于是年前后。

1947 年（民国三十六年　丁亥）81 岁

蒋介石 60 岁生日，福建省政府主席刘建绪拟请何振岱代其作贺寿文章并送 3000 元作润笔费，何振岱坚辞不为。

《刘景屏先生暨德配陈夫人墓志铭并序》约作于是年九月前后。

1948 年（民国三十七年　戊子）82 岁

李宣龚作《闻何梅叟病中避水之苦，作此讯之》诗。

6 月，吴石为刘衡作《蕙愔阁诗集序》。序首云："吾师南华老人何梅叟先生，以朴学大师，针砭世俗，陶铸君伦，巍然负东南重望。吾闽人士，莫不思亲炙门墙，撰奉杖履，以求深造。"

是年夏，福州发生空前大水灾，何振岱家所住的南三官堂因地势低洼，水高将及屋檐。他逃命无路，不得已将两个木盆叠起，蹲在盆内，在水中飘荡了一夜。翌早水势更猛，幸亏其女弟子王真雇了一艘小船，径驶他家，将他抢救出来，送往仙塔路自己家中。何振岱作《洪水行》以纪之。

1949 年（民国三十八年　己丑）83 岁

陈曾寿（1870—1949）卒。曾寿字仁先，湖北蕲水人。光绪二十九年癸卯进士，官至都察院广东监察御史。入民国，筑室杭州小南湖，以遗老自居。后曾参与张勋复辟、伪满组织等。其诗工写景，能自造境界，是近代宋诗派的后起名家。与何振岱有文字深契。

作《龚永叔画龙》诗。诗云："龚生画龙逾十丈，鳞鬣金色胥怒张。金刚摄之缠臂上，赫如旭日生朝光。舒则竟天缩盈尺，龙公变化浑无迹。谁倾海水向禅门，一笑无言佛弥勒。"此诗为未刊稿。

作《喜吴虞薰归》诗。诗云："吾年未六十，作客依燕都。君来谭群经，灯前衍卦图。爻辞参秦汉，象理探古初。君今逾五十，归里握虎符。干城卫邦土，腰带悬属镂。光阴转目间，仿佛游三吴。世事烟云幻，前后只须臾。遗忘苦未能，一粲扪霜须。"此诗为未刊稿。

8 月 27 日，福建省省长张鼎丞亲自到大光里何家拜访，欲聘何振岱为福建文史馆馆长。何振岱以年事已高，力不从心婉辞。

1950 年（中华人民共和国　庚寅）84 岁

吴石（1894—1950）卒。石字虞薰，号湛然，闽县（今属福州）螺州人，爱国人士。保定陆军军官学校第三期毕业生，1922 年至 1924 年间尝从何振岱习诗词。1935 年秋，从日本陆军大学学成归国，著有诗集《东游甲乙稿》《牙牙集》等。1948 年底，任福州绥靖公署副主任。1949 年 8 月 16 日赴台，任国民政府国防部参谋次长。1950 年 6 月 10 日，被国民党当局以通共罪杀害于台北。1973 年，河南省追认吴石为烈士。吴石将军在狱中遗书中写道："壮岁旅居北燕，受业于何梅生先生之门，经义诗词，亦见精进，极蒙梅生夫子之赞许。"临刑前，吴石从容吟诗："天意茫茫未可窥，遥遥世事更难知。平生殚力唯忠善，如此收场亦太悲。五十七年一梦中，声名志业总成空。凭将一掬丹心在，泉下差堪对我翁。"

1951年（中华人民共和国 辛卯）85岁

为福建省文史馆阅稿润文，每月车马费300斤大米。

1952年（中华人民共和国 壬辰）86岁

农历二月初二，病中作《与邵生季慈、田生古序书》，信中感叹“时光之快甚惊人”，“胸中积事不知若干，书之乃不能尽，不书殊郁抑。……”并附诗二首，这也许是何振岱的最后诗作了。

其一：

一晓熏笼尚觉寒，灶佣为我奉杯盘。窗阴似雨还非雨，檐瓦无声只细看。

其二：

孤衾如水更谁温，一饫何曾抵负暄。阿母慈颜还挂壁，绕床褓褓梦余痕。

二月初四（2月28）寿终。

附录 2

忆 祖 父

何永菁①

1936 年祖父从北京归来，我虚龄 3 岁，此后，我们一家便与祖父母同住在南三官堂（今大光里）的故居里朝夕相处（其他四位叔、伯均住在北京和上海）。只有日寇两次侵占福州时，我们随父母单位内迁，祖父母也被学生接去闽清避难，光复后归来。

故居右边一座空房，厅堂中央挂着一幅孔夫子像的大轴，这大厅堂便是祖父给学生授课的地方。后厅摆放祖宗的牌位，内有祖父的老师谢枚如的照片，除了过年过节供奉外，谢老师的忌日也按时供奉。教课的内容有古文、诗词、国画（主要是梅花），还教学生弹七弦琴。除了教学外，尚有不少文人诗友前来谈诗论文，可谓谈笑有鸿儒，往来无白丁。

1937 年爷爷 70 岁，学生们为爷爷筹办了盛大的寿筵，客人都到齐了，只是不见爷爷的影子，于是立即派人四处寻找，杳无踪影，只

---

① 何永菁（1934— ），何振岱孙女。农业科研人员，毕业于浙江大学农学院，现已退休。

好宣布改为同学聚会。爷爷信奉佛教，提倡戒杀，曾买老牛、蛇类、鳝鱼、乌龟等放生，尤其反对因做生日大开杀戒，大摆宴席，故不来参加，从此学生们再也不敢为老师办寿筵了。

祖母因小脚行动不便，整天喜欢看书写作，很少运动，家务事只好由女工代劳。晚年因得了顽固性便秘症，渐渐失去记忆（健忘症）。记得当我三四岁时，因嘴馋，想吃零食，常在祖母膝下缠绕，祖母说："孙孙真乖，我进屋拿冰糖给你吃。"说完便转身进卧室，绕了一圈空手走出来，见到我才又记起拿冰糖，又转身进屋去拿，这样重复三四次才拿出来。后来得了老年痴呆症，但我祖父仍然对她一如既往，相敬如宾。祖母于1942年冬至那天去世，我们接到唁电连夜乘小汽艇从南平赶回奔丧，此后父母所在单位也迁回福州。

每天清早爷爷6时半即起床，洗漱完毕，第一件事便是练书法约20分钟，早饭后在房前走廊上散步，打太极拳，8时授课或写作、看书。有时他叫孙儿们轮流磨墨，接着便铺开宣纸开始写对联、中堂或是寿文。我常站在祖父的对面看他写字，帮他牵宣纸，放在地上晾干，干后卷好放入大笔筒内，求字的人来取字时回送来一些笔金，作为补贴生活用。有时作画、弹琴，傍晚疲倦了，便躺在后院一张藤编的躺椅上，我和表姐妹们轮流为爷爷捶腿。这时爷爷要求我们边捶边背诵姑母教我们学过的《论语》《孟子》及诗词名篇：木兰诗、长恨歌、琵琶行、大江东去……等等，背错的地方即为我们纠正。

祖父对孤寡的亲属经常在经济上接济他们，所以他（她）们有时也来帮祖父做些针线活或抄写文字等。1938年是属虎年份，当地人都认为这年出生的女儿命很硬，会克死家里的亲人，故作弃婴处理。一天傍晚，祖父回家途经家附近的闽山巷，见巷边的石砧上躺着一个不满两个月的女婴，便命家中佣人将她抱回，用米糊等喂养在摇篮里，后托人介绍送近郊区农村请育儿的农妇兼养，每月付一定的抚养费。祖父收养弃婴的消息很快传开，此后，每年至少有一两个弃婴半夜里出现在我们的屋檐下，共收了七八个弃婴。

1944 年初夏的一天傍晚，我们一群表姐妹、表兄弟共 7 人（年龄在 8—14 岁之间）跟随祖父乘一艘花舫，泛游福州小西湖上，由祖父起个头，我们一起用福州话吟唱起张若虚的《春江花月夜》诗。此时，浩月当空，悠扬的童声飘荡在湖面上，泛舟湖上的游客闻声皆移船相近，惊叹不已。

农历二月十五日是百花生日，每年这一天，祖父的学生们都会在傍晚时分，手持一束鲜花，聚集在故居后院的天井里，二三十张椅子围着一张圆桌，熄灯灭烛，桌上一瓶鲜花，一柱香烟袅绕，月亮渐渐东升，学生们按抽签序号开始吟唱诗词名篇，连接不断周而复始直到月亮西沉才散会。有时，我也会凑热闹唱一两首，博得先辈们的热烈掌声。

“定无后悔唯勤学，各有前因莫羡人”与“莫放春秋佳日去，最难风雨故人来”是爷爷的座右铭。祖父以朱子治家格言教育我们，至今我们仍记忆犹新，背诵如流。感谢祖父的谆谆善诱，使我们懂得许多做人的道理。

附录 3

牢记家训　世代相传

何永镃[①]

记得当初我幼小懂事时，晚上就跟随姐姐、表姐们到爷爷房间，帮着轮流给爷爷捶腿。这时爷爷躺在床上给我们讲古代“二十四孝”的故事。我长大了一些就让我们背诵白天姑妈教我们的古诗，如“木兰辞”等以孝道为主题的诗篇，以及《论语》《孟子》等治国理论的文章。

我刚上小学时把学校课本和自己的古书都堆放在书桌上，摆得很乱。经爷爷耐心教育后，我认真地改正了。爷爷为此给我写了一封勉励的书信，我珍藏至今。其中写道：“……先家为之基，治国是其效。镃今遵我言，心领毋以貌。祖孙一脉传，教忠先教孝。……”我已将原件传给女儿，她将其裱挂在洛杉矶的家中。

爷爷极度反对赌博，也不赞成抽烟饮酒。平时也给我们讲赌博造成倾家荡产，烟酒伤身误事的故事。在我们幼小的心灵里留下了深刻

① 何永镃（1937—　），何敦敬之子，何振岱之孙，高级工程师，1960 年毕业于浙江大学内燃机汽车专业。曾任北京市顺义区政协委员，北京轻型汽车有限公司副总工程师。现已退休。

的印象。同时我们也注意到来我家走访的客人，就连到家办事的人士，都没有发现在我家抽烟或谈论饮酒的事情。

我和父母的饭桌在客厅，当我吃饭时抬头就能见到贴在姑妈房间门上爷爷亲笔写的“谦受益”“满招损”的红纸对联。它时刻提醒我，做人要谦虚谨慎，防止骄傲自满。这警句使我终身受益。

1995 年 5 月 8 日，我的孙子——何杉出生了，接着 1996 年春我女儿抱着 4 个月大的我的孙女——爱琳从洛杉矶回到北京。从此何振岱家族又增添了两位第五代后人。2002 年 6 月，我女儿从美国回来，要接爱琳去洛杉矶时，爱琳手里正拿着筷子吃饭，她眼里含着泪说：“妈妈，能不能先不跟您走？我想和爷爷奶奶多住些日子。”我女儿无奈地说：“你该回美国上小学了，不然以后老师讲课你都听不懂了。”那时爱琳已经能背诵 30 多首唐诗，学完了小学一年级的数学语文。当 2005 年我们二老去洛杉矶看爱琳时，她白天上学晚上把自己关在房间里自学英语。那时她的成绩已在班里名列前茅。当 10 年后 2015 年再次去美国看她时，她已经在洛杉矶大学读书。有一次周末她很晚才回来，原来下课后她到一家韩国糕点铺打了两份工，带回两房点心回家，笑着说：“爷爷奶奶这是我的礼物，等我毕业赚了钱，会买好多吃的给您们。”我们久久望着桌上的这两份不仅是点心更是两份浓浓的孝心。

2013 年 9 月，我的孙子何杉赴美国上大学的前夕，给我们二老写了一封长信。信中先感谢奶奶多年来对他生活上的关怀，每次都不辞辛劳为他买回爱吃的食品，接着写道：爷爷！您不仅是我的爷爷，更是我的良师，我一生学习的榜样。您平时的教诲，像一盏明灯指引我前进的方向。……当然我也会记得我是何振岱第五代传人，是名门之后，我要努力学习将来报答您们。

在我年满 80 岁的今天，总结爷爷的家训是：严禁赌酒烟；为人和诚谦；勤读诗辞文；百善孝为先。

它是我人生道路的指路明灯，让它世代相传发扬光大。

参 考 文 献

1. 何振岱：《觉庐诗存》7卷，1938年福州刻朱印本。

2. 何振岱：《我春室集》（诗1卷、词1卷、文2卷），1955年福州何氏油印本。

3. 何振岱编：《榕南梦影录》2卷，1942年福州刻本。

4. 何振岱编：《寿春社词抄》8卷，1942年福州刻朱印本。

5. 何振岱：《心自在斋诗集》4卷，1918年油印本。

6. 何振岱：《西湖志》，海风出版社2001年版。

7. 何振岱日记、手札等未刊稿。

8. 徐一士：《一士类稿·一士谭荟》，重庆出版社1998年版。

9. 黄濬：《花随人圣庵摭忆》，上海古籍书店1983年版。

10. 王森然：《近代名家评传》2集，生活·读书·新知三联书店1998年版。

11. 李侃、李时岳等：《中国近代史》，中华书局1994年版。

12. 郭豫明主编：《中国近代史教程》（增订本），华东师范大学出版社1997年版。

13. 陈曾寿、沈增植：《局外局中人记》，《文史资料选辑》第五卷第十九辑，中国文史出版社 1999 年版。

14. 钱仲联编校：《陈衍诗论合集》上、下册，福建人民出版社 1999 年版。

15. 钱仲联编：《近代诗钞》壹、贰册，江苏古籍出版社 1993 年版。

16. 钱仲联：《近百年诗坛点将录》，《中国近代文学研究》第一辑。

17. 钱仲联：《论“同光体”》，《文学评论丛刊》第 9 辑。

18. 钱仲联：《梦苕庵诗话》，齐鲁书社 1986 年版。

19. 钱仲联：《梦苕庵清代文学论集》，齐鲁书社 1983 年版。

20. 钱仲联主编：《中国近代文学大系 · 诗词集》，上海书店 1991 年版。

21. 陈庆元：《论同光派闽派》，《诗词研究论集》，巴蜀书社 1998 年版。

22. 陈庆元：《福建文学发展史》，福建教育出版社 1996 年版。

23. 陈庆元：《论同光派闽派》，《诗词研究论集》，巴蜀书社 1998 年版。

24. 梁启超：《清代学术概论》，上海古籍出版社 1998 年版。

25. 梁启超：《饮冰室诗话》，人民文学出版社 1959 年版。

26.《中华民国史事纪要 · 中华民国二十一年》，（台）俊人印刷事业有限公司 1983 年版。

27. 翦伯赞主编：《中外历史年表》，中华书局 1961 年版。

28. 黄启权主编：《福州史话》，鹭江出版社 1999 年版。

29.《汪康年师友书札》，上海古籍出版社 1986 年版。

30. 陈衍：《陈石遗集》，福建人民出版社 2001 年版。

31. 林公武、黄国盛主编：《近现代福州名人》，福建人民出版社 1999 年版。

32. 吴家琼：《故友何振岱生平事略》，《福建文史》第 19 集。

33.《汪辟疆文集》，上海古籍出版社 1989 年版。

34.《苏东坡全集》，中国书店 1996 年版。

35. 张帆：《末代帝师陈宝琛评传》，福建教育出版社 2002 年版。

36. 魏绍兴等主编：《中国近代文学辞典》，河南教育出版社 1993 年版。

37.《中国近代史词典》，上海辞书出版社 1982 年版。

38. [日] 吉川幸次郎：《中国诗史》，安徽人民出版社 1986 年版。

39. 田汝成辑撰：《西湖游览志》，上海古籍出版社 1980 年版。

40. 陈宝琛：《沧趣楼诗集》上、下卷，见沈云龙主编《近代中国史料丛刊第 40 辑》，（台北）文海出版社 1969 年影印本。

41. 陈立鸥、张子美等：《闽县陈公宝琛年谱》，1997 年（美国）家印本。

42. 沈瑜庆：《涛园集》，沈云龙主编《近代中国史料丛刊第 6 辑》，（台）文海出版社 1967 年版。

43. 陈规：《诗人陈衍传略》，（台）台北市林森县文教基金会出版发行。

44. 涂小马：《“同光体”研究综述》，《苏州大学学报》（哲学社会科学版）1998 年第 1 期。

45. 王镇远：《同光体初探》，《文学遗产》1985 年第 2 期。

46. 郑朝宗：《陈衍的诗话》，《古代文学理论研究》第 3 辑。

47. 马亚中：《中国近代诗歌史》，（台湾）学生书局 1992 年版。

48. 吴淑钿：《近代宋诗派主体论探析》，《第一届国际清代学术研讨会论文集》。

49. 卢善庆：《中国近代美学思想史》，华东师范大学出版社 1991 年版。

50. 黄霖：《近代文学批评史》，上海古籍出版社 1993 年版。

51. 张秉戍：《纳兰词笺注》，北京出版社 1996 年版。

52. 郑孝胥：《海藏楼诗集》，上海古籍出版社 2003 年版。

53. 中共福州市委宣传部、福州市社会科学所主编：《福州历史人物》。

54.《中国文化史年表》，上海辞书出版社 1991 年版。

55. 郭延礼：《中国近代文学发展史》，山东教育出版社 1991 年版。

56. 冯保善：《严复传》，团结出版社 1998 年版。

57. 黄安榕主编：《福州人杰》，鹭江出版社 1999 年版。

58. 曾意丹、徐鹤苹：《福州世家》，福建人民出版社 2001 年版。

59.《郑孝胥日记》，中华书局 2005 年版。

后　记

2002 年我师从陈庆元教授做访问学者时才开始接触同光体闽派诗歌。十余年间，专著《诗人何振岱评传》、编著《同光体闽派诗歌评析》（主编之一）以及《何振岱集》（点校者之一）先后出版，并发表了几篇同光体闽派诗人的研究文章。由于当时何振岱手稿、研究资料散落各处，对何振岱的研究留下不少遗憾。

2015 年我赴美国加州大学伯克利分校访学期间，机缘巧合，结识了旅居洛杉矶的何振岱曾孙女何欣晏女士。何女士希望我在原书基础上出版《何振岱评传》修订本，作为何振岱诞辰 150 周年的纪念。之后又结识了与祖父未曾谋面的何振岱之孙、旅居台湾的何湾岚先生、孙女何中堃女士。何氏后人对先祖的敬仰之情，促使我将这些年收集到的何振岱资料重新加以梳理，对原书的章节做了扩充、修订。

感谢何振岱之孙何云先生、何湾岚先生及孙女何靖、何中堃女士提供珍贵的照片与手稿。感谢何氏后人何靖、何欣晏、尉晓榕、Linda 慷慨资助出版经费并提供许多珍贵的照片，感谢尉晓榕先生为本书封面题字。感谢福建师范大学文学院原院长、博士生导师陈庆元教授、原福建文史馆馆长卢美松先生、闽江学院张帆教授、福建人民出版社连天雄编辑对专著出版提出的宝贵意见，尤其感谢张帆教授帮助我对原版中的错漏逐一校对、指正。感谢人民出版社为本书的出版提供的帮助。

刘建萍

2017 年 9 月 25 日